프레임으로
닫힌,
그러나
열린

김정화 문학평론집

프레임으로 **닫힌**, 그러나 **열린**

인쇄 2024년 10월 4일
발행 2024년 10월 11일

지은이 김정화
발행인 서정환
펴낸곳 수필과비평사
주소 서울시 종로구 삼일대로 32길 36(익선동 30-6 운현신화타워) 305호
전화 (02) 3675-3885 (063) 275-4000・0484
팩스 (063) 274-3131
이메일 essay321@hanmail.net
출판등록 제300-2013-133호
인쇄・제본 신아출판사

저작권자 ⓒ 2024, 김정화
이 책의 저작권은 저자에게 있습니다. 서면에 의한 저자의 허락없이 내용의 일부를 인용하거나 발췌하는 것을 금합니다.
COPYRIGHT ⓒ 2024, by Kim Jungwha
All right reserved including the rights of reproduction in whole or in part in any form.
잘못된 책은 바꿔 드립니다.

ISBN 979-11-5933-547-1 03800
값 16,000원

Printed in KOREA

프레임으로 닫힌, 그러나 열린

김정화 문학평론집

수필과비평사

서문

≪프레임으로 닫힌, 그러나 열린≫이라는 표제로 두 번째 평론집을 발간한다. 이번 발간집 역시 개인 수필집 서평을 비롯하여 ≪수필과비평≫, ≪좋은수필≫, ≪에세이포레≫, ≪인간과 문학≫, ≪수필세계≫, ≪수필미학≫, ≪에세이문학≫, ≪문학도시≫, ≪예술부산≫, ≪여기≫ 등에 게재한 월평과 계간평과 작가론 등을 엮었다.

특히 서평과 작가론을 쓰면서 좋은 작품 이상으로 많은 작가와의 귀한 연이 닿았다. 멀리 시애틀에서 다원적 생의 서사를 펼쳐 주신 분, 루게릭병으로 목소리까지 잃어버린 남편에게 사부곡思夫曲을 헌정한 월성손씨 8대 종부, 아들을 감전사로 잃고 우분투 정신으로 이타적 삶을 그려낸 재미작가, 파월 해병의 과거사를 참회의 언어로 써 회고한 명예로운 노병, 십수 년 전에 논술을 가르쳤던 제자의 어머니, 산수傘壽를 훌쩍 넘기고도 심미적 해석으로 수필의 자존심을 지켜내는 에세이텔러, 노필의 품격으로 견고한 작가의식을 구축한 시대의 문장가, 꽃과 야초와 덩굴식물의 서사를 엮어낸 그린 가드너, 봇물 터트리듯 글 줄기를 토하고 비워내고 쏟아내어 문학적 풍작을 거둔 공학도, 끊임없이 탐구하고 노력하여 자기갱신Self-renewal을 이뤄내는 젊은 수필가…. 모두 내게 스승이고 그들의 작품이 나를 성장시켰다.

한 편의 평론을 탈고할 때마다 내 자의식은 균열을 일으키며 수정되어졌다. 그동안의 경험과 습관으로 가려진 믿음이라는 틀과 이미 정해진 규칙을 넘어 의식의 탈주를 감행하였다. 매 순간 조건은 바뀌므로 대상을 어떠한 시각에서 바라보느냐에 따라 해석은 확연히 달라진다. 사르트르가 시선의 끝에 닿는 모든 것을 돌로 변형시켜 버리는 괴물 '메두사의 눈초리'로 비유했듯이 시선의 권력은 위험하다. 그러므로 평자의 해석도 자신만의 프레임에 갇혀서는 곤란하다. 안In과 밖Ex의 공간을 만드는 것은 결국 개인의 지각에서 기인하므로, 상황에 따라 언제 어디서든 프레임의 이동과 해체는 가능하다. 사물의 본질을 포착하려면 안과 밖 사이의 인식을 넘어 내적인 눈을 열어야 함을 인지한다. 실제로 본질은 눈길이 닿는 표면보다는 더 깊은 곳에 있다는 의미를 되새기면서 '프레임으로 닫힌, 그러나 열린' 응시의 지향점을 향해 비평적 사유를 확장하겠다.

본 비평서 또한 읽기 방식의 일부분에 지나지 않음을 지적한다. 따라서 미숙한 부분은 더욱 노력하겠다. 수록된 수필가들에게 고개를 숙이며, 졸저 발간을 배려해주신 서정환 회장님과 ≪수필과비평사≫에 감사를 드린다. 수필과 비평을 사랑하는 분들의 많은 격려와 고언을 기대한다.

2024년 10월
저자 김정화

목차

서문 … 05

제1부

01 인간의 서사 그리고 서사의 기억　　　　　　　　12
　　– 고양일 작가의 수필집 ≪빵상≫에 부쳐

02 공순해 수필의 다원적 지형도를 그리며　　　　　29
　　– ≪한없이 투명에 가까운≫ 생의 서사

03 존재에 대한 질문, 삶에 대한 해석　　　　　　　46
　　– 권동진의 ≪그대 뒷모습≫의 궤적

04 ≪고주박이≫를 통한 기억회상의 횡단성　　　　63
　　– 김순경 수필집 되짚기

05 에코토피아를 지향하는 초록 심상　　　　　　　82
　　– 김초성 수필집 ≪풀별 일지≫를 위하여

제2부

01 존재에 대한 치열성 그리고 자기갱신   92
   – 김희숙의 수필집 ≪쪽항아리≫의 미학

02 수필의 비평적 서사전략   109
   – 나윤옥 비평집 ≪작은 눈으로 읽는 서사 수필≫

03 에르곤ergon과 파레르곤parergon   120
   – 박영란의 ≪3시의 프레임≫ 들여다보기

04 화법으로 그려낸 노병의 노래   133
   – 백성태의 ≪어젯날의 일기≫ 거듭 읽기

05 수필서사로 펼쳐진 '자기록錄'   149
   – 이동순의 ≪그의 마지막 목소리가 듣고 싶었다≫

제3부

01 해학 담론과 존재성 회복　　　　　　　　　　164
　　– 이삼우 수필집 ≪졸졸붓≫의 진경

02 '화花, 산山, 상象'을 위하여　　　　　　　　　182
　　– 이은희의 작가의식

03 낯선 풍경 그리고 낯익은 기억　　　　　　　　195
　　– 이지숙 수필에 나타난 '이가락離家樂'적 여행

04 당신이 있어 내가 있습니다　　　　　　　　　204
　　– 이향영의 아름다운 동행, ≪우분투≫

05 인간애, 그 근원적 휴머니즘　　　　　　　　　221
　　– 조현숙의 수필집 ≪결을 만지다≫

제4부

01 '길' 모티프의 서사적 의미 238

02 가족서사와 그 대응방식 257

03 대중문화 시대, 트로트와 문학과의 교접 275

04 시간의 흔적, 삶의 그림자 281

05 자기반성적 서사와 길찾기 295

06 서사적 우회, 우회적 소통 310

제1부

01 인간의 서사 그리고 서사의 기억
― 고양일 작가의 수필집 ≪빵상≫에 부쳐

02 공순해 수필의 다원적 지형도를 그리며
― ≪한없이 투명에 가까운≫ 생의 서사

03 존재에 대한 질문, 삶에 대한 해석
― 권동진의 ≪그대 뒷모습≫의 궤적

04 ≪고주박이≫를 통한 기억회상의 횡단성
― 김순경 수필집 되짚기

05 에코토피아를 지향하는 초록 심상
― 김초성 수필집 ≪풀별 일지≫를 위하여

01
인간의 서사 그리고 서사의 기억
– 고양일 작가의 수필집 ≪빵상≫에 부쳐

1. 경험과 기억의 서사화

　인간의 삶에서 의미를 구성해내려면 서사가 필요하다. 서사구조를 통한 이야기하기storytelling는 본질적으로 기억의 형식을 지닌다고 볼 수 있다. 기억하는 행위는 이미 일어난 어떤 사실을 보존하거나 저장한다는 의미이기보다 창조적이고 역동적인 성격을 지닌 재구성 작업을 뜻한다. 이러한 까닭에 기억의 서사가 문학 창작에서 중심적인 역할을 하는 것은 당연한 이치이다.
　수필문학에 있어서 기억은 개인의 역사이며 스스로 자신을 어떻게 인식하는지에 대한 삶의 기록이다. '현재의 나'는 지나온 시간이 만들어 낸 인격체가 틀림없으므로 '과거의 나'를 소환하여 기억 저편에 있는 서사의 망각을 일깨운다. 그것은 세상과 소통하고자 하는 하나의 방식이며 수필의 기본 속성이기도 하다. 고양일 작가의 첫 수필집 ≪빵상≫에서도 경험의 서사를 재현하고 그 기억을 나누어 갖는 것을 전제로 서술되어졌다. 다만, 기억 속 신체적 정신적 물리적 흔적 등이 그의 수필에서 서사의 중심축이 되지만 '무엇을 기억하는가'가 아니라 '어떻게 기억하는가'로 그 초점이 옮겨진 것에 주목할 일이다.

작가는 산수傘壽가 되어서야 문학판에 발을 들여놓았다. 그가 언감생심 엄두도 내지 못한 문학과의 연결고리는 시 낭송부터 출발하여 2019년 ≪문예시대≫에 시로 등단, 이어 2021년에는 ≪수필과비평≫지에 당당히 수필가의 이름을 올렸다. 그러나 〈나의 문학 입문기〉에 소개되었듯이, 한때 신문기자가 되겠다는 청운의 꿈을 안고 상경한 적도 있으니 작가에게 문학은 이미 예견된 업보나 다름없다.

수필이 화해와 포용을 지향하는 문학임을 상기한다면 그의 온유한 성품과 고매한 인격과도 일치하는 장르라고 하겠다. ≪빵상≫의 45편에 나타난 서정적 언어와 감수성 넘치는 문장과 진중한 해석을 읽어 내려갈수록 그 점은 더욱 분명해진다. 그리하여 그의 표현대로 글을 짓는다는 것은 "집을 지을 터를 고르고, 기초를 다지며, 기둥을 세워서, 그 위에 대들보를 얹고, 마지막으로 지붕을 덮는 일련의 과정들이 마치 한 구절의 글을 짓는 것과 같은 것"이니 지극히 보람된 일이 아닐 수 없다.

≪빵상≫에서 펼쳐진 서사구조를 분석하면 대부분 인간의 서사로써 가족과 타인을 주축으로 한다. 사람과 사람 사이의 인연과 애

정과 그리움 등이 수필창작의 중요한 모티프가 되었다. 이 점을 염두에 두고 가족애와 타자애로 균형을 유지하여 미적구조를 살펴볼 필요가 있다.

2. 가족애를 향한 로드무비

가족은 인간 발달의 근원적인 집단이며, 가정은 개인의 유일한 위안처이자 최후의 근거지가 된다. 어떤 형태의 가족이든지 태어나면서 가족 구성원에 속하게 되고 양육과 사회화를 통하여 인격 형성이 이루어진다. 그 속에서 부모와 자녀 모두에게 최고의 가치를 지닌 정서로 가족애가 탄생되며 그 중심에 부부가 서게 된다.

≪빵상≫의 서사 역시 작가는 아내에 대한 담화를 기본 골격으로 내세운다. 표제작인 〈빵상〉은 제목부터 흥미롭다. '빵상'은 작가가 만든 위트 있는 단어로써 '밥상' 대신 불려진다. 발단은 수십 년 동안 끼니때를 챙겨온 아내의 도발적인 용기에서 비롯되었다.

> 우리 집 아침 밥상이 빵상床으로 변신했다. 올여름까지만 해도 여느 집처럼 밥에다 국, 김치 등 몇 가지 반찬으로 차려진 평범한 밥상이었다. 지난가을 초입 어느 날이다. 아내는 느닷없이 의외의 말을 끄집어낸다. 처음에는 아내의 말이 하도 생뚱맞아서 한동안 긴가민가했다. '세 끼의 끼니때는 어김없이 찾아오는데, 하루 종일 밥 짓고, 반찬거리를 사다가 끓이고, 볶고, 구워 만들기도 신물이 난다. 날마다 먹다 남긴 음식물을 냉장고에 넣었다가 다시 꺼내 먹

는 것도 지긋지긋하니 하루에 한 끼쯤은 산뜻한 서양 조식으로 바꿔 보자.'는 것이다.

이 글을 읽는 한국의 남편들이라면 표정이 뜨악하게 굳어지겠지만, 아마 많은 주부는 반색하며 맞장구를 칠 것이다. 그러면 화자의 반응은 어떠한가. 열띤 호응은 하지 않지만 설불리 반대하거나 완고하게 고집을 세우지도 않는다. 반면 "아내의 결심이 허물어지는 때가 올 것이라는 막연한 기대감을 갖고 계속 지켜보기로" 한다. 그것은 남편으로서의 권위를 무너뜨리는 일이 아니라 반백 년을 함께한 아내에 대해 이해와 존중이 기저에 깔려 있음을 의미한다. 아내란 가족공동체의 일원으로 가장 내밀한 관계를 형성하지만, 어쩌면 가장 완벽한 타자라고 할 수 있다. 이에 화자는 긍정적 태도로써 근본적으로 자신과는 다른 타자, 다른 세계질서를 이해하고 수용해야 함을 표상하는 것이다. '식구食口'라는 말이 '밥을 나누는 사람'이듯, 영어의 '동반자companion' 또한 '같은 빵을 먹는 사람'이지 않은가.

그 결과, 음식 쓰레기가 줄어들고 부엌 싱크대가 깨끗해졌으며 마주 앉은 식탁 사이의 말소리가 "한결 야들야들해"졌다고 술회한다. 나아가 〈빵상 후기〉에서는 서양 조식의 풍조를 손주들과 며느리까지 합세하고, 〈병상 이야기〉에서는 환자식 밥상으로 되돌아가버린 '빵상'을 다시 그리워하기에 이른다. 아울러 등단작 〈밴댕이젓갈〉에서도 음식의 미각을 앞세운 부부 에피소드가 등장한다.

느닷없이 아내가 책방 가는 길에 부평동 시장에 들러 밴댕이젓갈을 사 오라는 것이다. 곁들여 하는 말이 '전번에 사 온 것은 밴댕이는 적고 땡초만 많았으니 이번엔 특별히 밴댕이 고기를 많이 받아오라.'는 당부였다. 오늘은 서실의 습작도 땡땡이를 치고 모처럼 가을바람에 맑은 햇빛 받으며 살방살방 가벼운 걸음으로 책방 나들이를 할까 했는데, 훈감한 책방의 분위기에 시장 바닥의 짠 밴댕이젓갈이라니. 도무지 어울리지 않은 조합이 아닌가. 어쨌든 아내의 지엄한 한마디에 속절없이 무거운 부담만 안게 되었다.

문학에서 인간의 삶과 결부시킨 음식의 소재는 단골 장치이다. 하지만 〈밴댕이젓갈〉의 서사가 돋보이는 이유는 헌책방의 정감과 옛 시장의 감흥을 씨실로, 짭조름한 젓갈의 미각과 아내의 언술을 날실로 직조해낸 공감각적 구성 능력에 있다고 하겠다.

≪빵상≫의 '아내 서사'에는 여러 층위의 유머 코드가 등장한다. 조문을 마치고 귀가한 화자를 돌려세우고 마구 소금을 뿌려 댄 아내의 행위를 '염장鹽藏'으로 환치하고, 커피를 마시며 아내가 농담 삼아 던지는 '졸혼'이란 단어 앞에서도 "이길 재간이 없다."며 슬그머니 꼬리를 내린다. 아내의 재치 있는 역설과 남편의 유순한 대응을 대비시켜 가독력을 확산하게 되는 것이다. 덧붙여 부부의 일상적 패러디 곳곳에 다소 진중한 화소와 성찰의 문장 또한 서술양식을 균형 있게 엮어내었다고 하겠다. 3인칭으로 서술된 아내의 가훈 이야기와 작가의 손으로 아내의 곡哭을 대신한 〈필곡筆哭〉의 가부장적 이데올로기 메시지에도 주목하는 이유가 된다. 그러한 가

족애는 〈아버지의 강〉에 이르러서 정점을 보인다.

> 아버지는 소목장小木匠이셨다. 한때는 유명한 가구공장에 종사했으나 공장이 폐업하는 통에 살고 있는 집의 현관에 '동광공업사'라는 간판을 달고 한쪽 구석에 작업대를 설치해서 자영업을 했다. 아버지가 주로 만든 가구는 우리나라 전통적인 가구가 아닌 탁자나 책상, 의자 등 생활 가구가 대부분이었다. 새로 만들거나 수리를 하여 받은 대가로 생계를 꾸려 나갔지만 어려운 살림살이는 여전히 꼬리를 물고 따라다녔다.

인간이 미래로 나아가기 위해서는 과거의 상처를 끊임없이 들여다볼 수밖에 없다. "아버지의 몸에서는 언제나 나무 냄새가 났다."는 화자의 회상은 선친의 마지막 유품인 연장통에서 시작한다. 소년 시절에 소목장이었던 아버지를 도와 목공 일의 보조를 하고 수금을 하던 화자는 아버지 회사의 "유일한 사원이었고 조수"였다. 그러나 그때의 알싸한 나무 냄새만 떠올리면 회사가 있는 집이 화마로 휩싸였던 트라우마를 벗어날 수 없다. 기억이 매개하는 사건은 '나'의 의지와는 관계없이 찾아오는 것이기에 기억의 주체인 '나'는 무력하며 수동적일 수밖에 없다. 그러나 지금에 와서는 그 사건의 종결조차 수필문학이라는 서사화 위에서 "강물"되어 흐르고 "강물"로써 흐느낀다.

작품 〈종접하는 유부초밥〉은 초등학교 5학년이던 손자 '해동'이 주인공이다. 종이접기가 취미인 해동이는 포털사이트의 페이퍼 빌드 공식 카페에서 '종접하는 유부초밥'이라는 닉네임으로 활동한다. 그 손자의 깜찍한 행동은 작가의 가치관을 확장시켜 조손간의 유대관계를 강화시킨다.

어느 날 유부초밥이 자기가 만든 작품을 학교 친구들에게 돈을 받고 판다는 말에 나는 깜짝 놀랐다. 작품의 크기에 따라 5백 원에서 2천 원까지 받아 용돈으로 쓰고 제 부모에게 포장 떡볶이를 진상해 드렸다 하니 말문이 막힐 수밖에 없다. 내가 돈을 받지 말고 공짜로 선물하는 게 좋지 않을까 했더니 유부초밥은 단호하게 말한다. 첫째, 친구들이 탐을 내서 돈을 주며 만들어 달라고 간청했고 둘째, 몇 시간씩 고생하여 만든 작품을 그냥 줄 수는 없고 셋째, 학교 선생님이 수업 시간에 가르쳐 주신 경제활동을 실천하는 것이므로 더더욱 공짜로 줄 수 없다는 이유를 말한다.

어린 손자가 재화와 용역과 화폐로 이루어진 경제원칙을 이해하고, 자신의 재능으로 경제활동을 실천하여 합리적 이익을 추구하였다는 사실이 기특할 수밖에 없다. 아울러 〈김치밥국의 얼굴〉에서는 고난의 시대를 함께 이겨 낸 형제애를, 〈의자〉에서는 시아버지의 집필을 응원하여 '인노바드 워커 체어'를 선물해 준 며느리에 대한 고마움을 담아내었다. 이로써 인간의 감정 속에서 피어난 가장 숭고한 소산이 가족애임을 거듭 확신하게 된다.

3. 환대하는 타자와의 관계망

자본주의가 발달하면서 가속화된 무한 경쟁은 연대를 약화시키면서 개인주의와 이기주의를 불러일으켰다. 이러한 위기를 회복하는 데 있어 중요하게 고려되는 것이 타자성이라고 하겠다. 타인을 환대하며 공동체를 형성해나가는 것이 중요한 덕목으로 요구된다. 그 궤적을 톺아보면 ≪빵상≫에 나타난 두 번째 기저는 작가와 타자의 관계망을 제시한다. 가족 내의 서사가 구심력을 구현한다면 가족 외의 서사는 원심력을 보여준다. 무엇보다 화자가 타자를 만나는 방식은 신뢰와 믿음에 기인하였다. 〈어떤 만남〉에서 30년 전의 인연을 따라 은하사를 찾은 것도 "대성 스님이 계신다는 믿음이 나의 의식 속에 깊게 뿌리를 내리고" 있기 때문이다.

> 200여만 평의 광대한 부지에 조성되는 '신어산종합가발사업'이 본격적으로 시행되었을 즈음이다. 부진한 토지매수와 지역 주민의 반발에 부딪혀 힘들어하고 있을 때, 가끔 현장과 가까이 있는 은하사를 찾아서 스님을 뵙고 도움을 청했다. 그때의 스님 말씀을 금과옥조로 삼았다. 스님은 만날 때마다 따뜻한 차를 손수 따라 주시면서 위로와 격려의 말씀을 들려주셨다. …… 사업은 몇 년 동안 우여곡절을 겪었으나 다행히 성공적으로 끝났다. 얼마 후 나는 신어산을 떠났다.

그러나 베르그송이 주창한 바처럼 완벽하게 과거와 일치하면서 그 자체로 통일된 기억은 없다. 다시 만난 스님은 화자를 전혀 기억하지 못한다. 예측대로라면 "이기 누고? 아무개 아이가!" 하고 반색을 하며 "덥석 손이라도 잡아줄 줄 알았"으나, 단지 노스님에게는 사찰을 방문하는 수많은 불자 중 한 명에 불과했다.

결국 인연이란 생멸연기에 의해 멸하는 법이니 함께 일어나고 소멸하고 나타났다가 다시 흩어지는 원리에 따른다는 것을 인지한다. 그러니 이생에서 스님이 화자를 기억하지 못하는 것은 자연스러운 이치이며 서운한 이유를 따질 필요가 없게 되는 것이다. 연기緣起의 사슬을 생각해 보면 넓은 스펙트럼에서는 이미 서로가 엄청난 인연으로 얽혀 있는 것이 아닌가. 인연의 고리는 〈자투리〉에서 더욱 구체화된다. 오너였던 '그'가 한국에 나올 때면 흔히 '기리빠시'라고 지칭하는 자투리 카스텔라 한 상자를 선물로 가져온다. 재일교포로서 근검과 절약이 몸에 밴 '그'를 경외하고 '그' 또한 화자를 온전하게 신뢰한다.

> 우매하게도 그가 나 같은 자투리에게 그의 전 재산을 걸었던 사실을 까맣게 모르고 있었다. 그에게는 분명 도박이었을 것이다. 다행히 그의 화투패는 나를 자투리에서 도사리 운명을 벗어나서 반자치 축에라도 끼게 하여 그나마 존재 이유의 계기를 만들어 준 것이 아닌가. 내가 그 사실을 알았을 때는 그는 이미 이 세상의 사람이 아니었다.

화자는 한때 "젊은 오기를 앞세워 회사를 박차고 뛰쳐나온" 적이 있었다. 그때 스스로를 "사회적 자투리"라고 여겼는데 '그'의 무한한 신뢰가 다시 재기를 도왔다. 그 덕에 자투리 빵을 선물로 안으면 자투리라고 여겼던 당시의 자신이 당연히 오버럽되는 것이다. 반면 〈대걸레〉에서는 책을 좋아하는 아파트 미화원 아주머니에게 보내는 믿음이 선명하다.

> 그날 이후로 이것저것 배달 오는 책 중에서 내가 이미 읽었거나 덤으로 한 권씩 얻어 온 책들을 그녀에게 건네주었다. 그러면서도 책을 주면 제대로 읽기나 할까? 하는 의구심은 조금도 들지 않았다. 내 책장에는 반쯤 읽다 말고 접어둔 책들이 부지기수인데, 언감생심 내가 그녀의 시구詩句처럼 맑은 심성을 의심하다니. 점심을 먹고 나서나 일하다 잠시 쉬는 틈에 일터의 어느 한적한 구석에서 열심히 책장을 넘기고 있을 것이라는 생각에는 손톱만큼의 의심도 들지 않았다.

우리 인생의 주체는 인류의 역사를 뒤흔들어 놓은 몇몇의 영웅이나 혁명가의 삶이 아니라, 소리 없이 하루하루를 살아내는 대중 한 사람 한 사람의 일상으로 이루어진다는 말이 있다. 작품 속의 미화원 아줌마는 누구인가. 그녀는 "아파트 같은 다가구 주택"에 고용되어 종일 비와 걸레로 낙엽이나 먼지를 쓸고 닦는다. 열악한 작업환경은 물론 소음과 분진과 미세먼지에 노출되며 사고의 위험도 적지 않다. 고달픈 일정의 마지막 작업은 대걸레를 깔끔히 씻어 말리는 일이다. 화자가 그 노동을 신성하게 생각하는 것처럼 그녀 또한 글을 쓰는 화자를 부러워하며 경의를 보낸다. 그 마음에 보답하듯 고양일 작가는 여분의 책을 전하게 되고 그녀는 선한 웃음으로 화답한다. 그러니 "시구詩句처럼 맑은 심성"으로 책장을 넘기게 될 것이라는 추측은 타인에 대한 믿음과 인간애가 없이는 불가능한 일이다.

〈그곳에는 묵향이 흐르네〉에서는 평생 외길을 걸은 서예학원 원장의 인품이 돋보이고, 골목길 〈보리밥집〉의 주인아주머니도 냉갈령같이 무뚝뚝한 성품이지만 수년 동안 화자 부부의 미각을 실망시키지 않는다. 〈장작, 그 황홀한 불꽃〉에서는 군불 넣는 민박집 주인장의 소박한 정이 드러나며, 〈목욕탕 가는 길〉에 나타난 이발소 영감의 편안함이나 탈의실 옷장을 잠그지 않아도 아무 탈이 없는 동네 사람들의 인심에서 사람살이의 진실성을 느끼게 된다. 〈아버지의 집〉을 통해 지인의 일화를 내레이션하듯 서술한 기법이나 인물을 통한 감동은 여느 명작 못지않으므로 타자를 만나는 방식에 대한 깊이 있는 성찰을 보여준다. 더욱이 친구 '성이'를 기억하는 〈버찌가 익을 무렵〉은 그리움의 결정체라고 할 수 있다.

> 철조망을 벌리고 몸을 낮춰 안으로 기어들어 갔다. 관리인과 셰퍼드의 기척에 잔뜩 신경을 곤두세우고 이 나무 저 나무를 옮겨 타고 다니며 버찌를 땄다. 이곳의 버찌는 유난히 씨알이 굵다. 나무 위에서 원숭이처럼 매달려 게걸스럽게 따먹고 그것도 모자라 입고 있던 러닝셔츠 속에 집어넣었다. 버찌 열매가 셔츠 속에서 불룩하게 부풀어 올랐는데도 우리는 황홀한 삼매경에 빠져 시간 가는 줄

몰랐다. 그러자 갑자기 언덕 아래서 개 짖는 소리가 요란하게 들려왔다. 혼비백산하여 나무줄기를 안고 미끄럼 타듯 내려서 철조망을 넘어 줄행랑을 쳤다.

중앙동 40계단에서 바라다보이는 나지막한 복병산은 화자에게 있어서 "평생 잊을 수 없는 엄마의 젖꼭지"이다. 용두산이 마주 보이고 측후소 풍향계가 맴을 돌며 산 아래 초등학교를 "4학년 때 일어난 한국전쟁으로 유엔군 주둔지로 내어주고 졸업할 때까지 산 중턱에 천막을 치고" 다닌 곳이다. 그러나 부산 최초의 상수도 시설인 배수지 철조망 안을 넘나들며 '성이'와 함께 ㅂ찌 서리를 하던 기억은 단순한 돌이킴이 아니라 유년을 부활시키는 작업이다. 고양일 작가의 여섯 식구 보금자리였던 다다미방 조산가옥이 "불쏘시개처럼 타서 흔적도 없이" 사라져버린 곳이므로, 아버지의 일터인 '동광공업사'가 화마에 처참하게 무너져버린 곳이므로, 모든 것을 빼앗긴 이웃과 친구가 뿔뿔이 헤어진 곳이 되었으므로. 그러나 참혹한 기억도 세월 앞에서는 쓸쓸한 그리움이 된다. 무의식으로 내재한 상처와 결핍이 예술작품의 본질적인 의미가 되기도 하는 것이다.

4. 순수한 열정과 결곡한 헌사

프로이트는 반드시 '나'는 현재를 만든 사건들과 '나'를 정의하는 과거들을 기억해내야만 한다고 주장한다. 행복했던 경험을 물론 트라우마까지도 자신을 감싸고 있는 무의식의 기억들과도 당당히 마주할 수 있을 때 비로소 주체가 확립된다고 하겠다. 중요한 것은 과거는 사실 전체가 그대로 보존되거나 되살려지는 것이 아니라 현재를 토대로 재구성된다는 점이다. 더군다나 명확하게 자기에게 향하는 주체를 확신하는 수필작가라면 구성된 기억들을 통해 새로운 시선과 창의적 해석을 갖게 된다. 그것이 능동적인 작가적 태도이다.

고양일 작가가 기억의 서사화로 구현해 낸 ≪빵상≫은 인적 관계망을 토대로 정신계의 지형도를 구성하였다. 가족서사와 타자서사로써 담담한 필치와 유연한 문장으로 견고한 글의 산맥을 그려내었다. 순수한 열정과 결곡한 헌사로 '인간애'를 펼쳐낸 이번 작품집은 수필로 쓴 한 권의 '인간학'이 되었다. 그러므로 작가와 독자와의 탄탄한 관계망을 성립하게 될 것이라는 믿음을 갖게 한다. 이제 작가의 글길은 어디를 향해 흐르는가. 그 점이 벌써 2집을 기다리는 이유이기도 하다.

| 대표 작품 |

빵상

고양일

　우리 집 아침 밥상이 빵상床으로 변신했다. 올여름까지만 해도 여느 집처럼 밥에다 국, 김치 등 몇 가지 반찬으로 차려진 평범한 밥상이었다. 지난가을 초입 어느 날이다. 아내는 느닷없이 의외의 말을 끄집어낸다. 처음에는 아내의 말이 하도 생뚱맞아서 한동안 긴가민가했다. '세 끼의 끼니때는 어김없이 찾아오는데, 하루 종일 밥 짓고, 반찬거리를 사다가 끓이고, 볶고, 구워 만들기도 신물이 난다. 날마다 먹다 남긴 음식물을 냉장고에 넣었다가 다시 꺼내 먹는 것도 지긋지긋하니 하루에 한 끼쯤은 산뜻한 서양 조식으로 바꿔보자.'는 것이다.

　요즘 들어 아내는 한 살 두 살 쌓여가는 나이도 억울한 참에 코로나의 고통까지 겹쳐 심신이 어지간히 지쳐 보였다. 간혹 밥상을 차릴 때 구시렁거리긴 해도 으레 그러려니 했더니 결국 쌓인 불만으로 예상도 못 했던 불씨에 불을 지핀 것이다. 그 말의 의미는 아침 밥상 대신에 '아점' 수준으로 대충 때우자는 것도 아니고 아예 대대로 살아온 시골의 초가집을 버리고 도시의 아파트로 이사 가서 살자는 말이나 매한가지가 아닌가. 나도 허구한 날 같은 밥상을 마주하는 심정이야 아내와 별로 다를 바 없지만, 태어나서 지금까지 조상 때부터 내려받은 밥상을 하루에 한 끼라도 바꾸는 일이 그렇게 쉬운 일인가. 비록 꼰대라는 말을 들을지언정 그릇에 오롯이 담긴 밥의 위엄을 얄팍한 접시에 담긴 빵의 가벼움으로 대신하다니. 그러나 아내의 제안을 무조건 마다할 수 없다. 시장이나 마트에 갈 때마다 장고를 거듭하며 꼬장꼬장하게 셈을 가르고 한 번 맘을 먹으면 꺾이지 않는 외곬이다. 쉽게 마음이 바뀌지 않을 것임은 불을 보듯 뻔하다.

나는 직장생활 동안 회사 식당에서 일주일에 한두 번쯤은 서양 조식으로 아침 밥상을 대신한 경험이 있다. 하지만 아내는 고작 외국 여행 중에 호텔에서 먹은 뷔페 식사의 경험밖에 없다. 그런 아내가 아침마다 생소한 빵식을 차린다 한다. 그래도 언제쯤이면 아내의 결심이 허물어지는 때가 올 것이라는 막연한 기대감을 갖고 계속 지켜보기로 했다.

아내의 결심대로 빵식을 시작했다. 당초 계획에 맞춰 아침 밥상을 대신한 만큼 무엇보다 충분한 영양을 제대로 갖춰야 한다. 생활비를 절약하자는 구호 아래 식단을 바꾸거나, 건강이 문제가 되어 바꾸는 것이 아니다. 기본 메뉴로 빵은 호밀 토스트나 바게트에 계란, 토마토는 필수, 햄이나 소시지 또는 베이컨으로 하고 음료는 우유나 커피로 정했다.

식단을 바꾼 첫날부터 나는 실험실의 청개구리처럼 빵식 때문에 내 몸에 일어나는 반응을 살핀다. 며칠 후 아내에게 한 가지 제안을 던진다. 밥이 빵으로 바뀌면 국 대신 뭔가 바뀌는 게 있어야 하는 것. 밤새 잠을 자고 난 아침에 까칠한 빵을 먹기에 앞서 따뜻한 수프라도 속을 데우면 건강에도 좋을 것 아닌가. 수프 만들기가 귀찮으면 마트에서 인스턴트 제품으로 사서 먹자." 사실 나는 따끈한 콩나물국이 먹고 싶었다. 아내는 한참 생각하더니 다음날 국산 인스턴트 수프와 한 개를 사면 한 개를 덤으로 주는 특별할인 행사 제품을 사 왔다. 양송이, 감자, 옥수수 등 종류가 다양한 수입품이었다. 먹으면 속이 후련한 콩나물국은 아니었지만 다행히 따뜻한 수프가 금상의 첨화로 식탁을 한결 듬삭하게 만들었다. 며칠이 지나면 아내는 틀림없이 '아내표' 수프를 만들 것이다. 수프 때문에 지갑 속의 카드를 계속해서 긁지는 않을 테니까.

그럭저럭 빵상은 대충 구색을 갖춘 셈이 되었다. 때에 따라 점심은 고기나 생선 요리를 출동시키면 런치lunch가 되고, 거기에 맞춰 촛불을 켜고 와인을 소환하면 근사한 디너dinner가 될 것이다. 자주 삶은 감자나 옥수수, 채소로 샐러드가 곁들여져 빵으로 먹는 방식이 달라지기도 한다. 아침 식탁이 바뀌니 점심, 저녁 식탁도 알게 모르게 변해 간다. 겨울이 지나가고 새잎이 움트는 돋이 되면 식탁이 또다시 계절에 맞춰 새로워지지 않을까.

어느덧 두 사람의 아침 식단은 한 달 중 일요일에 두어 번 손자녀석들이 오는 날이나 속이 불편하여 한 끼쯤 죽을 먹은 날을 제외하고는 변함없이 빵상이 되었다. 비록 식재료비가 부담될지 몰라도 먹다 남은 찌꺼기가 없으니 음식 쓰레기는 줄어들고, 특별히 조리고 볶을 것이 없어 부엌 싱크대가 한결 깨끗해졌다고 아내는 말한다. 식재료는 자연스럽게 누구든지 필요하면 마트나 시장에서사 들고 온다. 다만 아쉬운 것은 빵상 덕분에 내가 좋아하는 잔치국수나 칼국수를 자주 먹지 못하는 것이다. 밀가루 음식을 하루에 한 번 이상은 먹지 말라는 불문율 때문이다.

아내의 초심은 변함이 없다. 그러나 사람의 마음을 누가 알랴. 갑자기 빵상도 싫증이 나서 옛날의 밥상으로 돌아가자는 말이 언제 불쑥 나올지 알 수 없는 일이다. 어느 날 문득 밥그릇에 봉곳이 담긴 기름진 쌀밥과 입맛에 익은 반찬이 그리워지면 또다시 원상태로 되돌아가자고 강요할지 모른다. 아직까지는 두 사람 모두가 도루묵을 먹을 생각은 전연 없어 보인다. 빵을 먹고 나서 생리적 불편함도 없다. 오히려 두 사람이 마주 앉은 식탁 사이가 전에 없이 말랑말랑해지고 말소리가 한결 야들야들해져서 옛날처럼 정신없이 숟가락 젓가락질만 분주하던 그때와는 사뭇 달라졌기 때문이다.

빵상을 차린 지 벌써 백일이 훌쩍 넘었다. 나의 친구들은 우리 집 아침 밥상이 빵상이라 했더니 모두 고개를 절레절레 흔들고, 아내의 친구들은 "너거 영감이 좋아하더나?" 물으며 모두 부러워한단다.

요즘 밥 대신 빵 몇 조각 차 한 잔으로 쉽게 아침밥을 대신하는 사람은 부지기수로 많다. 그렇지만 평생 동안 익숙해진 아침 밥상을 떨쳐내고 빵상을 택한 것은 내가 생각해도 대견하다 싶다. 자화자찬의 속물근성이라고 치부하지 않기를 바란다. 내 딴엔 여태껏 한 번도 겪어보지 못한 변화를 받아들인 용기에 가슴 한구석이 뿌듯하다. 어느 누구도 마음만 먹으면 언제든지 할 수 있는 평범한 일상을 각자의 사는 방식에 맞춰 최선으로 선택했을 때 더욱 보람되고 빛나는 것이 아닐까.

02
공순해 수필의 다원적 지형도를 그리며
– ≪한없이 투명에 가까운≫ 생의 서사

작가를 위하여

　예술이 영혼과 운명을 같이하듯, 수필은 개인의 서사가 시대적 환경과 궤를 함께한다. 작가의 체험과 감정이 현시점과 맞닿아 자신만의 세계관을 구축하기 때문이다. 그러므로 수필작가는 시공성의 바탕 위에 삶의 자화상을 내적언어로 그려내는 자라고 규정할 수 있다. 공순해 작가 역시 인간의 삶이 비록 일회성이지만 "부딪는 삶을 털어놓기에 수필만 한 것이 없다."고 확신한다.
　그녀는 재미 수필가다. 서울에서 출생하여 수도사대 국어국문과를 졸업한 뒤, 서울 시내 공립중학교에 13년간 국어 교사로 봉직하고, 1985년부터 미국에 뿌리를 내려 현재에 이른다. 이민 초기에는 뉴욕에서 자영업을 하였고 은퇴 후 2008년부터 시애틀 근교 이사

콰로 이주, 현재 벨뷰에 거주한다. 1987년 뉴욕한국일보 현상문예 소설부문에 당선작 없는 가작으로 뽑혔고 2009년 제2회 '시애틀문학상' 수필 대상 수상, 같은 해 월간 ≪수필문학≫과 2017년 계간 ≪에세이 문학≫에 추천 완료되어 수필가로 등단하였다. 작품집으로는 수필과 소설을 함께 담은 ≪손바닥에 고인 바다≫(2007), 수필집 ≪빛으로 짠 그물≫(2014), ≪꽃이 피다≫(2018)를 상재하였다. 이로써 수필에 매료된 그녀는 "첫사랑 소설과의 인연을 완전히 끝내게 되었다."고 고백한다.

작가는 그동안 한국문인협회 워싱턴주 지부의 5, 6대 회장을 역임하며 미주 한글문단이 한 곳으로 뭉치고 '재미 수필'의 지평을 넓혀 해외 한글문단의 저력을 키우려 분투노력하였다. 현재 한국문인협회 워싱턴주 지부와 펜문학 한국본부 미서부 회원, 시애틀 한국일보 외부 필진, ≪시애틀문학≫ 편집인 등의 역할을 감당하고 있다.

공순해 작가를 이해하기 위해서는 먼저 에필로그 〈문학 지도地圖와 수필〉에서 강조한 작가의 수필시학을 새길 필요가 있다. 그녀가 구현하는 수필은 "야성의 문학"이다. 수필로써 다양한 삶의 문제를 제시하고 화해와 관조의 세계를 넘어 의미화 궤도에 진입하려면 "젊은 영혼"의 맥박이 뛰어야 함을 토로한다.

그러기에 ≪한없이 투명에 가까운≫에서 보여준 생의 서사는 저자의 생물학적 나이를 가늠하기 어려운 인식의 야성미를 전제로 하고 있다. 다시 말해 공순해 수필작가는 다채로운 소재를 포착하는 심안과 감각적으로 언어를 풀어내는 필력과 상식을 전복시키는 해석력으로 다양한 인문학적 문형紋形을 그려내었다고 하겠다.

공순해 수필의 특징은 소재의 층위가 다양하다. 정치, 경제, 역사, 문화, 과학, 종교, 혈육애 등 텍스트 담론이 다층적으로 결합되었으며, 내적시선 또한 정형화된 일원성을 거부하며 다각적 해석의 여지를 남긴다. 이에 이번 수필집에서는 크게 세 가지 영역으로 구분하여 기억의 재현과 서사의 재구성, 생태적 사유와 자연의 전언, 양가적 감정과 중첩 이미지로써 작품이 공유하는 교집합 및 각각의 자율적인 영역을 들여다보고자 한다.

1. 기억의 재현과 서사의 재구성

기억은 감각적 경험에 의해 이루어지는 정신적 표상이다. 특히 작가는 기억 주체자로서 회상을 재현하여 기록으로 남기는 자이다. 그것은 과거를 반추하고 현재를 재해석하여 자신을 복원시키는 적극적인 방법이다. 인간은 실존적 문제가 밑바탕에 내재될수록 자존감에 상처를 입고 삶의 공허를 느끼지만 진정한 자기 존재의 자각 없이는 회복이 어렵다. 공순해가 일상에서 〈내 반쪽〉을 의식하고, 〈철학하는 돼지〉를 통해서 과거의 자신과 대면하는 크로노스 시간에 진입하며, 〈가짜 목걸이〉로써 이름 찾기를 구현하는 것도 정체성을 회복의 과정이다.

순아, 이순희, 이수빈, 공(이)순혜, 제인 공, 공순해, 닉네임 지우개. 때에 따라 여러 이름으로 유전流轉돼 온 삶이다. 이 일곱 가짜 진주로 환상環狀을 이룬 생 가운데 어느 것이 참삶을 매듭지을 진짜 이름이 될까. 장애를 거슬러 오르지 못하고 수명隨命했던 나는 오늘도 못다 한 수고와 함께 하염없이 환幻 속을 걷는다.

화자의 이름이 지나온 이력이다. 고국의 친구로부터 50년 만에 받은 소식에 자신의 삶이 본명과 필명과 개명과 미국명과 닉네임 등으로 재생되어왔음을 환기시킨다. 어느 것이 자신의 "진상眞像인가, 허상虛像인가." 혼란이 인다. 결국 산다는 일은 "아이러니"이며 "환幻"으로 자리매김될 수밖에 없으니 겉으로 명명되는 것은 모두 부질없는 환상임을 깨닫는다.

인간에게 가족은 영원한 노스탤지어다. 기억의 세계를 형성하는 중심축에는 언제나 가족이 먼저 자리한다. 많은 이민문학의 서사구조에 고향과 가족에 대한 그리움이 배어있는 것은 너무나 당연한 일이다. 〈우련한 사랑〉에서 "기억의 저장광 끝에는 항상 어머니가 기다"리고, 지게와 작대기에서 아버지를 회상하며, 함지박과 조각보 액자를 통해 시어른들을 향한 "사모의 염念"에 목매게 되는 이유가 여기에 있다. 둘째손주의 영상 졸업식을 마주하면서는 60년 전 화자의 졸업식과 아이 아비 졸업식을 떠올리지만, 손주의 기억에 졸업식이라는 추억의 장이 옅어질 것을 아쉬워한다. 과거란 "현재의 나를 객관적으로 바라볼 수 있는 자료"이자 "정신적 허기"를 달래줄 수 있는 이름이기에 소멸은 늘 안타깝다.

과거의 시간이 또한 소중한 것은 그리움 때문이다. 그리움이란 감정이 없다면 인간은 무늬 없는 벽지와 같다. 심지어 짬짜면 판매가 기대치 이하인 탓이 그리움 때문이라잖나. 짜장면을 먹으며 짬뽕을 그리워하고, 짬뽕을 먹으며 짜장면을 그리워해야 그 맛이 도드라질 터인데 그 그리움이 없기에 짬짜면 인기가 별로라고.

화자는 전혜린의 언술을 빌어 '그리움'을 그리워한다. 〈행복한 창문〉으로 고무신과 꽃버선과 터진 운동화의 추억을 넘겨다보고, 〈꽃무늬 평화〉로 도시락 풍경을 상기시키고, 〈밀지密旨〉로써 유년 시절 인형놀이를 떠올리지만, 공순해의 그리움은 감상적 경험으로만 머물지 않는다. 행복을 보는 방식을 제시하고 가족 모형 세우기를 시현하며 현대인의 소유욕에 일침을 가하여, 삶의 동인으로써 자아를 규정시키는 기제로써 작용한다.

기억이란 시간성에 의해 소멸되어가거나 무의식적으로 억압시키기도 하지만 다시 재생함으로써 화자의 감정이 수정되기도 한다. 유희와 폭력이 난무하던 "기억의 섬"을 불러내는 것도 인간의 욕망에 경종을 울리기 위한 반영이며, 처음 접한 낯선 불고기 맛과 당시 "남자 어른"들이 즐겼다던 송치 구이와 박목월 선생님께서 사주신 삼선간짜장을 "모순의 아름다움(?)"으로 인지하는 것도 같은 맥락이다. 그러므로 매화나무 아래 언제나 서 있는 "그"와의 흔적을 더듬고 루비 비치에서 주워온 짱돌에서 잃어버린 것들의 냄새를 맡으며 "시간의 지층에 갇힌 사람"을 플래시백시킬 수밖에 없다.

기억의 여신 므네모시네가 시, 음악, 학문 등을 관장하는 뮤즈 여신들을 낳았듯이, 기억은 당연히 예술의 모태가 된다. 작가라면 기억의 실재와 마주하여 상처를 극복시킬 시도로써 서사화시킬 필요가 있다. 기억의 외부에서 내부의 기억을 재검토하게 되면 뜻밖의 진실을 발견한다. 그 과정에서 인간의 삶은 "한 사람이 살았던 것 그 자체가 아니라, 현재 그 사람이 기억하고 있는 것이며, 그 삶을 얘기하기 위해 어떻게 기억하느냐 하는 것이다."라는 마르케스의 말을 떠올리는 것은 지극히 자연스러운 일이다.

2. 생태적 사유와 자연의 전언

인간이 자연을 떠나 살 수 없는 것은 자명한 이치이다. 자연은 우주의 본질이며 모든 생명체의 근원이다. 자연의 다양한 관계망 속에서 동식물과 무기물뿐만 아니라 인간이 호흡하며 생명공동체로써 공존한다. 그러므로 생태학적 위기는 바로 인간 생존의 위기로 인식하게 되는 것이다. 나아가 정서의 궁핍과 정신의 황폐로 연결되어 예술의 창조성마저 고갈시키는 원인이 된다는 것을 인정하지 않을 수 없다. 이러한 각성을 문학으로써 구현한다면 상생적 관계를 되살릴 수 있을 것이다.

공순해 수필에서 생태적 사유를 놓치지 않는 것도 에코토피아 ecotopia를 꿈꾸는 의지의 발현이라고 여겨본다. 손자가 학교에서 받아온 양배추 모종 한 통을 관찰하면서 "인간과 기타 생명 사이엔

분명 경계가" 있음을 자각하며 "인간은 인간의 유통기간이 언제까지인지 알까."라는 존재론적 질문을 던진다. 속이 멍든 〈앙큼한 감자〉에서는 이미 곯고 물크러진 자신의 육체를 보듬게 되며, 땅을 치며 떨어지는 사과를 보고도 "돌아갈 곳이 있다는 건 좋은 것"이라는 귀소 본능을 유추해낸다.

이처럼 자연에 대한 오마주는 〈물의 환락〉으로 물이 "생명의 영원한 고향"임을 드러내주고, 〈바람을 기다리는 거미〉를 보며 제집 하나 못 짓고 "남의 몫마저 빼앗아 사는 인간"들의 탐욕과 비겁함을 지적한다. 뿐만 아니라 "고사리의 비명"을 듣고 〈시금치 한 소쿠리〉로써 디아스포라의 삶을 사는 한인을 비유한 수사법도 그녀이기에 가능하다.

> 낯선 땅에 활착活着하려 견뎌내는 사람들의 모습까지 떠올라 시금치가 더욱 애틋해졌다. 무풍無風의 알맞은 온실 속에서 물 줘가며 기른 것과는 격이 다르게, 황량하다 못해 살벌하기까지 한 대지와 교합을 나누며 스스로 이룩한 생명 아닌가. 이 식물은 떠나온 땅에서도 살고 있는 땅에서도 튼튼하게 뿌리를 못 내리고 부유하는 인간들보다 훨씬 더 생명의 줄가리綱를 그러잡을 줄 안다. 아니 오히려 몇 수 위다.

대지와의 접문으로 뿌리를 내린 야생 시금치와는 달리, 낯선 백인 땅에 제대로 뿌리 내리지 못하는 이민자들의 대조적인 삶을 반영하였다. 인간과 자연의 조화에 앞서 인간과 인간이 조화로워야 함을 고찰하게 만든다.

〈한큐〉에서 햇빛에 쏘인 단풍잎 한 장으로 노숙자의 가난한 외양과 화자의 빈약한 정신을 일치시키고, 〈치명적인 환희〉에 나타난 "세류細流 단풍"이 개안적 시각을 구축하였다면, 〈불지르기〉에서 보여준 단풍나무와의 교감은 인식의 절정을 이룬다. 도대체 가을이면 나무는 왜 불타오르는가. 겨울이 오면 나뭇잎들은 왜 떨어져 내리는가. 안진眼診과 문진問診과 청진聽診을 거치면 공순해가 갈구하는 나무의 심사를 들을 수 있을까.

> 떨어져 내리는 나뭇잎들이 제 발밑을 수북이 덮는다. 세상은 온통 날리는 불이다. 활활火火 타오른다. 제 몸을 공양하여 불佛을 이루는 수도인처럼. 여름이 충만해야 가을에 남김없이 타오를 수 있고, 남김없이 태워 떨어내야 다음 봄을 맞아 새로운 생명으로 태어날 수 있다는, 어디선가 읽은 대목이 머리에 꽉 차 온다. 절정에서 이루는 살신殺身의 구도求道. 몸이 떨려 왔다.

화자는 답을 찾지 못한다. 아니, 인간의 근원적인 질문에 자연의 회신이 있을 리 만무하다. 다만 가을 낙엽의 소멸을 지켜보며 제 몸을 공양한 수도자를 병치시켜 "이룬 뒤에는 불을 질러야 한다."는 이치를 획득하게 되는 것이다.

그러면 공순해가 면밀하게 직시하는 현대 과학기술의 발달은 자연과 인류에게 어떤 영향을 끼칠 것인가. 〈SF적 상상〉을 하고 "기계로 살 것인가, 인간으로 살 것인가"를 고민하며 작금의 코로나 팬데믹시대를 겪으면서 〈해마다 봄이 되면〉 떠올리는 "그분의 말씀"처럼 봄의 풍요로움이 계속 지속되길 희망한다. 재앙이 덮친 인간계와 달리 숲과 호수의 자연 생태계가 봄의 생채로 눈부신 〈빈 둥치의 시간〉처럼 "일상이 선물이었다."라는 명제를 도출해낸 공순해의 통찰력에 독자는 동시대적 공감대를 형성하게 되는 것이다.

3. 양가적 감정과 중첩 이미지

21세기 문화 현상의 두드러진 특징은 장르해체와 장르융합 양상이다. 그 결과 하나의 대상에 대해 상충하는 견해로써 양가성을 갖거나, 상호 오버래핑된 중첩 이미지로부터 다각적 해석을 모색하게 되었다. 다원화된 차이는 획일적 권력으로부터 해체되는 힘을 발휘하므로 문학에서 차용할 때 보다 폭넓은 열린 결말을 제시할 수 있다.

공순해의 수필 작품에서도 다층적 화소와 이미지의 중첩을 통해 인종과 계급과 신념과 종교를 아우르고, 인정과 관용으로 타자를 이해하려는 세계관을 읽을 수 있다. 표제작인 〈한없이 투명에 가까운〉에서는 "이쪽과 저쪽에 끼어 생을 수행"해내야만 하는 인간의 운명을 표출해낸다. 이민자들의 삶이란 언제나 경계가 모호하다. 화자의 표현대로 "자발적 소외와 아웃사이더의 틈새"에 낀 삶도 늘어났다. 출생국과 이민국 모두에서 '탈영토화'를 실감하는 소외감에 젖은 채 "제3의 공간"을 형성하려 고군분투한다. 한국어와 영어의 틈새에 직면하면서 정체성을 탐색하지만 인생이 자력으로 해결되지 않음은 자명한 이치이다. 그래서 화자는 "인간은 근원적으로 경계의 삶을 살도록 창조"하신 시공간 초월자인 "그분"의 뜻임을 톺아낸다.

> 삶은 이런 틈새의 연속이다. 남성과 여성 사이, 인격과 인격 사이, 엄마와 인간 사이, 즉 존재와 인간으로서의 역할 사이, 가정과 사회의 사이. 그뿐인가. 육신과 영혼 사이, 감정과 이성의 사이, 자아와 이타의 사이, 선과 악의 사이, 공정과 편견의 사이. 이 수많은 사이의 틈새에 끼어 삶은 껄끄럽고 고단하게 흘러간다.

비평이론에서 '중첩상태superposition'라 함은 '쌓여 있음'으로 설명되거나 완전히 드러나 '투명한 겹침'으로 해석되기도 하는데, 공순해가 경계의 벽을 "한량없이 투명에 가까운 얼음의 벽"이라고 표상한 것도 '너머'를 모색하는 사유의 확장성이라 하겠다. 관음증이라는 문제의식을 일깨운 〈시간은 검이다〉에서 감시와 관찰의 이중성을 포착하였다면 〈박하사탕2〉에서는 혼종적 주체의 혼란이 깔려 있다. 빼앗긴 고향이자 유린당한 고향, 정액 냄새가 풍기던 "하월곡동 88번지"가 혐오스럽기도 하고 그립기도 하다. 나아가 공순해의 문학적 책무는 〈맬서스 아저씨의 덫〉과 〈미국 시리아 그리고 동토〉에 나타났듯이 방송과 신문 기사를 도입하여 국내외 정치 사회적 문제를 관통한다. 한데 이 작품들은 내용의 다층성 이외에도 콜라주와 몽타주 기법을 차용한 표현형식이 돋보인다.

사람들은 '죽음'을 어떻게 정의하는가. 〈우화羽化를 위하여〉에서는 여자가 아이를 낳는 것과 자식이 부모를 여의는 것을 동일시시킨다. 화자는 ≪말테의 수기≫를 통해 죽음을 배웠다고 진술한다. "과일 속에 씨가 있듯 인간 누구나 죽음을 배태胚胎하고 있다."는 문장에 주목하였듯이 〈꽃 잔치 가잔다〉에 이르러 탄생과 죽음에 대한 통찰이 더욱 깊어진다.

> 풀치고 꽃 없는 풀이 없다. 잡초일지라도 꽃은 피운다. 인간도 꽃이다. 그럼 인간의 발화發花 시점은 언제일까. 시간을 찢는 순간이 아닐지. 인간의 꽃은 시간 밖에 피어 있다. 시간 밖에 피어 있는 꽃 잔치에 인간은 누구나 초대받았다. 하기에 이미 우리는 그 꽃 잔치 마당에 얼마간 발을 딛고 있는 건 아닐지.

공순해가 인간이라는 꽃의 발화 시점으로 지목한 것은 "시간을 찢는 순간"이다. 그 순간이 가장 짜릿하다는 역설을 생성해내었다. 축복의 통과의례를 거쳐 누구나 "꽃 잔치"에 동참할 수 있는 자격이 완성되는 것이다. 그럼으로써 화자는 인간이 갖는 생멸生滅의 고착된 해석을 전복시켜 나간다. 〈눈과 생각 사이〉에서는 삶의 중첩적 양태를 드러낸다. 한국문학과 영미문학에서 "눈"에 대한 인식은 감성과 극복으로, 순수와 폭력으로 규명된다. 아울러 미국인과 한국인의 다방문화에서 "문화 융합"을 생각하고, 〈객지에 피는 풀꽃〉에 이르러 문안과 문밖의 세계를 구분짓는 구즈 속에서 "35년째 객지의 시린 삶"을 겪는 동안 이쪽과 저쪽을 품을 수 있는 "삶의 융통성"도 생겼다.

앞으로 다가올 시공간의 의미는 작가에게 어떤 모습으로 직조될 것인가. 다수의 권력 속에서 약자의 위치에 있다 할지라도, 〈정체의 정체〉로써 "삶은 기다림이다"라는 아포리즘을 도출해낸 공순해 작가라면 더욱 위풍당당해질 수 있으리라 확신한다. 그것이 수필의 힘이다.

평문을 닫으며

공순해의 수필적 서사는 여러 층위를 형성한다. 이는 익숙한 규범들을 남겨두고 새로운 형식 속에 편입된 이민자의 경험이 반영되었겠지만, 무엇보다도 문학적 상상력과 철학적 사고가 작가적 열정과 이루어낸 쾌거라고 하겠다.

이번 작품집에서 보여준 공순해 작가는 수필로서 자아 재구성의 좌표를 선명히 그려가고 있음을 확신할 수 있다. 그녀는 본병本病이었던 소설과 결별한 뒤, 스스로의 수필형식을 구축하기 위해 필사적으로 노력해왔다. 구성을 변용하고, 영상미를 차용하며, 장르적 호환을 시도하는 등 문학이 영화와 음악과 미술과도 융합을 이루어야 다양하게 발전할 수 있음을 인식하여 자신만의 수필 지형도를 이루어내었다.

공순해의 네 번째 작품집인 ≪한없이 투명에 가까운≫이 미주 수필 문단에 차지하는 비중이 결코 가볍지 않을 것임을 예단하며,

자신을 사랑하는 방법은 오직 "글쓰기밖에 없었다."라며 앞만 보고 "죽기 살기로 덤벼들 수밖에 없다."라는 필심筆心의 고백을 재확인한다.

| 대표 작품 |

한없이 투명에 가까운

공순해

 학교에서 돌아온 막냇손자가 수업에서 그린 패밀리 트리를 자랑스럽게 내민다. 얼굴 시늉을 한 원이 크게 두 개, 작게 세 개, 올망졸망 나무 위에 그려져 있다. 잘 그렸네. 칭찬에 애 얼굴이 활짝 핀다. 그리고 배가 고프단다. 좋아하는 요거트를 냉장고에서 꺼내 냅킨과 스푼까지 챙겨주는데 가슴이 묘하게 쓰리다.
 큰손자가 그려왔던 첫 패밀리 트리가 기억난다. 받아든 순간, 발밑으로 모래톱이 침수되는 느낌이 기어들었다. 미국 아이들에게 제 부모와 형제만이 패밀리 트리에 들어간다는 건 상식이다. 한데 막상 상황에 부딪히니 그게 아니었다. 결국 또 틈새에 끼고 말았구나. 한집에 살고 있으면서도 가족이 아니라는 이 노릇을 어찌하랴.
 틈새에 끼었단 절실한 첫 깨달음은 조카들이 자랐을 때였다. 우리 집은 가족이 많았다. 할머니를 모시고 부모님과 여섯 형제가 살았다. 시골에서 올라와 학교 다니는 친척들 하며, 객식구도 많았다. 어느 날 밥상머리를 같이한 사람들 수를 세어 보니 방문한 친척들과 오빠 친구들까지 30명이었다. 한 끼가 여느 집 잔칫날 풍경인 날이 허다했다. 게다 할머니가 돌아가시고 큰오빠가 결혼한 뒤엔 네 아이가 태어났다. 그렇게 얽혀 벅적거리며 살아가는 게 사는 건가 보다, 그리 알고 자랐다.

한데 어느 날 그 집이 더는 내 집이 아니란 자각이 들었다. 분명 태어나고 성장한 내 집이었으나 내 집이 아닌 황당함. 그 집은 새싹같이 어여쁜 조카들의 터전이었고, 내 존재는 떨켜를 만들어 떨어져야 하는 나뭇잎임에도 아직 덜떨어진 과거의 나뭇잎, 고모란 이름의 낙엽이었다. 새잎이 나면 먼저 잎은 져야 하는 게 순서다. 더는 머무를 수 없어 동생과 함께 집을 나왔다.

더 생각해 보면 틈새에 끼인 생은 그 이전에도 있었다. 시험 때만 되면 발작적으로 소설이 쓰고 싶었다. 시험공부하랴, 소설 쓰랴, 정신이 없는 그때 왜 꼭 설거지 차례는 돌아오는지. 식구 많은 집에서 공으로 먹을 수는 없는 일, 올케 생각해서라도 설거지 정도는 거들어야 했으나 몹시 억울한 마음은 지울 수 없었다. 오빠들은 전혀 이런 일을 하지 않는데 왜 나만 꼭 해야 하나. 남자와 여자의 성별 사이에 끼어 사람이 되고 싶은 욕망에, 나는 여자가 아니고 사람이 될 테야 결심하던 시간이 새삼스레 떠오른다.

사실 톺아보면 삶은 이런 틈새의 연속이다. 남성과 여성 사이, 인격과 인격 사이, 엄마와 인간 사이, 즉 존재와 인간으로서의 역할 사이, 가정과 사회의 사이. 그뿐인가. 육신과 영혼 사이, 감정과 이성의 사이, 자아와 이타의 사이, 선과 악의 사이, 공정과 편견의 사이. 이 수많은 사이의 틈새에 끼어 삶은 껄끄럽고 고단하게 흘러간다. 나아가 가지고 싶다와 행복해지고 싶다, 비슷한 듯하지만 비슷하지 않은, 그 알 듯 모를 듯한 경계, 정직과 사소한 잘못 사이의 불분명하지만 확실한 경계를 줄타기하듯 인간은 곤혹스럽게 살아간다. 때론 좋은 게 좋은 거란 경계가 모호한 사고방식으로 타협하며.

이는 인간이라면 누구에게나 주어진 조건이어서 선택의 여지도 없다. 묵묵히 이쪽과 저쪽에 끼어 생을 수행해 내야만 한다. 이를 주어진 운명이라고 부른다면 자발적 틈새의 삶도 있다. 요즘은 선택의 욕구가 강렬해진 나머지 자기 문화를 뒤로하면서도 다른 새로운 문화와는 완전히 동화되지 않는 일종의 혼합적 문화, 즉 제3의 공간을 형성하며 살아가는 사람들이 늘어만 간다. 자발적 소외와 아웃사이더의 틈새라고나 할까.

이런 삶을 살아온 지 35년째다. 처음 여기에 도착했을 때 거리와 상점에서 만나는 사람들은 낯선 얼굴을 쳐들어온 틈입자 대하듯 했다. 하긴 바퀴벌레 꼬여들 듯 세계 도처로부터 몰려오는 이민자들로 해서 뉴욕은 늘 포화상태니까. 몇 번 마켓에서 그런 대접을 경험한 후로 다부진 마음을 먹고 상품 구매 방법을 바꿨다. 내 돈쓰고 그런 대접받을 이유가 없었다. 그때는 카탈로그 구매가 막 선풍을 일으키던 때였기에 모든 생필품을 우편으로 주문했다. 식품은 전화해서 배달을 받았다. 그들이 담을 쌓게 한 건지 내가 담을 쌓은 건지 선후가 모호하지만, 아무튼 그들이 웃는 얼굴을 보여도 이웃집 담 넘기가 국경을 넘는 것만큼 어렵고 조심스러웠다. 또한 한국어와 영어의 틈새에서 진짜 인격과 가짜 인격의 갈등 또한 고통스러웠다. 글쓰기 속에서 확고한 정체성을 얻지 못했다면 견디기 어려운 시간이었다.

그렇다고 해서 지금에 와서 떠나온 곳으로 돌아갈 마음도 없다. 나를 나로 만든 태어난 집, 이웃, 골목, 마을이 없어졌다는 것은 내가 거기 없다는 것과 같다. 돌아간들 내가 없는 그곳이 무슨 의미가 있겠나. 비록 성기는 삶을 살더라도 현재의 내 자리가 소중하다.

이제 이쯤 와서 마지막으로 끼인 곳은 삶과 죽음의 사이다. 인간은 근원적으로 경계의 삶을 살도록 창조되었던가. 과거와 미래라는 시간의 보이지 않는 벽에 둘러싸여 현재라는 견고한 감옥 안에 갇힌 채 크게 외쳐본다. 어떻게 빠져나갈 수 있나. 아니 누가 나를 꺼내줄 것인가.

구조 요청의 흰 손수건을 흔들어야 할 시간이 다가오고 있다. 타력으로 왔다 타력으로 가는 인생이 자력으로 세우고 이루려 해본들 뭘 얼마나 할 수 있겠나. 능한 손 크신 편 팔을 가진 분을 만난 요즘 비로소 알게 됐다. 완강하게 가로막힌 그 담들이 사실은 한없이 투명에 가까운 얼음의 벽이었다는 것을. 그건 시점의 문제였다. 시공간 초월자인 그분의 전지적 시점에서 본다면 그 벽은 시뮬레이션상에서 쉽게 지울 수 있는, 도형상의 벽에 불과했다.

얼음벽은 서로 자기 입장으로 쌓아 올린 것이기에 이해의 온도만 올라가면 쉽게 녹아내린다. 오해와 이해란 두 막대기를 하나로 만드신 분, 나를 자유롭도록 꺼내주신 분께 감사드리며 손주의 패밀리 트리 붙일 벽 자리를 찾아본다. 퇴근한 아들 내외도 이걸 보면 멋쩍어하며 웃겠지. 골방 속에 또 골방이 있듯 생각 속에 생각이 꼬리를 문다.

03
존재에 대한 질문, 삶에 대한 해석
– 권동진의 ≪그대 뒷모습≫의 궤적

1. 존재에 대한 질문을 펼치며

인간의 삶은 언제나 불확실하다. 예상치 못한 변수는 늘 존재하고 의도하는 대로 흘러갈 수도 없으며 과거의 사실도 재해석된다. 오늘날의 사회는 어떤가. 자유로운 사상가 니체의 말을 빌리지 않더라도 신은 더 이상 충격적이지 않고, 타인은 무작정 신뢰하지 못하며, 현실은 결코 신성하지 않다. 그러므로 '왜 사는가', '대체 나란 존재는 무엇일까?'라는 실존의 의미를 넘어서 '어떻게 살 것인가' 혹은 '어떤 정신으로 살아갈 것인가'에 대한 진지한 고민은 쉽게 망각한다.

인간 실존과 삶에 대한 완벽한 해답은 없다. 그럼에도 불구하고 인간은 우리가 맞이한 시대의 현재 삶에 몰두한다. 무질서 속에서도 질서를 찾고 부조화 속에서도 중심을 잡는다. 무엇보다 물질 중심으로 세속적인 가치가 중시되는 이 불안의 시대에 삶의 주인으로서 능동적으로 존재의 가치를 찾아내려고 하는 자가 작가라고 할 수 있다. 지구촌 한쪽에서 벌어지는 전쟁 속에서도 문학은 여전히 생산되며, 멈추지 않는 역병의 고통 속에서도 펜을 놓지 않는 소임을 맡은 자가 작가이다. 혼란한 시대일수록 작가가 드러내는 세계관은 더욱 명징해진다. 물론 개인의 삶에만 갇혀 과거 회상에서 벗어나지 못하는 경우도 있고, 예술적 허상을 좇아 미학의 문제에만 치중한 작가들도 존재한다. 그러나 한편에서는 현실을 외면하지 않고 관심과 참여로써 문학을 통해 세계와 투쟁하거나 이해하며 또한 대응책을 제시하기도 한다.

이에 권동진 수필가는 두 번째 수필집 ≪그대 뒷모습≫에서 당면한 세계와의 관계를 통해 지향해야 할 삶의 의미를 독창적으로 해석해내고 있다. 게재된 49편의 작품 대부분이 작금의 세계에서 어떻게 살아야 하는가에 대한 진지한 물음을 던져낸다. 일부 작품의 제목만 훑더라도 〈귀막혀, 기가 막혀〉, 〈경계를 허물어라〉, 〈배고픔을 느껴라〉, 〈군인이 군인다워야지〉, 〈감사는 발로 하는 것이다〉, 〈걸어 다니다가 죽자〉 등으로 경구와 잠언의 화법을 차용하였음을 알 수 있다. 이로써 그가 세계를 이해하는 방식과 자아탐구로써 제시한 삶의 방향이 무엇인지를 시간의 궤적과 인간의 윤리와 대상의 의미를 중심으로 들여다보고자 한다.

2. 삶의 윤리, 존재의 인식

소크라테스에서 시작된 철학의 기초적인 물음은 '어떻게 살아야 하는가'에서 출발한다. 다시 말해 그 질문은 항상 윤리적 질문을 던지고 있는 것이다. 삶의 방식이 도덕적 의지moral will만을 말하는 것이 아니라 궁극적으로 어떠한 삶의 자세나 방식으로 자신의 존재를 형성할 것인지에 대한 고민을 함의하고 있다. 이는 지금 무슨 일이 일어나고 있는가를 염두에 두는 것이며, 상황 속의 인간존재에 대해 책임을 지는 일이다.

권동진 수필집 ≪그대 뒷모습≫은 인간에 대한 존재론적 이야기이다. 자신이 인식한 세계에서 어떻게 살아야 할 것인가 하는 문제가 필연적으로 작품에 투영되어 있다. 다시 말해서 세계가 주체에게 영향을 미치는 방식을 마주하여 문제를 파악하고 태도를 정립시켜 그것을 어떻게 삶의 의미로 만들 수 있는가를 도출해내었다. 단지 도덕적 옳음이나 의무의 문제만이 아니라 상실된 인간성을 회복시켜주게 된다. 그것이 〈착한 사마리아인의 법〉에서는 적대 관계에 있더라도 "사람을 긍휼히 여기는 마음"이 우선되어야 함을 강조하고, 〈당당한 대리기사〉에서는 편의성과 타협하지 않고 원칙과 소신을 가져야만 질서가 유지될 것임을 주장하며, 〈히어로〉에서는 무사안일한 삶의 위험성을 인지하면서 "최선을 다하는 삶"의 자세가 결국 타인을 위하는 길임을 모색하였다. 그 과정에서 타인의 시선에 대한 대응물이자 매개체를 〈페르소나의 팽창〉으로 제시한다.

인생의 무대에서 우리는 여러 가지 가면을 쓴다. 선생은 선생의 모습과 행동이 있고 경찰관은 경찰관의 함의적인 행동 모델이 있다. 학교에서는 선생과 경찰관의 역할이 필요하지만 집으로 돌아오면 또 다른 나로 돌아와야 한다. 페르소나는 완전한 나가 아니다. 배우는 주어진 역할에 맞게 적당한 연기가 필요하다. 페르소나는 주위 사람의 요구에 포용해 가며 만들어지는 것이기 때문에 사회생활을 원만하게 만들어 준다. 그러나 어떤 모델의 페르소나가 팽창하여 자아와 동일시하게 되면 자신의 본모습을 잃어버리게 되어 문제가 발생한다.

인간이 지나치게 페르소나에 의존하다 보면 타인에 의해 자신이 이미지화된다. 화자는 현대인들의 점점 두꺼워지는 가면의 무게를 지적하면서 페르소나가 팽창하여 기대되어 있는 수준에 합치하지 못할 경우를 우려한다. 즉 '겉으로 나타난 자신의 모습person-as-presented'이 '있는 그대로의 자신person-as-real'과의 간극이 커질 때 열등감과 자책감으로 자아는 상실되고 소통이 단절되는 딜레마를 지적하는 것이다.

팽창된 페르소나를 수축시킬 수 있는 방법은 표제작인 〈그대 뒷모습〉에도 암시되어 있다. 인간의 이기성은 끝없는 욕망에서 기인한다. 삶의 가치와 존엄성을 거부할수록 개개인의 부도덕한 욕구가 충만되겠지만 정의를 비껴가는 "이기적인 뒷모습"을 보이게 된다. 시대를 막론하고 인간은 더불어 살아가야 하는 사회적 존재이다. 이는 서로 다른 경험과 가치관을 가진 자들이 무한 경쟁 구조 속에서 갈등과 투쟁은 피할 수 없는 현상이므로 필연적일 수밖에 없다.

> 아이와 같은 순수한 마음이야 어찌 바랄까. 작은 이기심을 버리고 사물을 끌어안는다면 더 당당하고 아름다운 뒷모습을 남기지 않을까.
>
> 그날이 그날처럼 삶에 찌들어 산다. 하루의 노동을 마치고 집으로 돌아가는 그대 뒷모습에는 어떤 쓸쓸함이 묻어날까. 비록 육신은 노화해 가더라도 하루하루를 겸허히 받아들여 의연한 자세를 보여줄 수 있다면 얼마나 좋으랴. 그에 미치지 못하더라도 이기심으로 얼룩지고 덕지덕지 슬픔을 자아내는 누추한 모습을 면하면 좋겠다.

인간이 자기중심적인 속성을 조절하고 순조롭게 갈등을 풀어 나아가는 길을 화자가 어떻게 제시하고 있는지 살펴볼 일이다. 내면의 성장 없이 외적인 현상에 무게 중심이 이동한다면 애석하게도 세계와 자아의 갈등은 고조되어 통제의 기능을 상실하고 만다. 그러니 〈진정한 배려〉는 "베풂의 미덕"이며, 양심을 가지고 실천하는 것이야말로 〈숭고한 길〉에 이르며, 사람은 저마다의 방식으로 삶의 무게를 받아들여야 한다는 〈가슴에 새긴 명언〉을 기억한다. 동시에 화자는 〈아버지의 낫〉을 호명하여 "저 혼자 잘난 척 뾰족한 것은 아무 소용이 없다."는 명제를 도출하고 서로에게 〈메트로놈〉이 되어 살아야 할 것을 간곡히 주창하게 되는 것이다.

3. 시간의 궤적, 감정의 변주

문학에서의 시간 양상은 중첩과 재현을 동반한다. 과거 현재 미래라는 현실에서의 직선적 연속구조를 분절하고 과거를 소환하며 현재를 생략하고 미래를 덧씌우기도 한다. 이러한 우주적인 시간 개념은 인간이 작위적으로 정한 것이지만 문학에 시간을 도입하게 되면 압축과 연장이 얼마든지 가능하다.

그러므로 수필창작에 과거의 시간이 소환될 때 기억의 혼돈으로 서사가 변형되기도 하겠지만 작가 의식의 변화로 감정과 의미가 재해석되기도 한다. 따라서 시간적 성질을 가지고 회상의 서사를 도입하는 수필작품 속에는 반드시 작가의 변화된 인식세계가 내재한다고 볼 수 있다. 권동진의 수필 역시 시간 관계 속에서 인식의 틀이 생성됨을 알 수 있다. 〈막막한 날의 서〉에서 보여준 생의 여정이 이를 뒷받침한다.

> 날씨는 변화무쌍하나 우주 만물의 법칙은 항상 질서정연하게 흐트러짐이 없다. 천재지변이 일어나도 봄, 여름, 가을, 겨울은 변함없이 윤회한다. 오늘은 한 치 앞을 분간할 수 없을 정도다. 달구벌을 굽어보며 늠름한 기상을 자랑하는 팔공산도 흔적이 묘연하다. 실체 모를 안개가 가까이 있는 사물마저 경계를 흐려 놓는다. 가끔은 분명하지 않은 것도 좋을 법하다. 하찮은 경계와 편 가르기로 늘 헐떡거리는 삶이 아니던가. 그냥 군중 속에서 익명의 한 사람이고 싶다.

그의 표현대로 "시간은 많은 것을 지배한다." 30년 동안 다닌 직장에서의 퇴직으로 암울한 마음과 평생 희생만 하던 모친의 치매 앞에서 참았던 서러움의 속울음을 삼킨다. 어머니의 능동적인 삶이 무너지고 본가의 살림이 정리되니 권동진 역시 모천회귀하듯 돌아갈 집이 사라졌다. 그것은 "길 잃은 연어"의 신세이며 거리를 떠도는 노숙자의 처지와 같다. 그러나 이 막막한 생의 길에 주저앉을 수만은 없지 않은가. "생은 여전히 진행형"이고 시간의 흐름을 막는 일은 불가항력이다. 시간 앞에 영원한 것은 없다. 그러니 그냥 "시간의 수동성"에 맡길 수밖에 없다. 현실은 막막하지만 이 상황 또한 훗날 과거의 시간으로 이차서사가 되어 심적 해석이 달라질 가능성이 크기 때문이다.

인간은 무수한 감정을 가진 존재이다. 특정 감정이 시간의 연속성을 따라 오래도록 지속되기도 하고 시간을 분절시키며 매 순간마다 혹은 시시때때로 변화하기도 한다. 〈명품의 변명〉의 서두에서 제시한 "로마는 하루아침에 이루어지지 않았다."라는 예시문도 같은 맥락이다. 진정한 명품이 "장인의 혼과 손길"에서 탄생하는 것도 세월의 흐름을 이겨낸 결과이다. 〈그리움 유감有感〉에서는 평범한 지금의 일상이 "황금보다 소중한 시간"이라고 간주한다. 한때 찬란한 생을 살지 않았다면 결코 인지할 수 없는 언술이다. 그러므로 〈제사〉에서 실체 없는 선친의 존재성을 각인하고, 〈수선화에게〉를 통해 "한 세대가 가고 한 세대가 오는 것이 인지상정"임을 되살리며, 인내심을 가지고 〈평정심〉을 유지할 때 〈소확행〉과 〈기다림의 맛〉을 획득하게 되는 것이다. 이어서 〈주름〉 역시 세월이 만들어낸 흔적임을 술회한다.

　　인생을 '희로애락'이라고 했다. 사노라면 마음에도 가닥가닥 주름이 생기기 마련이다. 주름이 생기는 걸 너무 불편해하지는 말자. 나만 그런 게 아니다. 겉으로는 드러나지 않는 주름이지만, 누구랄 것도 없이 다림질을 한 것처럼 쫙 펴지기만 한 마음이 어디 있으랴. 단지 드러내지 못하고 간직하고 있을 뿐이다. 살다 보면 인생의 굽이굽이 힘겹고 외로운 날도 있고 반짝 좋은 날도 있었겠지, 주름은 세월을 견뎌낸 흔적이며 훈장인 것을, 숨길 일도 감출 일도 아니다.

　인간이 노화를 겪으면서 피부에 주름살이 잡히는 것은 자연스러운 현상이다. 그것은 나이 듦도 의미하지만, 고난의 세월을 살아내었다는 표식이기도 하며 생의 경험과 능력이 축적되었다는 것을 증명한다. 나아가 "삶이 나에게 준 선물"인 주름을 굳이 펴려 애쓰지 말라고 당부한다. 교통사고 입원기를 쓴 〈고독의 시간이 그립다〉에서도 놓쳐버린 고독을 갈망하며, 진정한 휴식은 궤도이탈이 아니라 "영혼의 간이역"임을 되살려내게 된다. 그러기에 〈익명의 속도〉를 통해 "속도의 노예"가 되어버린 현대인을 지탄하면서 "무엇이든 때가 있"음을 인지하는 것이다. 그것이 권동진의 시간의 궤도에 따른 사유방식이며 감정의 인식론적 표현이라고 하겠다.

4. 풍경의 대상, 출현의 의미

　작가의 세계에 대한 인식은 작품의 존재론을 구성한다. 마주한 세계의 풍경과 대상 그리고 현상과 출현에 대해 언어의 형상화로 작가적 태도를 정립해야 한다. 그러므로 작가가 관조하는 시선에 포착된 풍경은 세계가 펼쳐낸 감각적 장소이자 작가에게 되비친 심상의 풍경이라고도 할 수 있다. 왜냐하면 작가는 본질적으로 자신이 본 형상을 질료로 삼아 주체의 내면을 그려내는 자이기 때문이다. 그러므로 〈경계를 허물어라〉의 가시적인 풍경은 끊임없이 출현과 소멸되며 재해석되어진다.

> 보이는 것은 보이는 대로 보이지 않는 것은 보이지 않는 대로 선이 그어져 있다. 어떤 것은 콘크리트 벽처럼 높고 견고하기조차 하다. 또한 회색지대는 모호해서 어떤 위험 요소를 내포하고 있는지 가늠하기 어렵다. 인간은 태어나면서부터 부모가 정해지고 특정한 환경에서 생이 시작된다고 볼 수 있다. 젖을 빨기 전부터 자기의 의지와 상관없이 운명이 결정된다는 소리다.

　화자의 눈 앞에 펼쳐진 세상 풍경은 온통 경계로 구획이 나뉘어져 있다. 경계boundary라는 말은 어떤 지리적, 물리적 지역을 뜻하는 말이기도 하고 동시에 정신적, 문화적 영역을 의미하기도 한다. 이러한 경계는 사회나 현상에 관심을 가질 때 찾을 수 있을 것이다. 따라서 경계 앞에서는 도피하지 않고 저항하고자 할 때는 언제나 전복의 힘과 탈주를 억압하고자 하는 봉쇄의 힘이 대립된다. 작가에게 비친 세상의 벽은 너무나 견고하여 함부로 무너뜨릴 수가 없다. 선진국과 후진국, 부유층과 빈부층, 원주민과 이주민, 지배자와 피지배자의 집단. 건전하지 못한 조직은 집단의 이익을 위한 편 가르기가 만행된다. 이럴 때 작가는 눈을 크게 뜨고 참여문학으로써 일종의 경계 허물기를 시도해야 할 것이다.

권동진은 〈경계를 허물어라〉 외에도 신분격차를 무너뜨리고 부조리와 부패에서 벗어나려는 의식 전환을 주창한 〈'설국열차'의 꼬리칸에서〉와 타인과의 소통을 강조한 〈귀막혀, 기가 막혀〉, 한국전통음식의 개선과 재창조로써 글로벌화를 모색한 〈퓨전음식〉, 삶과 죽음의 인식 전환을 다룬 〈걸어 다니다가 죽자〉, 통합도시 브랜드화를 전망하는 〈글로벌시대에서 도시화시대로〉 등이 탈영토화를 위한 수필문학으로서의 제언이라고 볼 수 있다. 아울러 〈향양문向陽門에서 우록을 보다〉에서는 국가와의 이념을 넘어 조선에 귀화해 인仁을 실천한 일본 장수 사야가의 기록을 다루었다.

가토 기요마사의 선봉장 '사야가'는 '김충선'의 일본 이름이다. 그는 부산에 당도하자 한 치의 망설임도 없이 마음속 결심을 단행했다. "지혜가 모자라는 것도 아니고, 힘이 모자라서도 아니요, 용기가 없어서도 아니며 다만 저의 소원은 조선의 문물과 의관 풍속을 아름답게 여겨 예의의 나라에서 성인의 백성이 되고자 할 뿐입니다"라는 내용의 강화서를 경상도 좌 병사 박진에게 보냈다. 유리한 전황에서 부하 3,000명을 거느리고 투항한 그의 항왜降倭는 이례적인 일이다.

당시 일본의 문화 수준이 높은 아소씨阿蘇氏 집안 출신의 왜인이 대적 관계였던 조선에 투항하고 우록리에 정착하여 평생 유학 정신을 기반으로 문무를 다졌다는 기록이 이채롭다. 녹동서원은 사후에 그를 기리기 위해 세운 곳이다. 이곳을 찾은 작가가 우록리의 지명을 풀이하고 서원의 정문인 향양문의 의미를 새겨 보는 것도 애국충정에서 나온 작가적 열정으로 간주할 수 있다. 권동진의 망막에 새겨지는 풍경은 예리한 통찰력으로써 새로운 해석을 동반한다. 〈잘려진 조경수〉에서는 "웃자라기 전에" 가차 없이 잘라야 할 것과 도와줘야 할 가지를 선별할 것을, 〈출퇴근길 풍경〉을 통해서는 "이성적인 판단이 매번 정답이 되지 않았다."고 충고한다. 그러나 〈희망 고문〉을 내세워 역병이 지배하는 "어두운 터널" 같은 세상이지만 희망의 끈을 놓지 말 것을 강력히 주문한다. 이로써 작가는 마주친 대상과의 탐구와 성찰로 삶의 가치를 찾고자 하는 점에 의의를 두고 있다.

5. 삶에 대한 해석을 닫으며

인간존재는 항상 타자와 함께 세계를 구축한다. 타자를 통해서 자기의 실존을 발견한다. 작가 역시 무수한 타자들과의 관계를 포착하고 기억과 상상과 사유를 통해 차이를 발견하고 대상을 해석해낸다. 때로는 그 차이가 대상의 본질이 되기도 하는데 이것을 감응하는 인식능력은 저마다의 역량이 다를 것이다.

이 점에서 권동진은 대상을 응시할 때 감성과 감각적인 포착보다 이성과 논리에 무게 중심을 기울여서 차이의 공명을 이루어낸다. 그 결과 사회와 현실에 관심을 갖고 윤리적인 삶을 지향하며 고착화된 틀을 벗어나 안과 밖에 대해 관계맺기를 제시한다. 그러므로 그의 문장은 명분과 원칙이 있으며 당당하고 소신 있다.

다시 니체 표현대로라면 독자들은 이 책으로 인하여 "듣는 귀를 닫고 보는 귀를 여는" 시간이 될 것임을 확신한다. 그런 의미에서 작가의 질문으로 되돌아가자.

결국, "우리는 어떻게 살 것인가."

| 대표 작품 |

'설국열차'의 꼬리 칸에서

권동진

사람, 사람이 세상에 태어나기 위해서는 수억 개의 정자가 나팔관에서 기다리고 있는 난자를 만나기 위해 유영하게 되는데 먼저 도달한 1등 그룹의 정자가 난자를 만나는 것이 아니라 아이러니하게도 2등 그룹의 한 정자가 난자를 만나게 된다. 자궁에서 나팔관까지의 길이는 불과 20cm 남짓이지만 정자의 여정은 절대 만만치 않다. 질 내에서 분비되는 산성 물질에 죽기도 하고 자궁경부에 사는 대식세포에 잡아먹히기도 하며 때로는 방향을 잃어버리는 죽음의 협곡을 연어처럼 거슬러 올라가야만 만남의 성에 도달할 수 있다. 하지만 마지막 관문인 장벽을 허물어야 오매불망 그리던 난자를 만날 수 있으니 먼저 도착한 정자는 난자를 둘러싸고 있는 난구 세포라는 성벽을 뚫기 위해서 선봉대로서 장렬한 희생을 바친다. 성벽이 무너지면 때마침 본대가 도착하고 가장 능력 있고 운동성이 좋은 정자가 난구 안쪽의 투명대를 통과해서 난자와 결합하게 된다.

영화 '설국열차'는 새로운 빙하기를 맞아 지구의 생존자를 태우고 태양의 주위를 1년에 한 바퀴씩 공전을 반복한다. 기차는 끊임없이 궤도를 돌고 기차 칸은 신분 계급에 따라 철저하게 나누어져 있다. 인간 세상의 축소판이나 다름 아니다. 나는 정자와 난자의 위대하고도 고귀한 만남으로 세상에 왔건만 기차의 어느 칸에서 생의 수레바퀴를 돌고 있는지 묻지 않을 수 없다. '설국열차'의 꼬리 칸은 하층민의 집합이다. 양식이 떨어지면 생존을 위해서 서로의 인육을 먹고 살아야 하는 아비규환의 지옥 세상에서 하루하루 궤도를 이탈하지 않고 앞으로만 달리는 무의미한 일상을 반복해야만 하는 것일까. 기차의 엔진 칸에는 어떤 인간이 지배하며 앞칸에는 어떤 인간 군상이 살아가는가. 호화로운 술판이 벌어지고 마약에 취해 몸을 가누지 못하는 객실, 화초나 식물을 키우는 칸, 교육이며 음악, 벌레로 단백질을 만들어 양식을 담당하는 칸도 있다. 하지만, 그 어느 칸도 인간이 추구하는 유토피아는 아니다. 매일 죽음을 향한 반복의 과정일 뿐이다. 체제를 유지하려는 자와 순응하는 자, 반란을 통해 체제를 전복하려는 자, 그 누구도 '설국열차'를 벗어날 수 없는 운명은 마찬가지다.

거시 담론이지만 인간의 실존적 가치와 행복은 무엇인가. 세상이라는 열차에 올라탄 지도 어느덧 갑년이 지났건만 아직도 현존재의 가치와 행복이 무엇인지 진지하게 답을 구하지 못했다. 나는 세상 체제에 순응하는 자인가. 주어진 하루하루를 아무 자각도 없이 그저 그날이 그날인 것처럼 무심히 넘겨버리지는 않았던가. 한때는 젊음의 패기로 열차의 앞칸을 동경하며 차별의 문을 부수려 했지만 부질없는 짓이었다. 불평등에 맞서기 위해 이성으로 날을 세우거나 울분의 주먹을 쥐었지만 신분의 벽은 두꺼웠다. 불의에 맞서 진군의 나팔을 불다가도 철옹성 같은 벽에 막히면 그저 막막했다. 막막함을 어떻게 표현해야 할까. 실연의 아픔 같은 것, 일상생활에 의욕이 없는 무기력함이다. 더는 견딜 수 없을 정도로 절망스러울 때 기차의 전복을 꿈꾸지만, 불평과 불안을 실은 기차는 결코 궤도를 벗어나지 않았다. 사무엘 베케트는 오늘도 오지 않는 '고도'를 기다리라고 말한다. 이것이 실존이며 인간의 굴레인가.

세계보건기구 거브레예수스 사무총장이 코로나19 바이러스 팬데믹을 선언했다. 이날 무진의 안개처럼 한 치 앞도 보이지 않던 몽환적인 의식의 끝에 희미하게나마 무언가가 보이기 시작했다. 죽음의 협곡을 거슬러 올라가서 난자와 만나 선택된 인간으로 태어났다는 사실을 상기시켰다. 자의든 타의든 몽롱한 의식을 깨워 존재의 의미를 되물어야 했다. 보이지 않는 코로나바이러스에 허둥대는 세상을 물끄러미 바라보다가 흐리멍덩한 나를 불러 세웠다. 알고 지내는 구 의원 형님이 선거운동을 하다가 코로나19 확진을 받았고, 50대의 이웃 형수님이 양성 판정을 받아 졸지에 두 분 다 생을 마감했다. 감염과 전파라는 거리 두기로 피붙이도 망자의 빈소를 온전히 지키지 못하는 현실을 목격했다. 유보된 슬픔은 울음이 없어 더 슬프다. 장례식장은 상복 대신 방역복으로 중무장한 방역원과 접근을 막는 폴리스 라인으로 삭막하다. 죽음의 의례가 없는 죽음, 원망도 애도도 없는 죽음은 추수가 끝난 빈들처럼 스산하다. 무심한 생의 연속성 속에 그림자처럼 공존해오던 죽음의 실체를 이제야 마주 보았다. 생물학적 죽음도 죽음이려니와 자의식 없이 사는 것도 죽음이다.

　기차 앞 칸에 탄 사람들은 꼬리 칸에 탄 사람의 아비규환을 당연한 것으로 생각할지도 모른다. 체제를 유지하고 식량의 적정선을 유지하려면 일정 수의 인구는 죽거나 자연 도태되어야 한다는 논리와 같다. 과연 그럴까. 아무리 신분 격차의 문을 굳게 걸어 잠가도 인간의 한계는 벗어나지 못한다. 코로나바이러스는 문을 부수지 않지만, 소리 없이 목숨을 앗아간다. 꼬리 칸 사람이 권력자에게 다가가는 문을 열려면 목숨을 담보하는 모험이 필요하지만 바이러스는 말없이 죽음을 요구한다. 폐를 손상시키며, 기저질환이 있을수록 더 빨리 죽음에 이르게 한다. 온난화를 비롯해 지구환경이 나빠지는 현상이나 사회 곳곳에 만연한 부패가 바로 기저질환이다. 정치인은 바이러스도 정치적 도구로 이용하려 한다. 참 치졸한 정치 행태다. 인생의 설국열차 각 칸에서 일어나는 부조리한 것들이 민낯을 드러내는 걸 보면서도 의식의 전환이 없다면 이성을 가진 인간으로서 부끄러워해야 마땅하리. 코로나19는 정치, 경제, 종교 등 모든 분야에 드리운 어두운 그늘을 보여주며 나, 타자, 세계의 관계와 의식의 전환을 요구한다.

　죽음을 의식하고 매 순간 사람답게 살겠다는 성찰, 혼자 살려고 옆 사람의 인육을 뜯어 먹지 않으려는 다짐이 의식의 발현이다. 나의 살점을 내어주더라도 고요히 죽음을 응시하는 연습이 필요하다. 그것이 '설국열차'의 꼬리 칸에서도 누릴 수 있는 진정한 자유 인간이 아닐까. 수시로 혼탁한 의식을 깨우며 남은 지구의 시간을 살고 싶다. 마스크 두 장을 구매하기 위해 길게 늘어선 줄을 보면서 한탕을 꿈꾸는 마스크 사재기 업자를 생각해본다. 혼자 잘살아보겠다고 영혼을 팔아버린다면 동물의 포만감과 무엇이 다르랴.

밤낮의 길이가 같다는 춘분이다. 하루하루 자고 나면 낮이 조금씩 길어지는 자연의 섭리처럼 생의 이면에 대한 성찰의 시간이 조금이라도 길어지기를 바란다. 퇴근길에 마스크 두 장을 경비원 아저씨께 드렸더니 "이 귀한 마스크를…." 하신다. 이까짓 마스크가 뭐라고, 사노라면 더 부정적인 상황을 맞을 수 있다. 인육을 뜯어 먹히지 않아도 살아 숨 쉬는 세상이 그저 다행일 뿐이다. 정말 내 살점이 뜯겨 타인의 양식이 된다면 얼마나 끔찍할까.

04
≪고주박이≫를 통한 기억회상의 횡단성
– 김순경 수필집 되짚기

들어가며

인간은 일생 동안 기억에서 자유로울 수 없다. 기억이란 개인이나 집단이 경험한 것을 현재 시점으로 불러오는 것을 의미하지만, 언제나 한계가 있고 공백지대를 가진다. 따라서 기억하는 개인 혹은 집단이라면 '어떤' 과거인지 '어떠한' 상황이었는지 그리고 '어떻게' 전개되었는지 끊임없이 탐구하고 자문하여 재현해내고자 한다. 이를 위해 문학은 그동안 다양한 방법들을 동원하여 과거 서사를 포착해왔다.

특히 수필문학은 망각되거나 억압된 개인의 기억을 인도하는 길잡이로서의 역할을 수행한다. 무의식 속에 매몰되어 있는 고통과 상처, 회한과 추억, 절망과 희망을 끌어올려 서술의 구조를 짜고

조립하여 마침내 이야기를 완성시킨다. 이러한 힘겨운 여정에서 기억의 반복만큼 작가의 의식세계는 무서운 속도로 확장된다. 왜 그러한가? 기억을 유추하는 일은 그저 한 개인의 서사를 넘어 시대적 상황까지 아우르는 사회와 문화의 통섭 과정이기 때문이다.

그런 의미에서 현재의 삶에 중심축을 놓고 열병처럼 자기 해체를 통해 기억을 재생시켜내는 작가를 주목한다. 단순한 기억의 복원 작업이 아닌 치열한 고민의 결과물로써 수필 문학의 겹을 풍성하게 변용해 내는 김순경 수필가이다. 공고를 졸업하고 중공업과 철강회사에 근무한 경력과 공학박사 학위를 취득하고 현재 동의과학대학교 자동차과 교수로 재직 중인 이력만 살펴보면 그의 삶은 문학과는 거리가 멀다. 긴 시간 공학도의 방에 갇혀 있던 그가 2016년 ≪수필과비평≫으로 신인상을 수상하면서부터 봇물 터트리듯 글 줄기를 쏟아내고 있다. 그 결과 경북문학대전 은상, 경북문화체험수필공모전 금상, 포항스틸에세이공모전 대상 및 2021년 경남신문 신춘문예 수필부문 당선의 쾌거를 올리고, 단기간에 수필집 ≪대대리 별곡≫(2017), ≪모탕≫(2019), ≪고주박이≫(2021), ≪시김새≫(2022), ≪검은꽃≫(2024)까지 상재하는 놀라운 열정을 보여주었다.

'제21회 수필과비평문학상' 수상작인 ≪고주박이≫는 그동안 경험과 체화를 융합한 삶의 결정체라고 불릴 만하다. '작가의 말'에서 "쏟아내면 비워질 줄 알았다. 한동안 털어내다 보면 바닥이 보이겠지 싶었다."라고 생각했지만, "토하고 게워낸 글이 쌓여갈수록 흐릿하던 기억마저 생생하게 고개를 치켜든다."고 할 만큼 이미 그는 주목받는 에세이텔러Essayteller로서의 남다른 역량을 발휘하고 있다.

　김순경 수필의 통로는 '기억', 정확히는 '회상'을 향한다. 회상이란 기억을 되살리는 행위를 뜻한다. 즉, 기억의 재구성이다. 들뢰즈가 마르셀 프루스트의 ≪잃어버린 시간을 찾아서In Search of Lost Time≫를 분석하여 주장한 회상reminiscence의 개념을 살펴보면 회상이란 이미 존재한 본질적인 것을 기억해 내는 것이 아니라 현재 시점에서 과거를 재해석하여 창조적인 방법으로 다시 회복시키는 성격을 지닌다고 했다. 그러므로 회상은 초월적 관점으로 나아가는 행위로써 과거와 현재의 소통과 감정과 체험의 교차와 연상과 성찰의 횡단을 통해 감응을 획득하게 된다. 그 점을 염두에 두고 ≪고주박이≫에서 보여준 기억회상의 횡단성을 사람과 자연과 물상이라는 키워드로 나누어 분석하고자 한다.

1. '인물'의 회상과 기억의 복원

　김순경이 과거를 조명하는 첫 번째 방식은 인물에 의거한다. 하지만 애당초 그의 작품을 사람과 자연과 물상이라는 특정 구획으로 나누는 것조차 '의미 없음'을 전제로 한다. 그가 회상하는 과거의 삶은 그것을 촉발시키는 어떠한 실마리에서도 사람과 자연의 무화성, 자연과 물상의 창조성, 인물과 사물의 실존성 등으로 중첩되고 통합되고 다시 분리되는 무한대의 변형과 변용이 가능하기 때문이다.

 그의 회상 매개는 유년기 기억과 고향의 회억에서 출발한다. 고향인 울산시 울주군 대대리마을의 옛집만 떠올려도 소고삐를 쥔 할아버지와 염주를 굴리던 할머니, 수담을 즐기던 아버지와 비손하던 어머니, 품앗이 모를 심던 누님과 먼 길 떠나버린 형님들과 민요를 부르고 장구를 치던 남동생들까지 함께했던 인물의 서사를 즉각 소환해낸다. 그가 과거를 환기하는 방식 또한 특정한 장소라는 공간으로만 국한되지 않는다. 〈가슴북〉에서 시간의 다양한 층위는 물론 시각과 청각 등 오감으로도 추적해낸다. 겨울눈을 덮은 산 계곡에서 우연히 북소리를 듣게 된 화자가 가장 먼저 떠올리는 것은 무엇인가.

> 무두질하듯 가슴을 두드리던 어머니의 모습이 겹쳐진다. 젊은 두 아들을 저세상으로 보내고 날마다 작은 주먹으로 복장을 쳤다. 어떤 힘든 일도 내색하지 않던 어머니였지만 뼈가 도드라진 앙가슴을 거침없이 두드렸다. 참척의 아픔을 참지 못하고 복장을 칠 때는 누구의 위로도 어떤 사람의 간곡한 만류도 소용이 없었다. 가슴북은 날이 갈수록 여위어갔다.……무뎌진 복장을 힘껏 두드려 보지만 진폭만 커질 뿐 멍울을 게워내지는 못한다. 어머니의 작은 새가슴이 전하는 북소리가 쇠가죽보다 큰 파동을 일으킨다.

 고수가 두드리는 북채가 빨라질수록 소리는 장중해지고 울림은 더 깊어진다. "북장단이 성난 파도처럼 출렁이며" 춤을 출수록 화자의 심장은 조여든다. 그것은 고수가 북을 치는 것이 아니라 마치 "자신의 앞가슴을 두드리는 것" 같다는 강렬한 이미지를 연상한다. 나아가 젊은 두 아들을 가슴에 묻고 복장을 때리던 노모의 "가슴북"이 환영으로 와 닿는다. 인간이 겪는 고통 중에서 가장 참혹한 고통은 자식의 죽음이라 할 것이다. 떠난 자식을 가슴에 묻은 부모는 평생의 한을 안고 빈껍데기 몸으로 힘겨운 삶을 버틸 수밖에 없다. 어긋난 죽음의 순서에 따른 죄책감과 함부로 드러낼 수 없는 상실감으로 참척을 견디기가 어렵다. 노쇠한 어머니가 할 수 있는 것이라고는 "뼈가 도드라진 앙가슴"을 "무두질하듯" 두드리는 일뿐이다. 장정의 고수가 제아무리 북채를 두드려도 노모의 "새가슴"이 전하는 북소리의 파동을 따라올 수 있을까. 하지만 어머니의 가슴북은 "진폭만 커질 뿐" 굳어진 멍울을 게워내지도 못한 채 멎어버렸다. 이제 노모의 한 맺힌 가슴북 소리는 다시 들을 수 없지만 김순경의 가슴속에서는 영원히 멈춰지지 않는 소리로 남았다.

    작가는 '내 안'의 맹점을 직시하지 않고는 진실한 '자기 만남'에 다다를 수 없다. 망각된 기억들을 되살려 과거에 대해 철저하게 숙고하고 통찰하는 것은 현재의 나를 인식하고 갈등을 극복하기 위한 전제조건이다. 그 점은 〈갈라꼬〉에서 인물로 극명하게 대비된다. 화자는 주말마다 오는 손녀를 맞아 대청소를 하고 소독을 하고 간식을 준비해 놓는다. 젊은 날 자식들에게는 무뚝뚝하고 엄한 아비로 각인되었으나 손녀를 맞고 보니 "새 세상을 만난 것처럼 흥감스럽고 어깻죽지마저 들썩"이는 "팔불출 할아비"가 되었다. 손녀 재롱에 시간 가는 줄 모르다가 아들 내외가 떠날 채비를 하면 그만 기운이 빠진다. 그 기시감이 낯설지 않은 것이다. 자식을 기다리던 부모님 마음을 되짚지 않을 수 없다.

> 온갖 채소를 소쿠리마다 가득 채운다. 가져가도 식구가 없어 못 먹는다고 해도 막무가내다. 올 때는 마음대로 왔지만 갈 때는 언제나 눈치를 살펴야 했다. 집 청소까지 다 끝내고도 가겠다는 말은 섣불리 꺼내지 못했다. 중천에 매달린 해가 서산을 향해도 마찬가지였다. 새벽잠을 설치고 안 하던 농사일을 하다 보니 점심을 먹고 나면 온몸이 노곤했다. 피로가 몰려와도 내색할 수가 없었다. 무심한 듯 TV를 보다가 양말만 신어도 물끄러미 바라보던 어머니가 들릴 듯 말 듯 묻는다.
> "갈라꼬?"

어머니의 완곡어법을 뒤로한 채 제 살기에 바빴던 자식이 이제는 그 부모의 위치가 되어 자식을 맞고 손주를 보듬는다. 모든 인간이 "오면 갈 생각부터 한다."고 못내 마음을 다잡으면서도 부모가 떠나고 나서야 불효를 참회하는 것이 세상의 자식들이다. 이처럼 회상이 의식 깊숙한 곳에 숨어 있는 본성을 뚫고 들어갈 때 비로소 자신과의 진정한 만남을 이루어 화해와 치유를 시도할 수 있게 된다.

〈영여靈輿〉에서는 망자의 혼백을 실은 "꽃배 하나가 푸른 물결을 헤치고" 떠나는 출상의 풍경을 처절하도록 아름답게 묘사했다. 지아비의 얼굴도 모른 채 꽃가마를 타고 골목을 들어섰을 할머니의 젊음을 플래시백하고 또 모든 것을 내려놓고 떠나가는 꽃배가 "보리밭을 지나 한 점"으로 소실되는 결미는 어느 영화의 라스트신보다 인상적이다. 〈만추〉 역시 어릴 적 벌집을 밟아 무차별 독침을 맞고 위기에 빠진 화자를 온몸으로 막아주던 가족들의 희생정신이 고스란히 녹아 있고, 〈일석삼조〉에서는 제자와의 일화를, 〈얼굴〉에서는 사춘기 때 야유회 풍경으로 친구들을 회고한다. 무엇보다 〈향미원香味園〉에서 보여준 가족서사는 삼대가 함께하는 화합과 혈육의 정을 녹여내고, 70~80년대의 힘겨운 현실 속에서 고통과 절망으로 점철된 당시 농민의 삶을 생생히 재현해내었기에 더욱 의의를 가진다고 하겠다. 이러한 점은 부재와 상실을 회복하는 기회를 갖고 삶과 죽음 그리고 사랑에 대한 깊은 인식으로 잃어버린 시간을 되살려내게 한다.

2. '자연'의 회상과 생멸의 순환

김순경이 과거 복원을 시도하는 두 번째 단계는 자연을 통한 시간의 소환이다. 그는 자연의 정취나 풍경에 대한 찬미보다는 생멸의 순환에 초점을 맞추어 나간다. 〈시리아수수새〉에서 보여준 식물의 소멸 의식도 결국은 생성의 가능성을 제시하기 위한 방법이다. 시리아수수새는 쇠락의 몸짓이 처절하다. 온몸에 핏자국 같은 반점을 지닌 채 바람에 흩날리는 "검불이 되어" 싯누렇게 말라간다. 비록 서리가 내리기도 전에 부러지고 꺾이는 "허약한 체질이지만" 지난 계절에는 "푸른 몸을 흔들며" 풀숲을 가득 메웠다.

처음부터 이 땅을 지키던 토종이 몇이나 되겠는가. 있다 한들 무엇이 토종이었는지도 잘 알지 못한다. 물 따라 바람 따라 흘러가다 뿌리내리고 정착하면 그곳이 고향이 된다. 시리아수수새도 늦가을이 되면 곡기를 끊는다. 물기가 말라 신경이 마비된 누렇게 변한 잎과 줄기에는 붉은 반점이 생긴다. 사지를 비틀던 잎이 바스러지면 가늘어진 줄기도 더는 버티지 못하고 쓰러진다. 갈대는 깡마른 몸이 되어도 새순이 자리를 잡을 때까지 곁을 지켜주고 억새는 봄바람에 푸른 새싹이 돋아나도 쉽게 떠나지 않지만, 시리아수수새는 허약한 체질 때문인지 서리가 내리기 전에 부러지고 꺾인다.

당연히 자연은 생멸이 공존하는 공간이다. 하지만 자연에서의 죽음은 일회성 소멸이 아니다. 쇠퇴의 과정을 겪은 생명체가 흙의 일부로 사라져서 다음 세대를 위한 생명을 이어 가고, 황폐하게 시든 식물은 다시 봄바람에 물기를 품는다. 그것은 땅속에 무한한 생명력의 자양분이 존재하는 것을 의미한다. 디아스포라의 삶을 사는 인간 또한 환경 적응이 빠르다. 설국이나 열사의 땅은 물론 "연해주에서 중앙아시아로 강제 이주하거나 구한말 멕시코나 하와이로 떠났던 한인들"도 척박한 땅에 뿌리를 내렸다. 시골 마을에는 외지인들이 넘쳐나고 도시 공단에도 다문화가족들이 터를 잡는다. 자연의 본성을 이해하는 것은 인간의 삶을 알아가는 것이라 할 수 있다. 그렇기 때문에 화자는 자연현상이 우주 전체의 질서와 연관

됨을 되살려낸다. 소멸이 지나간 자리에 다시 생동감 넘치는 풍경이 찾아올 것임을 암시하는 것이다. 그러한 반증이 "땅은 언제나 그 자리에" 있지만 "어디에도 진정한 주인은 없다."는 의미를 직조해낸다.

이번 작품집의 표제작이기도 하고 작가의 신춘문예 당선작이기도 한 〈고주박이〉의 스토리텔링을 통해서는 생멸의 순환적 내면을 들여다볼 수 있다. 산길을 걷던 화자의 눈에 "살점이 뜯겨나간 조장鳥葬처럼" 뼈마디가 붉어진 채 땅에 박혀 죽은 일명 '고주박이'라고 불리는 나무 그루터기가 들어온다. 뿌리도 메말랐고 튼실한 뼈대도 없는 몸뚱어리이다. 무성한 우듬지를 거느리고 건강한 수액을 퍼올리며 계절마다 낙엽색을 달리했을 생이었건만, 심재도 없고 옹이마저 지운 초라한 목피는 썩고 바스러져 "흔적마저 지우려" 한다. 보통 사람들이라면 이 볼품없는 밑둥치를 보고도 무심히 지나칠 일이다. 그러나 김순경이 채집하려는 회상의 그물망에 덜컥 걸려 버린 것이다. 그 결과 '의미화할 수 있는 무엇'으로 월척의 수필 소재로 탈바꿈되었다.

> 비바람에 깎이고 쓸려나간 몸피에는 지나온 세월만큼이나 능선과 골짜기가 새겨져 있다. 흙이 붙잡지 않았으면 벌써 쓰러져 진토가 되었을 썩은 밑둥치에 고통과 속박의 사연들이 물결처럼 새겨져 있다. 형체가 기묘하다. 에밀레종의 비천상이 온몸을 비틀며 승천하는 용의 형체가 되었다가 물결에 씻겨나간 듯한 잔주름이 치솟는 불꽃의 형상이 되기도 한다. 겉옷 같은 껍질을 벗기고 두툼한

살을 걷어내면 진정한 속살이 드러난다. 속이 까맣게 변한 것만 봐도 얼마나 힘들게 살았는지 질곡의 역정이 짐작된다. 썩을 대로 썩고 버릴 것은 버려야 비로소 본래의 모습이 나타난다.

인간이 세계를 의식하는 새로운 관점에 도달하기 위해서는 육안의 렌즈를 닦고 심안으로 응시해야 한다. 위대한 조각가 자코메티가 실체의 모습에서 살을 떼어 낼 수 있을 만큼 떼어내어 뼈대 형식으로 표현했듯이 어쩌면 살아 있는 모든 생명은 "썩을 대로 썩고 버릴 것은 버려" 비로소 죽어버려야 본모습을 찾을 수 있음을 직시하게 된 것이다. 물기 마른 굴곡진 형상에서 할머니의 생전 굽은 등이 겹쳐지고 정신줄마저 놓은 어머니의 육신이 병치되는 것은 당연한 일이다. 그러한 고주박이의 존재적 본질은 숭고하고 거룩하다. 그러니 결코 화목이나 목판에 비유할 수 없다. 고사한 나무 그루터기를 향해 김순경은 당당히 "열반에 드는 노승"으로 최후의 찬사를 보낸다. 아울러 죽는다는 것은 삶을 넘어 영원히 사는 것이라는 이치를 획득해낸다.

문학 속에서 시간은 다층적으로 존재한다. 화자의 서술 방법에 따라서 혹은 시선의 방향에 따라 시간의 순서를 흩뜨릴 수도 있다. 문장이 현재형이라고 해서 늘 현재 상황이 아니듯이 과거형 시제를 모두 회상이라고 할 수는 없다. 인간이 과거, 현재, 미래로 삼분하는 시간 구분 또한 비논리적이다. 회상이라고 하는 것도 객관적으로는 측정 불가능한 시간이 될 수 있다. 그러기에 먼 과거에서부터 지금 여기의 순간까지가 모두 회상의 범주에 들어간다. 즉

〈봄날, 온천천을 걷다〉에서 "은어와 보리피리가 놀던" 고향 강을 떠올리고, 〈구절초〉에서 달빛에 물든 친구 얼굴을 기억하고, 낙동강 변을 달리는 〈완행열차〉를 타고 청춘 시절 입대과정을 회상하듯이, 〈묘공猫公의 탄식〉과 〈문공蚊公의 수난〉과 〈추공鰍公의 푸념〉 같이 서술자의 위치를 바꾸어 현실의 모순을 지적하고 인간세계의 단면을 풍자한 회상기법도 주목하여 볼 일이다.

3. '사물'의 회상과 전망의 제시

사물의 기억을 읽는다는 것은 무엇을 의미하는가. 이것 또한 현재와 과거의 대화라고 할 수 있다. 굳이 사물에 영혼이 깃든다고 믿는 애니미즘의 신앙관이 아니더라도 문학을 하는 자들이라면 사물이 품은 기억에 먼저 감응할 줄 안다.

사물의 회상에 대한 예는 카프카의 〈변신〉에서 이미 발견되었다. 벌레로 변한 그레고르 잠자의 방에 놓인 가구들을 치우기 위해 가족들이 잠자의 방으로 들어간다. 그것은 잠자에 대한 회상을 지워버리는 행위이기도 하므로 이때의 가구는 잠자와 동일시된다. 벤야민 역시 어린 시절을 조개껍질로 회상한다. 19세기의 마지막 몇 년에 걸쳐 있는 자신의 유년기를 두고 "연체동물이 조개껍질 안에 살듯이 나는 19세기 안에 살고 있었다. 이제 그 19세기는 내 앞에 텅 빈 조개껍질처럼 놓여 있다. 나는 그것을 귀에 대 본다."라고 했다. 비록 조개껍질은 텅 비어버린 사물에 불과하지만, 그것은 속에서 메아리를 들려주는, 다시 말해 과거를 회복시켜주는 중요한 사물이 된다.

≪고주박이≫에서 사물을 회상매개로 탐구한 소재는 비누, 편지, 지게, 책장, 사진, 바둑판, 리어카, 승용차, 지팡이, 명함, 철판 등으로 다양하다. 〈마지막 편지〉는 화자가 학봉종택을 방문한 소회를 적은 글이다. 그가 종택에서 눈여겨본 것은 무엇인가. 사당도 안채도 사랑채도 잘 꾸며진 정원도 아니다. 기념관에 보관된 학봉 김성일이 경상우감사시절 왜적의 침입을 앞두고 피난 중인 부인에게 쓴 한 장의 손 편지이다.

> 전장에서 총알받이가 될지 먹을 것이 없어 굶어 죽을지 모르는 흉흉한 시기였다. 가장 애틋한 문장은 "살아서 서로 다시 보면 그제나 나을까 할까마는 기필 못 하네."이다. 언제 다시 만난다는 말이 아니라 다시 만날 수 없을 것 같다는 비장한 마음이다. 가족을 생각하며 석이버섯과 석류, 조기 두 마리를 편지와 함께 보내는 마음은 수백 년 전 사대부나 오늘날 가장이나 크게 다르지 않다. 마지막에 "그리워하지 말고 편안히 계시오."라는 구절을 읽다 보면 모든 것을 다 포기한 사람의 유언처럼 들린다.

학봉 어른의 편지에 김순경은 "나도 편지를 썼다."라며 "잠자던 기억"을 결부시켜낸다. 그가 항암치료 중이던 큰형님께 면회 때마다 쓴 편지를 베개 밑에 넣고 오면, 환자는 동생의 편지를 몇 번이고 다시 읽어내려 갔음을 알게 된다. 그래서 언제나 생명의 끝자락에서 받은 "마지막 편지는 엄숙하다."는 결론에 다다른다. 지나간 것은 모두 어디로 갔는가. 사람들은 '잊어버렸다' 또는 '망각했다'라고 하지만 기억이란 완전히 망각될 수는 없으며 원칙적으로 다시 발견될 수 있는 것이다. 그러기에 수필 작가는 시간을 벗어난 무의식이라는 창고에 저장되어 있는 것을 발견하는 견자見者라고 할 수 있다.

흔히 바둑판을 인생의 축소판이라고 비유한다. 흑과 백으로 나누듯 옳고 그름이 있고 기술과 전략이 있으며 희망과 절망이 따른다. 대국 앞에서는 작은 유혹도 견뎌내야 한다. 그러나 그 경쟁도 결국 자신과의 싸움이다. 자신을 이기지 못하는 이는 결코 상대를 넘어설 수 없다. 〈수담手談〉에서는 직접 만든 바둑판을 가운데 두고 세상 두려운 줄 모르는 열한 살 손자를 바라보던 칠순 조부의 무한한 애정을 그려내었다.

> 할아버지는 지고도 웃기만 하셨다. 여름방학이 끝날 무렵이 되자 일방적인 게임으로 변했다. 시력이 좋지 않던 할아버지와 두는 바둑도 그해 여름이 마지막이었다.
>
> 바둑판 앞에 앉으면 다른 것은 생각나지 않는다. 오직 날줄과 씨줄이 교차하는 중원을 누가 먼저 차지할 것인가만 생각한다. 신의 한 수라 생각하고 쾌재를 부르며 놓은 돌이 패착이 될 때도 있고, 버리는 돌로 생각하고 던져둔 돌이 전세를 역전 시킬 때도 있다. 인생의 축소판이라는 바둑은 마지막 손을 털고 일어설 때까지는 끝난 것이 아니었다.

한판 승부에 일희일비하는 어린 나이였지만 그때의 수담을 통하여 "세상이 넓다."는 것을 깨우치고 "무림에는 고수가 많다."는 순리도 습득한다. "이기는 것이 좋지만 지더라도 즐길 줄 알아야 한다."는 삶의 한 수까지 깨닫게 한 '바둑판'의 의미망을 해독하게 된 것이다. 아울러 〈빈자리〉의 책장을 통해서 "무엇이든 평생 같이 살수는 없다."는 이치를, 〈청려장靑藜杖〉에서는 지팡이에 새겨진 옹이와 인간의 생에 굳은살로 박힌 상처를 대비시켰다. 〈균열〉이나 〈철판 명함〉과 〈철, 철, 철〉에서도 공학도의 예리한 직관력이 돋보인다.

되짚으며

회상은 삶의 토대를 이루는 지난 역사를 현재의 관점에서 고찰한다. 인간의 기억은 간단히 사라지지 않으며 연기적 시간처럼 상실되는 것도 아니다. 회상 기법은 문학의 오래된 서술방식이지만 문학사를 관통하는 매우 중요한 문제이기도 하다. 삶은 언어화나 문자화될 때 비로소 모습을 드러낸다. 특히 수필문학은 느낌과 체험만으로 만들어지는 것이 아니라 기억과 회상, 상기와 반추가 덧입혀져야 완성되는 것이다.

독일 작가 크리스타 볼프는 ≪읽기와 쓰기≫에서 "회상하기는 물살을 거슬러 헤엄치는 것이지만 또한 자연스러워 보이는 망각의 물살에 맞서는 것"이라고 서술하였다. "망각의 물살"에 맞서는 일은 자신의 경험과 역사적 배경과 마주친 세상을 올바르게 해석하는 일이 된다. 이 날카로운 전언은 수필쓰기에서 자신과 세계에 대해 끊임없이 고민하고 탐색하며 내적대화를 통하여 '참나'를 찾아가야 함을 인식하게 만든다.

　김순경은 "무병巫病같이 찾아오는" 수필쓰기를 위해 필사적으로 과거를 회상해 냈다. 그에게 회상은 내면적인 과거 청산을 위해 개인적으로 치러야 하는 통과의례가 된다. 고통스러운 과거는 극복해 낸 과정을 되살렸으며, 유토피아적 과거는 회귀의 욕망을 드러내는 것으로, 희망적인 현재는 앞으로 나아갈 힘을 획득하였다. 그의 글이 가족의 이별과 시골살이의 궁핍함에서 주는 상처가 많지만, 역설적으로 따뜻한 가족애와 근원적인 휴머니즘으로 재현되어 탄탄하고 풍성한 의미소를 구축하였다. 기억하고 상기해내지 못한 과거는 결코 치유될 수가 없다. 앞으로도 그의 수필에서 사람과 자연과 물상을 관통하는 시공의 횡단성은 계속 이어질 전망이다.

| 대표 작품 |

가슴북

김순경

  눈길 따라 들어왔다. 푸른 소나무가 하얀 눈꽃을 이고 있다. 어둠이 짙게 깔린 겨울 산에는 얼음보다 차가운 기운이 조용히 내려앉는다. 희미한 별 몇 개가 죽은 듯이 누워있는 산등성이 너머 검푸른 하늘에서 눈밭을 내려다본다. 노송이 어지럽게 자리 잡은 숲속의 산사가 깊은 고요 속으로 잠겨든다.
  북소리가 침묵을 깨뜨린다. 계곡을 깨우는 울림이 골짜기를 벗어나지 못하고 맴을 돈다. 점차 빨라지는 진동이 소릿결을 이루더니 이내 메아리가 된다. 무게를 이기지 못하고 어깨를 축 늘어뜨린 나뭇가지가 스르르 눈더미를 쏟아낸다. 무겁고 긴 파장이 향불처럼 피어오르자 허공의 별들도 잠시 눈을 감는다.
  눈 덮인 다리를 건너 북소리를 따라간다. 소살거리며 흐르던 골바람마저 숨을 죽이는 밤이 되자 일주문을 향한 긴 나무 터널에도 정적이 흐른다. 가끔 계곡에 울려 퍼지던 나뭇가지 부러지는 소리도 잠잠하다. 조계문과 천왕문을 지나 돌계단을 올라서자 절 마당을 지키는 돌탑이 눈길을 잡는다. 감은사지의 삼층석탑처럼 장엄

하지 않고 불국사의 다보탑같이 화려하지도 않지만 단정한 자태에 정감을 자아낸다. 검게 그을린 석등 주변에는 돌이끼를 둘러쓴 당간지주가 호위무사처럼 당당하게 버티고 서 있다.

북채가 춤을 추자 쇠가죽이 운다. 육신을 감쌌던 깡마른 가죽이 요동치며 소리를 낸다. 추녀를 타고 뻗어가는 고통의 소리가 밤공기를 가른다. 끊어질 듯 이어지는 애절한 울림이 검은 능선을 타고 산꼭대기로 향한다. 파동이 소멸하면 번뇌와 번민도 사라지는 것일까. 소리가 사라진 허공에는 작은 별빛만 남아 있다.

장삼 자락이 휘날리자 북소리가 급해진다. 변죽을 울리며 가장자리를 빙빙 도는 북채가 끊임없이 중앙을 넘보지만 쉽게 다가가지 못한다. 늘어진 옷자락에서 두 팔이 솟구쳤다 내려가기를 수없이 반복한다. 소맷자락이 흘러내려 민소매가 되자 푸른 핏줄을 드러낸 팔뚝이 중심에 다가선다. 북을 안을 듯 피해 가고 잡을 듯 놓아준다. 허연 팔뚝의 힘줄이 불끈거릴 때마다 진폭도 더해진다.

북소리는 가슴으로 전해진다. 두둥둥 전해지는 파동이 인간의 본능을 일깨운다. 듣고만 있어도 심장이 쿵쾅거리고 박동이 빨라진다. 허공으로 전해지는 진동이 힘과 용기를 더해 주고 생기를 되찾게 한다. 죽음의 계곡을 넘나드는 전장의 병사들도 둥둥거리는 북장단에 두려움을 떨쳐낸다. 거친 북소리가 절망과 두려움을 앞으로 밀고 나간다.

무슨 생각을 하면서 북을 치는 것일까. 쓰다듬고 어루만지듯 토닥거리고 찢어버릴 듯이 힘차게 두드리며 가슴속 뜨거운 응어리를 실타래처럼 풀어낸다. 북이 아니라 자신의 앞가슴을 두드리는 것

같이 거침이 없다. 천천히 두드리던 북장단이 성난 파도처럼 출렁이며 춤을 춘다. 숨소리조차 크게 낼 수 없는 장엄한 분위기가 계속된다.

　무두질하듯 가슴을 두드리던 어머니의 모습이 겹쳐진다. 젊은 두 아들을 저세상으로 보내고 날마다 작은 주먹으로 복장을 쳤다. 어떤 힘든 일도 내색하지 않던 어머니였지만 뼈가 도드라진 앙가슴을 거침없이 두드렸다. 참척의 아픔을 참지 못하고 복장을 칠 때는 누구의 위로도 어떤 사람의 간곡한 만류도 소용이 없었다. 가슴북은 날이 갈수록 여위어갔다.

　가슴북의 울림이 심장으로 향한다. 사랑도 미움도 분노도 파장이 되어 안으로 파고든다. 해감처럼 쌓여 있는 고통을 작은 울림으로 토해내려 하지만 쉽지가 않다. 심박동마저 멈춰버린 듯 가늘어진 숨소리에 답답한 마음만 점점 굳어간다. 무뎌진 복장을 힘껏 두드려 보지만 진폭만 커질 뿐 멍울을 게워내지는 못한다. 어머니의 작은 새가슴이 전하는 북소리가 쇠가죽보다 큰 파동을 일으킨다. 가슴에 손을 얹고 바라보던 어머니가 살며시 눈을 감는다.

　세상 어디에도 북은 있다. 놀이를 하거나 의식을 행하는 곳이면 어김없이 등장한다. 북은 통나무로 만든 것이 아니다. 수십 개의 작은 나뭇조각을 적절한 크기로 짜 맞춘 것이다. 조각이 너무 두꺼우면 모양을 만들기 어렵고 얇으면 북의 진동을 견디지 못하고 비틀어진다. 수많은 조각 중에 하나라도 뒤틀리면 북이 되지 않는다. 몸통보다 더 어려운 공정은 쇠가죽을 가공하는 작업이다. 두꺼운 쇠가죽을 부드럽게 하고 두께를 조절하는 무두질은 명장이 아니면 할 수가 없다. 울림통과 쇠가죽이 적절하게 조화를 이룰 때 비로소 소리북이 된다.

심박동 같은 북소리가 피를 돌게 한다. 고수가 북을 두드려야 소리꾼의 사설이 시작된다. 가슴을 파고드는 진양조장단이 불을 토하는 휘모리장단으로 변하면 고수의 소맷자락이 휘날린다. 숨 쉴 틈도 없이 쇠가죽 소리가 뒤엉키면 청중의 어깨도 물결을 이룬다. 북장단이 소리꾼과 청중을 몰고 다니면 저절로 추임새가 터져 나온다. 쇠가죽의 울림과 나무통의 맑은 소리가 소리꾼의 억센 목청과 어우러진다. 북이 없으면 농악도 사물놀이도 살지 못한다.

강약을 거듭하던 북장단이 점점 빨라진다. 출렁이는 쇠가죽이 진정되기도 전에 또 두드린다. 잔잔한 진동이 거친 파도가 되어 해일을 불러오자 누에가 명주실을 게워내듯 가슴속 응어리를 토해낸다. 짓누르던 번민의 사연들이 하나 둘 빠져나간다. 끊임없이 이어지던 파동이 조금씩 잦아들자 물결을 이루던 떨림도 고요 속으로 사라져간다.

북소리가 숨 고르기를 하자 뜨거운 기운이 향불처럼 피어난다. 요동치던 가슴북 소리도 바람을 타고 하늘을 오른다.

05
에코토피아를 지향하는 초록 심상
— 김초성 수필집 ≪풀별 일지≫를 위하여

인간은 자연에서 태어나 자연에서 살아가며 자연을 떠나서는 결코 존재할 수 없다. 이것은 인간이 단순히 자연과 연관을 맺고 있는 존재가 아니라 자연의 일부라는 뜻이다. 대문호 톨스토이는 생명론을 기반으로 식물에도 인간과 같은 생명이 존재한다고 주장하였고, 가이아 이론의 창시자인 러브록은 지구가 생물에 의해 조절되는 유기체로 하나의 살아있는 생명체임을 강조하였다.

그러나 오늘날 지구 환경은 어떤가. 기술 발달로 이전보다 풍요로운 삶을 누리고 있지만 인간과 자연의 부조화로 심각한 생태 환경의 위기에 처해 있다. 이는 모두 인간 중심적 삶에서 비롯된 문제이므로 인간과 자연의 조화로운 공존을 중시하는 인식이 필요하다. 그 대안으로 문학에서도 이에 대한 문제의식을 가지고 자신과 공동체가 처한 삶의 조건을 살피고 성찰할 필요가 있다.

최근 발간된 김초성의 수필집 ≪풀별 일지≫(세종출판사, 2023)는 꽃과 야초, 덩굴식물을 통한 자연과 인간의 공생을 그리고 있다는 점에서 주목할 만하다. 목차만 살펴보더라도 디기탈리스, 인동초, 무화과, 아마폴라, 돌콩, 엉겅퀴, 댑싸리, 소리쟁이, 수크령, 유도화, 산자고, 사위질빵, 박주가리, 백화마삭줄, 땅빈대 등 마흔여 종의 식물에 대한 서사가 담겨 있음을 짐작할 수 있다. "들풀이 인류에게 미치는 생존 관계에 대한 재인식과 들풀의 존재 가치를 수필적 스토리로 묶어내려 하였다. 주변에 깔려 있는 식물에 대한 관심과 애착이 환경과 지구촌 살리기에도 일익을 할 수 있는 계기가 되었으면 한다."는 '서문'에서 작가의 실천적 생태의식이 뒤따른다고 하겠다. 그 정신을 〈그린게릴라〉에서 더욱 구체화시키고 있다.

> 동네 주변에 마음을 심고 싶었다. 약국 골목, 유치원 뜨락, 공원 안, 어느 원룸 구석, 작은 공장 울타리 밑, 미장원 옆, 해강아파트 앞, 큰사랑교회 뜰, 내 살던 아파트 앞뒤, 산자락 석축 밑에 두루 꽃을 심고 오며 가며 살폈다. 군데군데 조경을 잘하여 도드라지게 보이는 것들보다 구석진 곳에서 수줍은 미모를 들어넌 작은 꽃, 평화롭고 정다운 꽃, 곱고도 소박한 그 꽃들이 누군가에게 마음을 전해주게 되길 바랐다.

화자는 자신만의 그린게릴라운동을 이어간다. 그린게릴라는 기습적인 도심 정원 가꾸기 활동으로 삭막한 도시의 자투리땅에 화초를 심어 친환경적으로 탈바꿈시켜낸다. 1973년도에 미국의 예술가 리스 크리스티가 친구 보워리와 함께 휴스턴 거리의 지저분한 공터를 꽃밭으로 만들면서 전 세계적으로 번져나가게 된 것이 기원이다. 더욱이 작가는 "내가 좋아서 하는 일이다. 누가 시켜서 하는 일이 아니고 의무감에서는 더욱 아니다."라고 손사래를 치지만, 생태 위기를 극복하려는 방법을 묵묵히 실천하고 있는 셈이다. 나아가 인간 중심적 사고에서 벗어나야 함을 〈잔디〉에서 선명하게 부각시킨다.

> '나무를 기르고 꽃을 가꾸고 잔디를 키운다.'라는 말을 할 때 사람의 생각은 참으로 아전인수로구나 싶다. 그저 소유하는 주인의식을 버리지 못한다. 우리는 그들 식물의 보호를 받으며 살다 갈 뿐인데 동행하며 살고 있는 입장에 지배자인 양 마구 꺾고 자르고 뽑고 없앤다. 만물의 영장이라 칭하며 본능처럼 무의식 속에서 그리 살아간다. 어쩌랴.

무의식중에서도 자연을 착취와 정복의 대상으로 삼고 있는 현대인의 사고방식을 따끔하게 질타한다. 지구의 역사에서 뒤늦게 출현한 인간과는 달리 초식공룡과 공존했던 "까마득한 역사를 이어가며 가문을 지켜온" 잔디의 내력을 보더라도 인간은 무한한 경외를 올릴 일이다. 그것은 생명 공동체 내에서 순환과 재생이라는 자연의 원리를 이상적이고 보편적인 삶의 원리로 제시한다. 가녀린 한 포기 풀 앞에서도 연민과 돌봄을 바탕으로 하는 것이 아니라 같은 인격체로 느끼고 공존 가능성을 모색한 것이다. 〈환삼〉에서는 귀화식물을 통해 귀화 이주민의 디아스포라적 삶을 응시한다.

> 귀화식물도 우리나라에 오랜 세월 자리 잡고 살면 우리 산야
> 초나 다름없다. 지구촌이 하나가 된 세상. 국경을 넘나드는 자연
> 의 생명체를 내가 싫다고 거부할 수는 없는 게 아닌가. 외래종이
> 라 해서 무조건 부정적이며 거부하는 마음으로 받아들이지 않았
> 으면 좋겠다.……우리나라에도 이제 귀화 이주민들이 많아졌다.
> 우리 문화 속에 뿌리내리고 살면 그들도 우리 민족이며 정겨운 내
> 이웃이다.

문화가 다른 이주민들이 타국에 정착하는 일이 어디 쉬운가. 이는 새로운 정체성을 가지게 된 자신의 존재를 확인받는 것이며 다원성의 차별성을 인식하고 깨닫는 계기가 된다. 아직도 언어와 피부 색깔로 점수를 매기는 권력과 자본에 대한 허상을 귀화식물로 질타하고 있다. 화자는 모든 식물은 제각기 역할이 있으며 인간과 서로 융합적이며 유기적인 관계라는 점을 강조한다. 우주적 질서인 자연 속에서 인간은 한 부분일 뿐이요 자연계의 지배자가 아니라는 것이다. 그 지적은, 땅은 이름 없는 풀을 기르지 아니한다는 "지불장무명지초地不長無名之草"로써 완결시켜낸다.

아울러 〈수크령〉을 통해 "순수한 우리말 이름을 지녔다. 수穗는 이삭 수를 일컫는다. 벼화禾 변에 은혜惠 자가 붙어 있으니 은혜로운 곡식이라는 뜻으로 여기라는 말이다. 그렁은 끌어메다라는 뜻의 '그러메다'란 어원에서 이른 말"이라는 어원을, 〈영겅퀴〉에서는

"10세기 중반 스코틀랜드가 적의 기습공격을 당하기 전, 정탐꾼이 어둠을 틈타 성벽 가까이 오다가 엉겅퀴 가시에 찔려 비명을 지르는 바람에 발각되어" 전쟁을 막은 공로로 스코틀랜드 국가 문장이 된 역사를, 〈더덕〉은 "한방에서는 인삼人蔘 사삼沙蔘 현삼玄蔘 고삼苦蔘 단삼丹蔘을 오삼五蔘이라 해서 중요한 약재로 상비해 두고 있다. 그 다섯 가지 삼중에 하나, 떡하니 자리하고 있는 사삼이 바로 이 더덕을 지칭하는 것"이라는 약용까지 식물에 대한 성찰과 탐구가 깊이 있게 이루어졌다.

   그동안 수필은 인간의 서사를 의미화하거나 내면의식과 정서를 표출하는 데 주력했다. 수필가들이 자연과 사회 공동체 문제에 관심을 쏟는 일에는 인색했던 것이 사실이다. 생태 위기는 전문가들만 관심을 갖는 일이 아니라 개인과 사회 모두의 노력이 요구된다. 그러한 까닭에 김초성의 ≪풀별 일지≫는 에코토피아Ecotopia를 만들기 위한 대안 모색으로써 의미 있는 생태 수필집임을 입증한다.

| 대표 작품 |

소리쟁이

김초성

    그를 다시 만날 수 있었던 건 순전히 오빠의 장례식 덕분이었다. 장례 이틀째 되던 날 오전 그가 식장에 나타났다. 우린 보자마자 스스럼없는 함박웃음을 웃었다. 마주 잡은 두 손을 마구 흔들어대며 그곳이 오빠의 장례식장이란 사실도 정숙해야 한다는 예절도 잠시 잊었다.
    오빠는 떠나면서도 나에게 일러주려 한 것일까. 아무리 유년의 인연이라 해도 각별한 인연은 챙기며 살라고. 잠깐 스쳐 지난 인연도 평생 못 잊는 경우가 있는데, 나는 생사의 순간을 함께 겪었던 고마운 유년의 친구를 까마득히 잊고 있었다. 바로 그였다. 내 가슴 한편에는 굳은살처럼 자리하고 있는 그에 대한 마음의 부채가 있었다는 걸 그날에야 불현듯 상기했다.
    고향 집 앞마당에는 우물 가까이에 큰 은행나무가 있었고 은행나무 옆 행랑채에 아주 먼 친척 일가족이 우리 집 일을 거들며 살고 있었다. 그 집에는 나보다 한 살 위였던 그 애와 위로 터울이 한참 많은 형과 한쪽 눈이 찌부러진 누이동생과 부모님, 모두 다섯 식구가 살았다. 그 애는 말수가 적고 수줍음을 몹시 탔으며 얼굴엔 몇 개의 곰보 흔적이 있었다.

어머니는 내가 사내애와 어울리는 걸 못마땅해서 나무라며 눈을 흘기시곤 했다. 하지만 그 애는 누구보다도 왕잠자리를 잘 잡았다. 내 열 손가락 사이사이에 잠자리를 끼워주면서 잠자리를 잘 잡을 줄 아는 것에 대해 내게 한 번도 우쭐대는 일이 없었다. 우린 틈만 나면 몰래 어울려 동네 앞 방죽으로 내빼곤 했다. 방죽으로 가는 길섶에는 소리쟁이가 무성했다. 길 양쪽에서 봄부터 가을까지 소리쟁이가 우리를 항상 반겨주었다. 새큼한 꽃대를 입에 물고 화동이 되어 소리쟁이 꽃가루를 방죽에 다다를 때까지 한 움큼씩 흩뿌리던 일이 어제 일 같기만 하다.

어느 여름날, 자주 가던 방죽 옆 논두렁에서 나는 뭔가 힘자랑을 하고 싶었다. 발을 세차게 굴러 건너편 논으로 힘껏 건너뛰었다. 그런데, 아이쿠~ 내가 떨어진 곳은 바로 늪이었다. 순식간의 일이었다. 늪 속으로 몸이 가라앉기 시작했다. 가슴까지 차올라 허우적대는데 무섭고 숨이 차서 목소리조차 나오질 않았다. 그 애가 내게로 손을 뻗었다. 그리고 필사적으로 몸을 뒤로 버티며 날 끌어당겼다. 겨우 열 살짜리 아이가 어디서 그런 힘이 솟았던 것일까. 사실 그때의 상황이 잘 기억나진 않는다. 그가 나를 구해줬다는 것밖엔. 온통 진흙 뻘로 범벅이 된 내 꼴은 흡사 텔레비전 뉴스 화면에 비춰주는 저 가마우지 같았을 것이다. 유조선이 흘린 기름에 빠졌다 나온 질퍽한 가마우지. 어머니한테 야단맞을 일이 두려웠다. 그 아이는 도랑에 이르러 흙감태가 된 내 몸뚱이와 옷에 물을 끼얹으며 열심히 씻어주었다. 그리곤 옷이 마를 때까지 방죽 둑에 앉아 기다렸다. 해가 다 기울었다. 그는 공연히 미안해서 쩔쩔매며 내 옆을 빙빙 돌았다. 큰 잎새를 구해다 부채질을 하고 안쓰러워 어찌할 바를 몰랐다.

인연을 만드는 게 삶이고 인연을 끊는 것이 죽음이다. 그러나 죽지 않아도 우리는 얼마나 숱한 인연들을 끊으며 살아가는지. 맺어진 인연마다 다 짚어지고 간다는 것은 불가능하다. 하지만 각별한 인연은 챙겨가며 살아야 하는 것임을 나는 어찌 이토록 까맣게 잊었던 것일까. 그 애가 언제 우리 집에서 이사를 갔는지 그것도 기억이 가물가물하다.

소식이 끊긴 채 너무나 오랜 세월이 흘렀다. 나는 줄곧 서울 생활을 하다가 결혼해 부산으로 와서 이제는 부산 사람이 되었다. 우린 그때의 일들을 떠올리며 신이 나서 떠들어대다가 갑자기 말이 뚝 끊겼다.

"그때 니가 정말 죽게 되면 나도 함께 빠지려고 했었어."

그의 눈빛이, 그의 큰 눈이, 그렇게 말하는 듯했다. 여전히 착하기 이를 데 없다. 그가 침묵을 깨고 통쾌하게 웃었다. 진흙투성이가 되어 엉엉 울던 내 모습을 그려보는 걸까. 내 안에 무엇이 덴 듯 뜨거웠다. 미안하고 고맙고 그립고 부끄러웠다. 나는 아무 말도 하지 않고 그저 웃는다. 그래, 그냥 담아두고 살아야지.

머리 위엔 은빛 서리가 반짝이고 얼굴엔 잔주름이 가득하다. 지금 그는 고향을 지키고 있단다. 촌티 나는 옷매무새가 소리쟁이꽃을 닮았다.

제2부

01 존재에 대한 치열성 그리고 자기갱신
― 김희숙의 수필집 ≪쪽항아리≫의 미학

02 수필의 비평적 서사전략
― 나윤옥 비평집 ≪작은 눈으로 읽는 서사 수필≫

03 에르곤ergon과 파레르곤parergon
― 박영란의 ≪3시의 프레임≫ 들여다보기

04 화법으로 그려낸 노병의 노래
― 백성태의 ≪어젯날의 일기≫ 거듭 읽기

05 수필서사로 펼쳐진 '자기록錄'
― 이동순의 ≪그의 마지막 목소리가 듣고 싶었다≫

# 01
존재에 대한 치열성 그리고 자기갱신
– 김희숙의 수필집 ≪쪽항아리≫의 미학

김희숙 작가를 세우며

 인간의 삶은 연속되어 나가는 한 끊임없이 자신을 변화 갱신시킴으로써 재창조하게 된다. '자기갱신Self-renewal'의 체험은 자신의 삶을 돌보고 있다는 감각을 가지며 그 감각을 익힌 사람은 예속된 삶을 거부한다. 따라서 새로워지기 위한 노력은 이제까지의 것들에 대한 반성과 탐구와 발견이 뒤따른다. 자기 삶을 되돌아보는 것은 그간 무엇에 공을 들였으며 어디에 얽매여 살아왔는지를 확인하는 과정이며, 탐구와 발견은 새로운 자신의 세계를 창조하는 원동력이 된다.
 그것이 수필을 쓰는 작가라면 자신의 삶뿐만 아니라 대상의 본질을 찾으려는 길항이라고 볼 수 있다. 수필은 작가의 삶과 정신을 담는 그릇이다. 작가가 대상을 탐구하고 소재를 선택하여 풀이한다는 것은 주제와 표현 방법에 그치지 않고 '나' 자신을 향해 스스로 다가가는 행위이다. 작품을 통해서 자신과의 대화를 하고 자아의식을 반영하여 세계와의 관계를 형성한 작가만이 더 나은 내면세계를 구축하게 된다. 그 점에서 주도적으로 자기갱신을 위해 노력하는 자가 김희숙 작가라고 할 수 있다.

김희숙 수필가는 2021년 ≪수필과비평≫으로 등단하여 그해 '제11회 대한민국독도문예대전'에 〈울릉도의 맛〉으로 특선을, '제5회 포항스틸에세이'에 작품 〈조새〉로 대상을 수상하였으며, 이듬해 2022년 '경남신문 신춘문예'에 수필 〈쪽항아리〉가 당선되는 쾌거를 이룩하였으며, 연이어 수필집 ≪쪽항아리≫를 상재하기에 이르렀다. 물론 이전에 ≪길을 묻는 인생에게≫, ≪운명의 블랙박스≫, ≪사주로 못 풀어낼 인생고민은 없다≫라는 자기계발서를 출간한 이력은 있으나, 그녀가 이처럼 단기간에 문학적 풍작을 거둔 이유는 무엇인가.

먼저 그녀는 발로 뛰는 작가라는 점이다. 영화감독을 만나고, 소방관을 인터뷰하고, 옻칠 장인의 서사를 취재하고, 쪽 염색 장인을 만나 쪽물을 들여보고, 빅토리아연꽃의 개화를 포착하러 야간 출사를 떠나고, 매운 바닷바람을 맞으며 매생이도 건져 올려 본다. 함평 장날에는 대장간을 찾아 조새를 구입하고, 남원의 춘향제향일에 달려가고, 군산항 부두의 뜬다리를 직접 확인하며, 청주 금속활자전수관을 방문하고, 일출 장면을 보기 위해 대덕산에 오르며, 백두산과 독도를 다녀온다. 그뿐인가. 밤낚시를 신청하고, 마당극을 관람하며, 누드모델 촬영장에 카메라를 메고 가며, 지인이 운영하는 떡집에서 하룻밤 지새며 공정을 글로 옮긴다. 한 편의 글을 쓰기 위해 몇 권의 책을 독파하며, 강의를 듣고 전문가를 만나고, 먼 길도 마다치 않고 직접 체험한다.

그렇다고 그녀의 눈길을 잡는 소재는 거창하거나 화려한 것이 아니다. 잊혀져가거나 내던져진 것, 연약하고 무관심한 것에 대해서 오성의 감각을 동원하여 크게 눈을 떴다. 비천한 것에서 고결한 의미를 찾고, 추의 소재도 미의 관점으로 전환하며, 그늘진 것에서도 생의 질감을 느끼려 고군분투하였음을 ≪쪽항아리≫로 증명해내었다.

이에 김희숙 작가가 독자의 정신을 꿰뚫게 만든 인식 대상에 대하여 '사물'에 대한 본질의 미학과 '인간'에 대한 신뢰의 진폭, 그리고 '자연'에 대한 은유와 적용으로 구분하여 대표작들을 살펴보고자 한다.

1. 사물에 대한 본질의 미학

한 사람을 안다는 것은 그 사람의 본질을 아는 것이며, 한 사물을 아는 것 역시 그 사물의 본질을 이해하는 것이다. 즉, '도대체 대상들의 표상을 어떻게 판명하는가'라는 물음에 대한 답을 구하는 일이 된다. 사물의 성격은 오직 인간만이 발견할 수 있으며 인간만이 규정지을 수 있다. 그러므로 본질에 대한 탐구는 시간의 흐름에 따라 변화할 것이고, 개개인의 시선에 따라서 형식과 내용이 달라질 것이며, 통찰의 깊이에 따라 인식의 결과 또한 다층적일 수밖에 없다. 그렇지만 사물의 이해를 위해서는 각자의 해석적 지평에 맞는 본질 찾기를 이루어내야 할 것이다. 이러한 측면에서 김희숙은 〈조새〉를 어떻게 해석해내었는가.

> 공산군이 마을 장정들을 학살할 때 외할아버지도 억울하게 희생당하셨다. 안타깝게도 첫아이인 내 어머니를 임신한 상태였다. 유복자였던 갓난아기를 품에 안은 채 살길이 막막해진 외할머니는 새 삶을 택했고 두 딸을 더 낳았다. 조새는 나무 손잡이가 중앙에 있고 좌우로 전혀 다른 형태의 쇠갈퀴가 부착되었다. 그 생김새는 성씨 다른 이모들과 어머니가 외할머니의 양옆에 기대어 사는 모습처럼 좌우 대칭을 이루지 못하고 매우 기형적이다.

작가에게 조새는 바닷가에서 굴을 채취하는 도구인 쇠붙이를 넘어선다. 양 날개가 기형인 쇠 날을 보며 어머니의 기형적인 가족 관계를 떠올렸다. 그 비대칭의 쇠갈퀴가 유연한 날갯짓으로 굴의 속살을 골라내듯이, 아비가 다른 자매들이 합심하여야만 거친 생을 버틸 수 있었다는 것을 규명해낸다. 나아가 변함없는 조새의 형태와 굴 까는 작업에서 바닷가 여인들의 고단한 삶을 역설하고, 도시로 나간 현대 여성들 또한 "또 다른 조새를 손에 들고 생활전선에 서 있"음을 표출하게 되는 것이다.

표제작인 〈쪽항아리〉의 해석은 더욱 신선하다. 항아리 하나 흙에서 태어나 '쪽항아리'라는 이름을 얻고서 흙 속에 묻힌다. 염료인 니람을 품고 세월을 견뎌내어 쪽발을 세워야 한다. 비로소 천연염색 장인을 만나 무명천에 바다색 쪽물을 들이는 과정을 항아리의 관점에서 관능적이고 감각적인 문체로 섬세하게 그려내었다.

  그가 돌아온다. 손에 쪽빛 천이 들렸다. 두 다리로 감싸 안더니 천천히 어루만진다. 왼손이 부드럽게 내려가고 오른손이 후렴처럼 따른다. 가다듬는 손길에 마음이 씻기고 머릿속이 맑아진다. 출렁거리는 가슴은 쉽사리 진정되지 않는다. 리듬을 타며 온몸을 내맡긴다. 그늘 드리우던 차양 끝은 여전히 살랑거리고 풀잎 부딪치는 소리조차 들리지 않는다. 파랑에 초록이 더해진다. 그의 등 근육이 성난 짐승처럼 우르릉거린다. 마른하늘에 천둥이 번쩍이고 항아리 안으로 걷잡을 수 없는 폭풍우가 몰아친다. 희열의 파열음을 뱉으며 드디어 쪽빛 문이 열린다. 그의 손톱에도 먹구름 같은 검은 물이 든다. 건너편 장독대 항아리들은 한여름 열기를 모르는 척 돌아앉았다.

쪽항아리에 엎드려 쪽물을 들이는 장인의 손놀림과 수동으로 응하는 쪽항아리의 병치하여 남녀의 마음을 빗대어 묘사한 부분은 가히 이 글의 절정이다. 이처럼 작가가 무생물이나 사물을 통해서도 단편적인 편견을 넘어서 생명을 느끼고 전체의 본질을 생각한다면 현실을 응시하는 관점은 달라질 것이다.

  그러한 시선은 선암사 달마전 뒤뜰의 수각을 성찰한 〈물의 집〉

에서도 명확히 드러난다. 네 개의 돌그릇 중 마지막 그릇이 작고 낮고 투박하며 옆으로 비껴 앉은 것을 두고 화자의 외롭고 힘든 삶을 비추어보았으며, "조금 비껴 앉는 일도 스님들의 공부법 중 하나"임을 인식하고 스스로 이타심을 지각하게 되는 것이다. 〈다리를 세우다〉에서는 지하도 생활 때의 상다리를 세워 버틴 일화와 삶의 버팀목을 세우는 과정을 진솔하게 펼쳐내었다. 이로써 평범하고 일상적인 것도 작가의 미세한 숨결, 애정 어린 시선, 겸허한 태도가 선입견과 이분법을 여지없이 무너뜨릴 수 있다는 본질 찾기의 예를 보여주었다고 하겠다.

2. 인간에 대한 신뢰의 진폭

현대사회는 그 어느 시대에도 비교될 수 없는 물질적 풍요로움을 누리게 되었다. 하지만 급속도로 번져가는 기계화, 정보화 속에서 물질이 인간의 정신을 지배하는 위기에 이르렀다. 그러다 보니 오늘날 휴머니즘은 분명히 위기에 봉착했다. 인간의 내면적 가치보다는 인간 외적인 가치가 중시되는 물질문명을 우려하면서 문학에서는 인간애를 바탕으로 한 작품들이 주목을 받기 시작한다. 수필 작품 역시 인간을 대상으로 표현한다면 신뢰와 이해가 근간이 돼야 할 것이다. 그것을 김희숙의 작품에서 확인하고자 한다.

그녀의 작품에는 유독 인간 중심의 전개가 많다. 노숙자의 삶에 관심을 둔 〈도시의 스파이크〉와, "살려서 돌아오라, 살아서 돌아오라."라는 명령어를 가슴에 새기고 불구덩이에 뛰어들어야 하는 소방관의 이야기를 담은 〈붉은 땀〉과, 모시송편 떡집의 분주한 삶을 직시한 〈공달이와 순금이〉, 친구 용만의 배려심을 담은 〈소리 자루〉, 끈기와 의지력으로 "진정 폼나는 인생"의 그래프를 그리는 상윤 씨의 스토리 〈진짜 폼이 나야 한다〉, 수봉 문영박 선생의 일화 〈누운 석인〉, 진상우 감독에게 보낸 따뜻한 시선 〈또와상회〉, 최민식 사진작가를 다룬 〈그대로의 모습으로〉, 그리고 고향 동창들과의 여행 이야기들은 인간에 대한 지대한 관심과 사랑이 전개된다. 당연히 〈풀치의 꿈〉을 통해 부모님에 대한 인간관계 회복도 빠질 수 없다.

> 풀치가 지상으로 오르는 꿈이 아닌 대양을 누비는 꿈을 꾸었더라면 건실한 갈치로 성장했을까. 그의 딸은 여전히 아버지라는 한 인간의 생을 온전히 헤아리진 못한다. 그녀 역시 삶의 파도에 이리저리 흔들리며 겨우 버텨내는 중이다. 그녀는 김 씨가 다른 세상에서는 미완의 꿈을 꾸던 풀치를 넘어 단단한 다리로 일어섰으리라 믿어본다. 김 씨의 역사는 멈추었으나 그의 딸은 스스로 걷는 꿈을 향해 오늘도 한 걸음 한 걸음 내딛는다.

갈치 낚시를 하던 화자는 바닷속을 유영하던 풀치가 뭍으로의 탈출을 꿈꾸는 듯한 환영을 느낀다. 아울러 대열에서 낙오된 풀치로부터 아버지 "김 씨"의 생을 헤아리게 된 것이다. 평생을 미움과 증오심으로 낙인을 찍었던 선친의 기억이 "풀치의 붉은 눈동자"를 통해 김 씨의 꿈도 영원한 미생으로 주저앉았음을 이해하고 화해를 시도하게 된다.

　누드모델을 제재로 풀어낸 〈몸의 언어〉에서는 프랑스 철학자 메를리 퐁티의 담론을 상기시킨다. 퐁티는 몸에 대해 끊임없이 사색하고 표현함으로써 몸의 언어인 '살' 개념을 도입하였다. 즉, 몸과 정신은 분리될 수 없으며 몸이 곧 존재임을 주장했다. 그러므로 인간의 고유한 몸의 움직임은 내적인 의사소통을 하는 것이므로 김희숙이 누드모델의 몸을 읽어낸 것 또한 퐁티의 '몸말' 의지를 차용한 형태로 나타난다.

> 따뜻한 온기가 느껴지는 인간의 육체보다 더 아름다운 것이 있을까. 그 말을 전하려 혼신을 다하고 있다. 혼자서 너른 무대를 채운 그녀의 연출 따라 사진사들의 손놀림이 분주하다. 보조 출연자가 나신에 물감을 뿌린다. 초록 물을 들이고 붉은 도장을 찍으니 꽃송이가 무리 지어 피어난다. 만물을 품어 안은 여신마냥 한 그루 꽃나무로 그녀가 우뚝 섰다.

　화자는 〈몸의 언어〉를 서술하면서 "기준을 가지면 구분 짓는다. 다른 것을 틀렸다며 억압하면 폭력이 된다."고 강조한다. 모델의 짧은 머리카락을 두고 관능적이지 않아 여성미를 느낄 수 없다는 관객에게 던지는 비판적 성찰이지만, 따지고 보면 자신에게, 그리고 편협된 세상을 향해 설파하는 날카로운 풍자라고 하겠다. 이로써 진정한 예술이란 인간에 대한 존중과 인간과 인간의 평등한 관계의 기반 위에서 제대로 성립할 수 있음을 확신하게 되는 것이다.

3. 자연에 대한 은유와 적용

인간은 자신이 겪은 모든 경험들의 총체적인 지식을 동원하여 창조적인 존재로 성장해 나간다. 그러한 질서나 균형을 구현하는 중심에는 자연이 은유적으로 표현되고 있다. 문학 탐구 역시 생명과 허무, 죽음과 영원에 대한 질문과 답을 자연에서 파생되는 심상적 이미지의 도입으로 탐구하고 구현해내고자 하였다. 그 점을 근거로 ≪쪽항아리≫에서 응시한 자연적 대상도 섬과 육지, 산과 길, 바다와 개펄, 꽃과 나무 등으로 작가의 의식이 형성된다. 〈한시랑뜰〉에서는 간척지를 통해 외국인 노동자의 관계를 의미축으로 내세웠다.

> 둘러보니 여자들이 엮어 놓은 조기를 손수레로 나르는 이들도 외국인 남자들이다. 이제 이곳도 외국에서 찾아온 일손이 아니면 일이 진행되지 않는다. 그들 역시 간척지의 북돋운 흙처럼 우리에게 새 흙 역할을 하는 사람들이지 않을까. 딴 흙이 옮겨온 땅에 뿌리를 내리듯이 삶을 단단하게 다져 나가고 있는 중이리라.

"완전한 육지도 못되고 갯벌의 끝자락도" 아닌 간척지 '한시랑뜰'처럼, 굴비의 고장 영광의 조기 공판장에도 이제 외국인 노동자가 아니면 일이 진행되지 않는다. 그러기에 그들 역시 간척지의 새 흙처럼 "딴 흙이 옮겨온 땅에 뿌리를 내리듯이 삶을 단단하게 다져 나가고 있는 중"이라고 관조하게 된다. 이러한 공존의식은 〈감태와 매생이〉에서도 나타난다. 김 양식장 시절에 잡초같이 천대받던 감태와 매생이가 오늘날 명성이 역전되면서 갯벌에서 함께 살아간다.

늦깎이에게 애정을 표현한 〈꽃의 시간〉에도 주목할 필요가 있다. 빅토리아연꽃은 백련과 홍련이 지고 난 가을에 뒤늦게 피어난다. 그것도 한밤중에 개화하여 삼 일 만에 져버린다는 귀한 "빅토리아연꽃 대관식"에 참석하러 화자는 직접 발품을 팔아 연지에 당도한다.

> 연분홍으로 천천히 물들어간다. 워낙 기온이 낮은 탓에 짙은 붉은색은 포기했는지 꽃잎이 지쳐 보인다. 그 시간도 여름의 꽃들보다 더 걸린다며 두 달 동안 큰가시연꽃을 지켜보던 이가 귀띔해준다. 꽃의 계절을 놓치고 남들보다 뒤늦게 피워 올린 심정이 오죽할까. 우리네 생도 그럴 때가 있다. 다른 사람들보다 앞서가는 이는 항상 주목을 받는다. 그러나 보통의 삶은 제시간에 맞춰 피우기도 버겁다. 개중에는 다른 이들이 지나간 후에야 뒤늦게 시작하는 이들도 있다.

연꽃의 늦 개화처럼 세상살이에도 한 박자 타이밍이 느린 사람들이 있다. 천여 번의 세일즈 시도 끝에 창업에 성공한 켄터키 창업자, 환갑을 넘긴 나이에 시니어 모델에 도전한 노신사, 열세 번의 낙방 끝에 가까스로 운전면허증을 손에 넣은 육순의 친정엄마 등. 수많은 실패와 좌절에도 결코 포기하지 않는 끈기의 이미지를 연꽃에 비유해내었다. 물론 그들 옆에 묵묵히 손잡아준 조력자들의 치하도 잊지 않았다.

아울러 〈천지, 열리다〉에서는 천지를 보는 법을 전복시킨다. 먹구름이 사방을 덮은 천지 앞에서 절망하기보다 "온전히 드러낸 모습만 보고 돌아간다면 백두산을 절반밖에 보지 않는 것이리라. 구름과 비바람에 잠긴 풍경까지 보아야 제대로 천지를 보았다고 할 것"이라는 개안을 터득해 냄으로써 자연에 대한 성찰의 총체를 이루어낸다. 이러한 이미지 도입은 불가능한 것에 대한 가능성을 찾고 긍정적 자기 인식을 꿈꾸고자 하는 성실한 작가 정신이 획득한 결과라고 하겠다.

닫으며

오늘날 우리는 새로운 테크놀로지의 시대에 살고 있다. 클릭 한 번만으로 한 아이콘에서 다른 아이콘으로 이동하면서 즉시 시공을 뛰어넘을 수 있다. 그 결과 인간은 존재하지 않는 세계에 대한 상상과 가상 체험도 가능해졌다. 그러나 삶이란 근본적으로 정답이 없으며 끝없이 탐구하고 갱신하여도 만물의 이치를 터득하는 일은 불가능하다. 그럼에도 불구하고 대상을 이해하고 순응하며 본질을 밝혀내는 일, 그것이 진정한 수필작가의 임무이며 역할이다.

이러한 현시대에서 김희숙은 직접 발로 뛰어 소재를 잡고 주제를 생각하여 수필의 그물을 짠다. 본질에 대한 치열한 천착으로 부단한 자기 갱신의 길을 걷는 작가이다. 그 성실한 분투가 사람다운 삶을 살게 하고 또한 작가다운 작품을 쓰게 하므로 마침내 ≪쪽항아리≫라는 첫 수필집을 탄생시켰다. 그 열정이 오롯이 독자에게 전달되길 기대한다.

| 대표 작품 |
쪽항아리

김희숙

    그가 움직인다. 손짓춤에 살결 같은 무명천이 내려서고 조리질에 참깨 올라오듯 누런 진흙물이 일어난다. 토닥거리며 매만지고 빠른 장단으로 휘몰아치니 항아리 안에 울돌목 회오리바람이 인다. 강바닥이 뒤집힌 듯한 너울에 정신이 혼미하다. 토해낸 물거품이 모여 수런거린다. 그가 젖은 천을 치켜들고 훑어 내리자 하늘 한 조각 떼어온 양 푸른 쪽물이 주르륵 쏟아진다.
    흙을 빚어 태어났다. 잘록한 목선 타고 흘러내린 허리는 어린아이 두어 명을 거뜬히 품을 정도로 넉넉하고 진한 흑갈색 겉옷엔 빗금 몇 개 그어 멋을 부렸다. 풍만한 맵시는 미스 항아리 대회라도 나섰더라면 등위 안에 당당히 들었을 것이다. 닥치는 대로 녹여버릴 듯 맹렬히 타오르는 불길 속에서 살이 타들어 가는 뜨거움을 견딜 때는 어느 종갓집 볕 드는 마당 가라도 놓이려나 기대했다. 구수한 향내 깊은 간장을 우려내 가문의 장맛을 늠름하게 지켜내겠노라 호기로움도 가졌고, 윤기 흐르는 햅쌀 담아 굳건히 좀벌레 막아내어 세상사에 지친 사람들에게 밥심을 세워주어야지 다짐도 했다. 동기간인 백자는 거실 문갑에서 거만하게 우쭐거리고, 앙증맞은 꿀단지는 조신하게 벽장에 머물고, 덩치 큰 장독이 고방 안쪽에서 어른 노릇할 때도 하릴없는 처지에 간질거리는 풀벌레 벗 삼아 기다림의 시간도 길었다.

부풀었던 단꿈은 별안간 흙 속에 묻혔다. 어디까지가 위인지 얼마만큼 깊은지 내비칠 수도 없이 땅과 하나가 되었다. 용암을 쏟아낸 분화구마냥 두툼한 입만 허공을 향해 벙그레 벌려둔 채 둥근 가장자리엔 푸르스름한 분칠이 덕지덕지 엉겼다. 집 안에 있는 줄도 모르고 무심한 발자국들만 지나친다. 땅으로 들어온 지 어언 십여 년이다. 흘러간 세월이 가뭇하다.

천연염색 장인을 만나 쪽항아리라는 이름 하나 얻었다. 간장항아리는 햇살 좋은 봄날에 겨우내 살려낸 메주 띄워 한 해를 시작하고, 소금항아리는 사시사철 입맛 돋울 바다 알갱이를 받아들인다. 오지항아리는 콩이며 들깨를 갈무리하고 김칫독은 차곡차곡 버무려 둔 배추와 무를 익혀 밥상 차림을 돕는다. 장방에 늘어선 항아리들이 떨어지는 빗줄기 장단 삼고 정화수 아래 기도 올릴 때도 마당 가 한켠에 따로 자리했다. 먹을거리를 담아내지 못하니 그들과의 비교는 안중에 두지 않는다. 그저 몽글몽글 쪽꽃 피우는 일에만 열중한다.

그의 쪽 염료인 니람을 품는다. 식성은 좀 유별나서 조개껍질 빻아 콩대 태운 잿가루를 섞어 배를 채운다. 쪽대 우려낸 물을 마시면 혀끝이 알알해온다. 소화시키기에 제격인 걸쭉한 막걸리는 그가 건네는 합환주다. 고무래질까지 해주면 쿰쿰한 트림내가 사방으로 진동한다. 새파래진 쪽물 위로 햇볕에 그을린 그의 얼굴이 안겨 온다.

그가 쪽풀에서 잎사귀만 뜯어 문지른다. 팔의 솟은 힘줄이 터질 듯 부풀어 오르지만 쉬지 않고 짓이긴다. 땀방울이 비처럼 내리는데도 멈추질 않는다. 초록 물이 데워지기 전에 잽싸게 천을 물들여야 투명한 빛깔을 얻는다. 생 쪽물에서 건져 올린 옥빛이 싱싱하다. 등줄기 타고 기어오르던 더위를 끄집어 내리는 옥색이 갓 잡은 생선회 맛이라면 오랫동안 우려낸 쪽빛은 맛 들이면 또다시 찾게 되는 잘 삭힌 홍어 맛이다. 쪽은 간들바람 재료 삼아 뙤약볕 소를 넣어 버무린 후 긴 시간 공들여 발효시켜야 남색 쪽발을 세운다. 깊이 품은 색을 드러내면 처음엔 쑥빛이 보였다가 씨앗 뿌리내린 땅빛도 잠시 스치고 새순 틔운 봄날 연두도 설핏 내비친다. 어둡게 드리우던 먹구름은 날름 감추고 이슬에 반짝이던 청록 아침을 어렴풋이 그려내더니 마침내 높은 하늘이었다가 깊은 바다색을 펼쳐낸다.

복닥거리기만 하면 썩는다. 그가 천을 물들일 때 말고는 찾는 이조차 없어도 흙 속을 헤집는 지렁이 집 지붕도 되어주고 어쩌다 날아드는 잠자리에게 바깥소식 들으며 세월을 견딘다. 새끼 품은 어미처럼 지켜야 할 것이 있는 자는 강해야 한다. 찬 겨울에는 어떻게든 한 줌의 온기라도 끌어당겨 얼지 않도록 둘러싸고, 장맛비 거센 물길 따라 흐르려는 흙무지는 힘껏 움켜쥐어 버틴다. 죽은 색을 품었을 때는 그와 함께 보듬고 울었다. 실타래 풀듯 맺혔다 풀렸다 가는 길이다. 편리한 플라스틱 고무통은 결코 품어내지 못하는 색이다. 도도한 빛깔이 까탈이라도 부리면 녹색 문은 쉽게 열리지 않는다. 홀로의 시간을 가라앉혀야 물색이 익는다.

떠나보내는 것이 숙명이다. 물들지 않은 백색 천을 애지중지 쪽빛으로 단장시킨다. 넘실대던 가슴속이 거북등처럼 굳어간다 한들 다 내어주어도 아깝지 않다. 행여 물빛이 탁해 순순한 결에 얼룩이라도 질까 봐 노심초사다. 세상과 맞닥뜨려 제 빛깔을 내지 못할 때는 그가 몇 번이고 제 자리에서 지켜준다. 돌아보지 않는다 해도 누군가의 옷자락이 되어 근근이 살아가길 바랄 뿐이다.

잊혔던 쪽빛을 되살려내자 찾는 이들이 늘었다. 배우겠다며 들어서고 쪽물 들이기 체험을 위해 줄을 선다. 종종대는 그의 발걸음 따라 쪽물이 너울거린다. 그의 심장이 뛸수록 항아리 안도 덩달아 뜨거워진다. 흙에 묻힌 형편이라 드러나지 않아도 그림자인 삶도 괜찮다. 보이지 않는다고 중요하지 않은 것이 아니다. 알아주는 이 없어도 세상의 모퉁이에서 묵묵히 자신의 일을 해내는 이들이 더 많다는 걸 안다. 쪽물을 껴안아 보살피는 일이면 족하다. 주어진 몫의 생을 누린다.

그가 돌아온다. 손에 쪽빛 천이 들렸다. 두 다리로 감싸 안더니 천천히 어루만진다. 왼손이 부드럽게 내려가고 오른손이 후렴처럼 따른다. 가다듬는 손길에 마음이 씻기고 머릿속이 맑아진다. 출렁거리는 가슴은 쉽사리 진정되지 않는다. 리듬을 타며 온몸을 내맡긴다. 그늘 드리우던 차양 끝은 여전히 살랑거리고 풀잎 부딪치는 소리조차 들리지 않는다. 파랑에 초록이 더해진다. 그의 등 근육이 성난 짐승처럼 우르릉거린다. 마른하늘에 천둥이 번뜩이고 항아리 안으로 걷잡을 수 없는 폭풍우가 몰아친다. 희열의 파열음을 뱉으며 드디어 쪽빛 문이 열린다. 그의 손톱에도 먹구름 같은 검은 물이 든다. 건너편 장독대 항아리들은 한여름 열기를 모르는 척 돌아앉았다.

    다시 하늘이 푸르다. 그가 걸음을 옮길 때마다 빨랫줄에 무명천이 걸리며 빈 하늘이 메워진다. 한들거리는 바지랑대를 쳐다보다 아득한 잠에 빠져든다. 한낮의 긴 꿈을 꾼다.

02
수필의 비평적 서사전략
- 나윤옥 비평집 ≪작은 눈으로 읽는 서사 수필≫

1. '비평적 에세이'를 받들면서

　책 읽기는 언제나 '서문'으로 시작된다. 나윤옥의 비평집 서문에서 유독 눈길이 머문 곳은 '비평적 에세이'라는 글귀이다. 오늘날 출간되는 많은 수필 비평서에 '문학평론집'이나 '수필비평집' 등의 부제가 붙은 것과 달리 '비평적 에세이'라고 칭한 까닭은 무엇인가. 아마도 대상을 분석하고 해석하여 일정한 준거에 따라 가치 평가하는 학술적 혹은 학문적 비평의 부담에서 벗어나, '자기이해'라는 성찰적 사고를 수반한 에세이적 측면을 강조한 까닭이라 여겨진다. 따라서 화자는 텍스트에 대한 다양한 맥락에서 주관적 평가와 분석적 사고로 접근했음을 "얕고 좁은 내 작은 눈으로 이야기 구조를 가진 몇 편의 수필을 읽고 그에 대한 감상을 썼다."라는 겸손한 언술로 대변하고 있다.

'비평'을 한다는 것은 복합적 사고의 작용을 필요로 한다. 퍼브스와 리페르Purves & Rippere가 주창했듯이 작품에 대한 몰입 상태를 거쳐, 평자의 지각과 작품의 의미나 의의에 대한 해석이 이루어지면 구체적인 평가로 진술하게 된다. 나아가 결과물인 비평문 그것 또한 하나의 미적 가치가 있는 작품이 되는 것이다. 왜냐하면 비평도 해설과 평가를 포함한 평자의 독립된 언어 표현이기 때문이다.

이러한 가치 평가 작업은 무엇보다 창조적 읽기가 우선되어야 한다. 나윤옥이 "매우 매력적인 수필비평"을 강조하며 집중 탐색한 부분은 '서사 수필'이다. 이미 ≪작은 눈으로 읽는 서사 수필≫이라는 표제에도 함의가 되었으며, 책의 대부분 자료 텍스트가 '수필 서사 탐색'과 연결되어 있다. 그것은 그동안 수필잡지에 연재하였던 '수필 속 이야기를 찾아서'를 묶은 것이기도 하고, 유한근 평론가의 추천사에서 언급한 "서사 수필을 주로 쓰는 작가에게나 문화콘텐츠 측면에서 스토리를 탐색하는 분들에게 참고되는 비평집"이라는 해석에서 더욱 두드러진다. 그 점에서 구성미학의 독법과 슬픔의 알레고리를 엮은 몇 편의 대표작을 위주로 화자의 서사전략을 이해하려 한다.

2. 구성미학의 탐색

나윤옥은 인간의 이야기에 주목한다. 화자의 표현대로 서사라는 것은 "장력張力을 가진 중요한 힘"을 지녔기 때문이다. 이러한 인간의 '이야기하기'에 대한 관심은 학자들에게도 중요하게 다루어지는 개념이다. 리쾨르는 인간 경험의 시간은 곧 '이야기된 시간'이어야 함을 지적했으며, 매킨타이어 역시 '우리는 서사에 의해 우리 자신의 삶을 이해하고, 우리의 삶을 모두 서사로 산다.'는 점을 강조하였다. 특히 노에 게이치가 쓴 ≪이야기의 철학≫에서는 인간은 이야기하려는 욕망에 사로잡힌 존재로 규명하면서 '이야기하기'의 행위가 멈추지 않는 한 역사의 종언도 있을 수 없다는 흔대 명제를 제시하였다. 그러므로 수필문학에서의 '쓰다'라는 행위는 축적된 '상기'를 언어행위로써 재구성한 서사물이며, 텍스트의 의미를 재해석한 비평문 역시 독자적인 목소리를 내는 평자의 내러티브이다.

그러면 나윤옥의 시선을 잡은 매력적인 수필서사는 어떤 작품인지 톺아보기로 한다. 먼저 화자는 이야기의 구성 미학이 독자의 흥미를 끈다는 견해이다. 서사는 사람이 사물과 상황을 인식하는 중요한 수단이 된다. 함축과 응축의 기법이 시에서만 통용되는 것이 아니라는 것을 김서령의 〈약산은 없다〉와 권혜민의 〈그 남자가 돌아왔다〉를 통해 증명한다. 전자의 구성은 백석의 시를 읽고 시 속의 음식을 떠올리다가 과거의 '지각적 현재'를 '해석학적 재구성'으로써 서술한다. 그리고 결미에 다시 현실로 돌아와 자신의 삶을 자각하는 구조이다. 이 작품이 소설이 아님에도 세밀할 정도로 상세히 상기한 과거 회상1, 2, 3을 수직 수평 구조로 병치한 점을 짚어냄은 물론, 작중인물들 간의 따뜻한 인간애를 포착한 평자의 예리한 안목도 엿볼 수 있는 부분이다.

〈그 남자가 돌아왔다〉에서는 반전의 미학을 구현해낸다. 이야기 구조는 평면적이다. 도시에서 은퇴한 남편과 함께 섬마을로 낙향하여 펜션을 운영하는 작가의 삶은 무료하다. 그러던 어느 날, 낯선 텐트 속 주인에게 환상을 품게 되면서 희망과 위로를 갖게 된다. 일면식도 없는 그가 화가일지도 혹은 철학자일지도 모른다는 묘한 기대와 망상으로 힘들었던 계절을 견뎌냈지만, 남자의 정체가 노숙자로 밝혀짐으로써 허상은 속절없이 무너지고 만다. 이러한 반전은 진실과 허구, 기쁨과 슬픔, 현실과 상상 사이를 오가며 독자의 긴장감을 강화시키고 서사의 몰입과 재미를 제공한다. 반전이 아리스토텔레스의 ≪시학≫ 중 '발견'과 '돌변'에서 기인되었다고 보듯이, '돌변'이 단숨에 발생하는 것이 아니라 형식적으로도 개연성을 갖추어야 한다. 그 점을 나윤옥은 간과하지 않고 "작가는 영리하게도 여러 이야기 요소를 끌어다 놓고 거기에 화자의 심리를 잘 부합했다."라며 복선의 논리 관계가 내재되어 있음을 암시해내었다. 이러한 반전효과는 고정된 프레임을 해제시키고 의식의 유연성으로 확장하는 발전을 기대할 수 있다.

3. 서사전략의 돌출

수필의 이야기 구조에서 자주 등장하는 서사의 주체로 '슬픔'을 배제할 수 없다. 더군다나 체험을 구조화한 일인칭 화자의 서술기법인 수필문학에서 '나'의 슬픔을 털어놓고 대면함으로써 자가치유적인 힘이 발휘되는 것은 당연한 일이다. 슬픔을 통찰하게 되면 인간의 숙명과 허무를 넘어 새로운 시각으로 세계를 볼 수 있는 의지를 세울 수가 있다. 그러므로 나윤옥 역시 작가들의 트라우마와 내재적 감정을 탐구하여 슬픔의 원서사를 되찾고 의미 파악에 주력한다.

한복용의 〈경주〉를 통해서는 슬픔을 극복하려는 의지를 발견한다. 화자는 15년 전 훌쩍 떠났던 낯선 땅 경주를 기억한다. 인생에 있어서 시간이 딱 멈춘 듯한 한 시절이 있었다. 가족들의 불행, 자신의 투병기, 자식의 사고가 생을 관통하면서 화자는 "공동空洞처럼 블랭크 같은 시간"이었다고 고백한다. 갑자기 닥쳐오는 슬픔은 인간의 사고와 의식을 해체하고 판단을 교란시킨다. 도저히 해결할 수 없는 슬픔과 직면하게 되면 격정적인 감정의 비애로 객관적인 감각의 분별마저 어렵다. 그 백지 같은 시간을 오롯이 견딘 후에야 작가는 수필로 풀어놓고, 평자는 그 "애처롭고 외로웠던" 서사의 시간들을 다독인다. 그리하여 "견디는 것"을 인식하게 만드는 것이 수필문학이라는 점을 규명하였다.

또 흥미로운 점은 1937년 조광 6월호에 발표된 이상의 수필 〈슬픈 이야기〉를 분석했다는 것이다. 이상의 짧은 생애와 불행한 삶을 환기시킬 때 그의 심경이 그려지는 듯한, 여인과의 두 주일간의 여행 기간 동안 자살을 결행하는 내용이 담긴 —물론 화자가 자살을 포기하게 되지만— 서간체 수필이다. 경제적으로도 무능했던 이상의 "어떻게 하면 돈을 버나요."라는 비애감과 동반자살을 망설이던 여인의 "그렇게 해서라도 꼭 죽어야 되나요."라는 언어의 기표를 통해서 이상의 육체적, 정신적인 결핍과 슬픔은 여실히 드러난다. 이에 나윤옥은 불우한 가족사와 식민지라는 불행한 시대상을 반영하여 낙담할 수밖에 없는 인간 이상을 포착해낸다. 삶의 불확실함에서 오는 불안감과 흔들리는 자아정체감으로 고립감에 빠진 한 젊은이를 응시하며, 그의 수필을 일러 "시대의 혈서"를 썼다는 김기림의 말에 동조하게 되는 것이다.

맹난자의 서사에 이르러서는 슬픔의 극지점인 죽음의식에 대해 탐구한다. 맹난자에게 죽음은 정신적 트라우마로 작용한다. 전쟁통에는 산골 뒷방에서 다섯 살짜리 여동생의 시신을 목격하고, 사춘기에는 세 살 터울의 장남인 남동생을 잃는다. 그리고 7년 후, 어머니가 홀로 빈집에서 죽음을 맞고 훗날 아버지 역시 장남이 죽은 10월에 세상을 떠난다. 그러한 불행을 맹난자 작가는 문학의 원천으로 삼고 끝없이 삶과 죽음의 근원에 몰두한다. 그 결과 '무'와 '유'는 상통하며 생성과 소멸 또한 맞물려 있음을 알고 "행행본처行行本處, 지지발처至至發處"의 해답을 얻게 된다. 그러므로 나윤옥은 맹난자를 일러 "그가 살아온 삶과 그가 구현한 문학세계는 깊은 빛으로 광휘롭다."고 구현해내는 것이다.

4. 이야기의 복권, 서사의 귀환

수필의 본질은 산문문학에서 비롯되었지만 타 장르에 비해 개념설정이 완벽한 문학이론으로 정착되지는 않았다. 더군다나 서정성과 서사성에 있어서는 평자마다 입장 차이가 있으며 정확하게 구분하여 정립하기도 어렵다. 다만 작품의 특성상 현실에 관한 태도나 입장이 주관적 속성을 많이 드러내었다면 '서정적 수필', 이야기를 독자에게 들려주는 방식으로 서술했다면 '서사적 수필'로 명명하는 실정이다. 그러므로 내적 독백과 의식의 흐름으로 서정성을 강조하든, 경험의 이야기로 직조한 서사성을 강조하든, 그것은 모두 작가의 개성적 창작기술 방법일 뿐이다.

그러나 수필이라는 장르는 체험적 소재를 전제로 재구성하여 의미를 포착해내는 문학이므로 서사의 형식을 간과하지 않을 수 없다. 다만 얼마나 설득력 있게 구현해내는가에 의미를 둔다면, 작가와 평자 모두 서사전략의 확장과 변주를 고민하고 연구할 책무가 있다. 아울러 수필이 "서사 형식에 의해 구체화될 때는 역사적, 사회적 의미를 획득할 수 있다."는 신재기의 언술에도 주목할 필요가 있다. 그런 의미에서 나윤옥이 서사적 수필을 집중 탐색하여 '비평적 에세이'로 구현해낸 점은 주목을 끌기에 충분하다.

| 대표 작품 |

경주慶州

한복용

    나는 민들레홀씨처럼 어느 날 경주 땅에 떨어졌다. 아는 사람도 없고 연고도 없는 곳이었다. 가방에는 몇 가지의 옷과 세면도구가 들어 있을 뿐. 택시를 타고 무작정 보문단지로 가자고 했다. 차가 출발하자 피로와 함께 며칠째 설친 잠이 일시에 몰려왔다.
    H호텔에서 사흘을 묵었다. 커튼을 닫고 꼬박 이틀을 내리 잠만 잤다. 물 마시러 일어났다가 무심코 객실 커튼을 열었을 때, 구름 같은 벚꽃이 한창이었다. 아무렇게나 풀어헤친 머리를 질끈 묶고 밖으로 나가 보문호를 따라 천천히 걸었다. 바람이 불었다. 벤치에 앉아 나와 상관없는 사람들의 웃음소리를 들었다. 행복해보였다. 그들을 따라 해보지만 어색한 꼴이 되고 말았다.
    다음 날 경주역으로 갔다. 그곳에서 자전거를 빌려 타고 불국사에 가볼 참이었다. 그런데 무엇엔가 끌려 보리사 쪽으로 꺾어 들어갔다. 고즈넉한 저녁 풍경이 아름다웠던 동네, 그곳에 나는 터를 잡았다. 대문을 들어서면 오른쪽으로 큰 감나무가 서 있고, 왼쪽에는 허름한 외양간이 있었다. 작은 마당을 통해야 마루에 닿을 수 있는데, 그 집은 방이 두 개이고 주방은 재래식이었다.
 나는 그 집이 마음에 들었다. 부엌과 연결된 안방에는 앙증맞은 다락이 있었다. 다락에 떡을 사다 놓기도 하고 과일을 넣어두기도 했다. 주로 안방과 연결된 작은방에서 잠을 자거나 책을 보거나 일기를 썼다. 일부러 고른 집이 아니었는데도 나는 그 집에서 삶의 기운을 받았다. 편안했다. 그 집에 있으면 모든 것이 정지된 듯 고요했다. 전화기도 없고 텔레비전도 라디오도 없었다. 어떤 날은 자다가 내 숨소리에 놀랄 때도 있었다.
 하릴없는 나는 주인 없는 강아지처럼 자전거로 경주 시내를 돌아다녔다. 다행히 돌아올 곳이 있었다. 얼굴이 벌게지도록 자전거를 타다 돌아오면 다리도 풀리고 몸도 녹아내렸다. 스르르 초저녁 잠에 빠진 어느 날, 천둥 치는 소리에 화들짝 잠에서 깼다. 밖은 비가 내리고 있었다. 문을 열었다. 빗물이 방안으로 들이쳤다. 젖은 마당에 땡감이 하나 둘 떨어지고 있었다. 다음날은 쾌청했다. 등 뒤로 기분 좋은 햇살을 받으며 페달을 밟았다. 석굴암 쪽으로 향했다. 잠시 걸음을 멈추고 마른 목을 축였다. 상쾌한 바람, 눈 아래 펼쳐진 웅장한 자연 앞에 사람은 얼마나 왜소한 존재인가. 그때 골방에서 울던 어릴 적 내 모습이 떠올랐다.
 대학 입시가 끝나고 하루 사이에 불어 닥친 집안의 불행은 나를 절망케 했다. 출산한 지 얼마 안 된 둘째올케가 경운기 사고로 한쪽 다리를 절게 되었다. 여동생을 만나고 돌아가는 사돈을 막내오빠가 오토바이로 모셔다드리겠다고 함께 타고 가다가 한겨울 모래적설장을 들이받았다. 사돈은 수 차례 성형수술로 전혀 다른 얼굴이 되었고, 막내오빠는 두 번의 뇌수술로 생사를 오갔다. 큰오빠와 둘째오빠는 많은 땅을 헐값에 내놓아야 했다. 그 후 서울에서 셋째 언니가 상의도 없이 간호학원에 접수를 해 놓고 나를 불렀다. 강동구의 어느 병원 응급실에서 일하던 나는 결핵에 감염되었다. 약물치료와 왼쪽 쇄골 임파선 수술로 20대의 대부분을 병원을 오가며 보냈다. 하는 일도 없이 엄마한테 용돈을 받아 썼다. 서른다섯 살쯤 되었을 때, 동생은 내게 가시 돋친 말을 던졌다. 언제까지 엄마 등골을 빼 먹을 거냐고, 나 때문에 그동안 자신이 포기한 일들이 얼마나 많았는지 알고는 있느냐며 울먹였다. 온몸이 굳어져 나는 어떤 말도 할 수 없었다. 혼자서는 아무것도 할 수 없는 내가 벌레로 보였다. 병病 뒤에 숨은 나 자신이 너무도 비겁해 보였다. 휴지처럼 구겨서 아무 데고 나를 버리고 싶었다.

어떻게 살아야 할까? 산다는 것은 무엇인가? 나는 무엇이 되어야만 하는가? 백지처럼 머릿속이 온통 하얘졌다. 임어당은 목적이나 의미가 인생에서 반드시 존재해야 하는 것은 아니라고 말했다. 큰딸이 결혼에 실패해 집으로 돌아와 자살을 했을 때도 "이 세상 인간에게 주어진 목숨은 오직 하나뿐, 그렇기 때문에 온갖 방법으로 그것을 누려야 한다."라고 말하지 않았던가. 나는 목숨을 생각했다. 삶은 의지가 없어도 호흡을 가능케 한다. '살아 있는 것만으로도 족하지 않은가'라던 어느 시인의 음성이 환청처럼 들려왔다.

보리사 스님이 가끔 마을로 내려와 나를 찾았다. 속세 나이로 본다면 나보다 많아야 열 살쯤 더 들어 보이는 스님은 목소리만 아니라면 남성으로 착각할 상이었다. 그분은 내게 장기를 두자고 했다.

한치 앞도 내다보지 못하는 나는 매번 장기에서 졌다. 지는 장기였지만 재미났다. 장기판에서 스님의 길을 읽어갈 때는 진지해졌다. 그분은 내게 힘들 때는 무작정 도망치려 하지 말고 그것 안에서 견디는 연습을 해보라고 권했다. 사는 것이 알고 보면 특별할 것도 없다면서 그냥 재미나게 살라고 했다. 나에 대한 모든 답은 내가 가지고 있다면서 당신 손바닥을 내 손등에 올리고 꾸욱 눌렀다. 그곳에서 나는 가을이 다 가기 전에 짐을 쌌다. 스님과는 어떻게 작별 인사를 나누었는지 기억나지 않는다. 우리는 더 이상 만나지 못했다.

나는 아직 경주를 쉽게 말하지 못하고 살아왔다. 애써 기억하려고도 하지 않았다. 돌아보면 내 안의 어떤 가슴의 공동空洞처럼 블랭크 같은 시간이었다. 그곳에서 내가 한 일은 아무것도 없었다. 책을 읽었지만 기억에 없고, 그곳 사람들과 사귀었지만 떠나오면서 그만이었다. 자전거로 달렸던 거리도 이젠 가물거린다. 경주에서의 나는, 그야말로 빈칸으로서의 존재였다.

15년이 더 지났다. 기억에 선명한 건 스님과 툇마루에 앉아 장기 두는 장면만 아득히 떠오를 뿐이다.

03
에르곤ergon과 파레르곤parergon
– 박영란의 ≪3시의 프레임≫ 들여다보기

1. 자기인식의 틀

　인간은 누구나 세상을 바라보는 자신만의 틀을 가지고 있다. 그러한 테두리는 자신이 속한 사회적 문화적 환경에서 경험으로 빚어진 결과물이다. 물론 외부 환경에 뿌리를 두지만 개인의 생각과 행동에 영향을 받게 되므로 지각을 통해 내면화된 자기인식의 틀이 생성된다. 그 틀을 한마디로 '프레임frame'이라고 부른다. 즉, 어떤 문제를 바라보는 관점, 사건을 해석하는 방식, 세상을 향한 마인드, 일련의 평가 기준이나 사실들에 대한 고정관념 등이 모두 프레임의 범주에 포함되는 것이다.
　프레임을 이해하는 맥락으로써 쟈크 데리다가 ≪회화에서의 진리≫에서 언급한 '에르곤ergon'과 '파레르곤parergon'을 간과하지 않을 수 없다. 그는 작품을 에르곤, 액자를 파레르곤[프레임]이라 부르면서 '파레르곤이 작품을 발생시킨다.'라는 흥미로운 논의를 전개했다. 예술이란 주변이 서로 넘나들면서 진술되는 것으로, 파레르곤이 작품의 외부에서만 존재하지 않으며 내부에 있는 것도 아닌 작품을 따라 움직인다고 파악했다.

그러므로 우리는 프레임 안에 있는 작품들만 중요하게 생각해왔음을 상기하면서, 틀을 통해 작품을 바라볼 때 주목해야 할 부분이 프레임의 바깥이라는 점을 자각해야 한다. 이 점을 중심으로 박영란의 ≪3시의 프레임≫에 나타난 작품들이 경계의 안과 밖이라는 이분법을 어떻게 해체하였는지 '여행'과 '독서'와 '사진'이라는 프레임을 통해 살펴보고자 한다.

2. 여행의 프레임

여행은 익숙한 삶을 벗어나 낯선 세계로 들어서고 다시 되돌아오기까지의 과정이다. 그것은 인류가 정착을 시작하기 전 수만 년을 떠돌아다니던 유목이나 단순히 배회를 일삼는 유랑이 아니다. 움직이면서 머무르고 머무르면서 움직이며 현대인들이 자아를 찾는 기회로 여기며 시도하고 또 도전한다. 특히 작가라면 본능처럼 떠나기를 꿈꾸는 자들이 대부분이다. 연암이 청나라에 다녀온 기록을 ≪열하일기≫로, 괴테가 그의 삶을 변화시킨 전환기적 평가서를 ≪이탈리아 기행≫으로, 오늘날 무라카미 하루키나 김훈과

김영하 등의 현대 작가들도 이상과 열정의 문장으로 여행기를 쏟아내는 까닭이 여기에 있다. 그러면 박영란의 여행은 단지 '떠남'에 대한 욕구로 분출된 것인가, 아니면 '집'이라는 프레임에서 벗어나고자 하는 욕망이 우선된 것일까.

화자는 평소 벼르기만 했던 장소, 여행의 마지막 도전이라 여기던 땅, 아득한 신비의 세계인 남미로의 여행기를 〈안데스의 여정〉에 담았다. 벅찬 대자연의 풍광을 펼친 도입부에서 "종국에는 무엇이었을까?"라는 냉혹한 물음을 배치함으로써 개인적 감흥이나 비경만을 기록하지 않겠다는 일침을 가하고 있다. 3번의 항공기를 갈아타고 24시간의 비행으로 "시차도 공간의 영역도 희미해져 버렸다."는 언술이 증명하듯, 잉카제국의 수도 쿠스코와 공중도시 마추픽추와 안데스산맥에 위치한 티티카카 호수와 우유니 소금 사막 등을 다니면서 "비현실적인 세계"를 체험했다고 서술한다. "수평선인지 지평선인지 하늘인지 땅인지 경계가 모호"한 세상을 접신하는 것으로, 안주하며 고정시켰던 삶의 끈과 생각의 경계를 느슨하게 풀어놓는다. 그 결과 잉카의 역사나 신화의 사실적 보고報告를 뛰어넘어 석벽의 숨소리에 귀 기울이고 폐허의 여백에서도 실체를 떠올리게 되는 것이다.

새로운 발견에 눈 뜨는 일도 여행의 묘미이다. 〈도시의 색을 읽다〉에서 존재의 실재성을 색으로 나타내고 공간의 회화성을 빛깔로 담아내었다. 스위스의 그린델발트 마을에서는 기차와 벤치와 케이블카와 인부들의 작업복과 종업원들의 앞치마를 통해 '빨강'이라는 코드를 찾았고, 모로코의 도시 쉐프샤우엔의 골목 계단과 집

집의 벽과 대문과 현지인들의 망토 색에서조차 '파랑'의 이미지를 읽었으니 개발과 발전이라는 명목으로 치솟는 한국의 회색 빌딩들을 떠올리지 않을 수 없다. 무의식과 낯익음에 갇혀 있었다면 당도할 수 없는 인식의 방법이다.

박영란에게 여행은 실존적 삶의 확장적 공간임을 의미한다. 〈그냥 내려다보기〉에서는 입국 심사를 통과했다고 해방이나 안심이 아니라 기상이변 등 '뜻밖의 일'이 상시 대기중이므로 시공간의 구획을 나누는 것은 불가함을 함축한다. 〈콜비츠와 독일〉에서 쇠창살 공간 속 피에타상을 언급하며 독일인의 역사적 트라우마를 발견하는 것도 같은 맥락이며, 〈미몽이었다〉와 〈홀로 가는 길〉의 죽음 여행도 생과 사, 꿈과 현실이 모두 한 프레임 속에서 연속성을 이루고 있으며, 〈사람들이 그립다〉를 통해 "네가 행복해야 내가 행복하고 네가 불행하면 나도 불행해질 수밖에" 없다는 범우주적 관계망을 제시하는 것도 진취적인 발견이 되었다.

3. 사진의 프레임

박영란의 이번 수필집 프로필에서 눈에 확 들어오는 구절이 있다면 "요즘은 사진과 논다."는 부분이다. 그녀가 수필 부문 신춘문예를 거치고 잡지 리포터를 역임하고 백두대간을 종주한 이력은 익숙했으나, 사진으로의 영역을 넓힌 부분은 생소하였기에 프레임의 서사에 더욱 주목하게 되었다.

사진은 과거의 시간 속에 묶여 있으면서 언제나 그 한계를 초월한다. 하나의 이미지가 어느 한 시점에 머물러 '정지된 순간'을 포착하는 것에 목적을 두었을지라도, 프레이밍은 매 순간 해체되고 전복되며 인식의 차원이 확장되면서 새로이 해석된다. 작가의 의도가 문자나 회화에서 구체적으로 개입한다면 사진이라는 창을 통해서는 은유와 축약으로 보여준다. 시각적 이미지가 언어적 메시지보다 훨씬 빠르고 쉽게 수용자에게 전달되지만, 사진의 상징은 추상적이고 모호할 수밖에 없다. 그러나 오히려 정형화되어 있지 않음으로써 재현의 이미지들을 파괴할 수 있는 강점을 갖는다. 그럼에도 불구하고 박영란이 사진이라는 작업을 거친 후 다시 문자의 프레임으로 환원시키는 까닭은 무엇인가.

〈찍지 못한 사진〉의 서사를 들여다본다. 비바람으로 세상이 봄꽃으로 뒤덮인 날에 벚꽃은 땅 위에 점묘화를 그리고, 화자는 그러한 꽃의 반란을 카메라에 옮겨 담는다. 그러나 자신의 방식으로는 비장하게 "비와 사투를 하며 온 천지를 난장판으로 만든 그 난감함"을 하나의 프레임 속으로 옮기지 못한다는 사실도 깨닫는다. 사진이란 사각의 윤곽 속에 순간의 극단을 담는 행위이므로 세계의 나머지 부분이 배제되는 것은 당연하다. 그것이 인간의 한계이기도 하지만 내재적 경계를 외재적 경계로 뒤집어놓을 수 있는 자도 인간이므로 결미의 '감흥 없음'도 문학적 장치라고 해석해두기로 한다. 다시 말해 제시하지 않은 장외공간의 잠재적인 현존까지 상기하게 되는 것도 사진이니까.

화자의 말대로 사진을 찍는다는 것은 "머물면서 바라보는 일"이다. 〈한 컷〉을 통해 여행지에서 풍경과 인물을 찍으면서 외형을 관찰하고 내면을 응시하며 심안으로 해석한다. 작가의 사진 작업은 일 년 동안 산복도로의 '계단'이라는 화두로 이어지는데 〈계단의 서사〉와 〈레몬 짜기〉에서 의미작용의 층위가 두드러진다. 피사체를 직시하는 눈을 가진다는 것은 그림자와 역광까지 염두에 두듯 사물의 목소리에 귀 기울이는 일이라는 것을 인지한다. 사진이란 형태가 아니라 표정을 담는 행위이며, 레몬의 마지막 한 방울까지 쥐어짜듯 혼신의 힘을 쏟아야 한다는 근본정신을 의식한다. 무엇보다 "찍기와 쓰기"의 작업이 각각 독립된 대립모순이 아니라 서로 의존적이며 서로의 바깥이자 동시에 일부임을 자각하게 된 것이다. 그러므로 프레임은 이미지의 틀이자 동시에 스토리의 틀로서 서사와 관념을 통합시킬 수 있는 이중성을 지니게 된다.

4. 읽기의 프레임

작가의 과업에서 '쓰기writing' 다음으로 과제가 주어졌다면 '읽기reading'가 될 것이다. '읽는다는 것'의 맥락은 텍스트를 통해 '무엇을 보는가?'라는 질문을 던지는 행위에서 시작된다. 이때 '본다'라는 의미는 시각적 프레임 속에 정렬된 문자의 틀에 균열을 만들고, 간극의 틈으로 진리의 발견과 정서적 반응까지 자리 잡는 과정이다. 이러한 성찰은 자율적 탐구이며 존재론적 소통으로써, 일회성 읽기로 종결되는 것이 아니라 정신을 각성시켜 진정한 참나를 대면하게 만든다. 그것은 '앎' 그 자체이며 주체와 객체와 실체도 없다. 그러니 책이라는 매개체를 통해 자신에게로 귀결하는 자는 겸손과 믿음과 용기를 얻는다.

그런 점에서 박영란은 누구보다도 "책이 사는 집, 도서관이 좋다."라는 언술을 내세운다. 읽기를 통해 사유하고 기록하며 기억하고자 한다. 표제작인 〈3시의 프레임〉 역시 페르난두 페소아의 ≪불안의 서≫를 텍스트로 삼는다. 페소아가 수많은 자아를 교차시켜 글을 썼듯이 화자 또한 오후 3시의 찬란한 빛과 그림자의 스펙트럼을 통해 세계를 재구성해낸다. 다만, 햇살 받은 그림자는 일련의 먼지에조차 굴복당하지만, 빛이 없는 물상은 그림자가 없고 그림자를 지니지 못한 공간은 관계망을 잃고 무덤덤하다. 그러니 화자가 설렘이 없다고 실토하는 일도 "아무런 겹침과 비침"이 없는 일상성을 동원한다. 역으로 그림자라는 프레임을 벗음으로써 물상은 더 환하고 세계는 더욱 명확해지는 사실을 획득한다.

세상의 모든 것이 공부라는 사실을 ≪공부란 무엇인가≫로 통찰하고, 인간에 대한 연민을 하루키의 ≪여자가 없는 남자≫에서 이해한다. 화자의 수필 〈공감, 당신이 옳다〉에서는 정신과 의사가 쓴 책을 읽으며 언젠가 아들이 직언한 "엄마는 절대 엄마의 경계를 넘지 못할 거"라는 말을 떠올린다. 이즈음에서는 그녀가 넘어야 할 프레임과 넘지 말아야 할 프레임을 구분하게 되는데, 그때의 사유는 반드시 틀을 필요로하는 아포리즘에 부딪히게 된다. 만약 틀에서 벗어나지 못한다면 어찌해야 하는가. 유일한 방법은 프레임 속에서 또 다른 프레임을 여는 것이다. 그래야만 "당신이 옳다."라는 언술과 기꺼이 동행할 수 있다.

그러므로 불자인 화자가 ≪대성당≫을 통해 종교의 경계를 지우고, 필립 로스의 ≪울분≫을 읽고 '귀환'의 의미를 되새긴다. 나아가 조선의 신여성 나혜석을 해석하고, 시베리아 포로수용소의 죽음 앞에서 인간의 존엄을 지키려 노력한 유제프 차프스키를 경외하며, 스승인 유병근 선생의 문학정신을 받드는 일도 '읽기'가 부재했다면 불가해하다. 결국 진정한 '읽기'는 상징화 밖의 외연 언어까지 도달해야 가능한 일이다.

5. 탈영토화의 암시

프레임은 세상을 바라보는 기준이 된다. 영화와 회화뿐만 아니라 문학에서의 프레임은 닫힘이자 열림인 이중적 속성을 가지므로 감추기와 보여주기를 생성하고, 내부와 외부를 구분 짓고 연결시킨다. 따라서 치환과 확장을 지향하며 의미의 층위를 생성하는 것도 프레임의 효과이다.

박영란이 ≪3시의 프레임≫에서 보여준 여행과 사진과 독서라는 화소도 각각 분절되지 않고 머무름과 떠남을 반복하며 장소와 장소를 이동시키고 과거와 현재를 순회한다. 화자의 수필은 단순한 여행지에서의 해프닝 기록이나 비경의 감탄이 아니라, 카메라가 담아내는 순간의 박제에 대한 서술도 아니며, 읽기를 통한 주관적 감상이나 얄팍한 설명 또한 아니다. 공간의 재발견을 보여주고 새로운 의미를 생성하며 결핍된 정신의 성찰을 일깨운다. 그 점에서 수필집 ≪3시의 프레임≫은 '프레임'이라는 기호를 통해 소통의 탈영토화를 암시해내었다.

| 대표 작품 |

도시의 색을 읽다

박영란

여행 중 '색'을 발견했다. 그것은 빨간색이었다. 객실의 소파와 객실에 비치된 연필, 쓰레기통, 기차, 케이블카, 인부들의 작업복, 벤치, 덧문 그리고 여기저기서 휘날리는 깃발, 심지어는 검정 유니폼을 입은 종업원들의 앞치마도 빨강이었다.

처음에는 무심코 펼쳐진 우연처럼 보였지만, 차츰 숨은 의도가 보였다. 많은 사물들이 '내 이름은 빨강'이라고 외치며 존재감을 드러내는 것처럼 보였다. 설산과 초록의 대자연 앞에 인간이 슬쩍 방점으로 점찍은 색이 저 빨강이지 않을까, 그런 생각이 스쳐갔다. 그런 시선과 여유가 생긴 것은 여행의 일정이 딱 반이 지나간 그린델발트에서였다.

오월의 알프스는 눈빛으로 눈부셨고 야생화는 햇살로 싱그러웠다. 전나무의 장대한 침엽수는 산과 도시를 수벽처럼 감싸고 그 안에는 끝없이 목초지가 펼쳐졌다. 빙하가 녹은 수많은 폭포와 거대한 호수들이 곳곳에 자리 잡고, 그 초지 위로 집들은 점점이 흩어져 아득하게 보였다. 이 깔끔하고 정연한 풍광이 어느 순간 식상해질 즘, 난 빨강을 발견했는지 모른다. 이 대자연에 인간이 덧칠할 수 있는 색이 빨강이었구나, 그런 생각이 들자 숨은 그림 찾듯 난 빨강을 찾아내었다. 구석에 있는 쓰레기통, 화장실의 세면기, 머그잔… 이들의 색은 마치 암호처럼 보였다. 그것을 읽어내는 자만이 느끼는 상호 간의 즐거운 코드랄까. 빨강은 그렇게 불쑥불쑥 나의 눈을 찔렀다.

굉장한 시각적 효과였다. 그건 자연과 색이 만나는 조화였다. 동시에 자연의 질서를 슬쩍 깨고 싶어 하는 도발이었다. 설산의 단조로움을 자극하고 활력을 주고자 한 세련된 노력이자, 한편으로는 자연의 위험을 경고하는 듯한 메시지를 담고 있었다. 마치 빨강 신호등처럼. 내가 스위스 시청에 묻고 조사해 보지는 않았지만, 분명한 건 '빨강'으로 도시의 정체성을 만들고자 한 결의가 보였다. 사방천지가 하양과 초록으로 뒤덮인 자연환경에 인간이 선택한 색은 노랑도 파랑도 아닌 빨강이었다. 무겁고 침묵하는 자연에 대적할 수 있는 색, 빨강은 즐겁고 쾌활하였다. 산악도시의 위엄을 깨고 경쾌하였다.

한 도시의 이미지는 이렇게 만들어지고 만들어지리라는 생각을 하면서 여행을 했다. 때론 낯선 도시에서 순간적으로 포착되는 이미지가 그 도시의 특별한 인상으로 남았다.

스위스에서 내가 빨강을 찾아내었다면, 모로코의 쉐프샤우엔은 파랑을 보여주었다. 사막의 무채색 공간에서 만난 그 강렬한 색은 모든 벽과 대문, 심지어는 골목의 계단까지 온통 푸른색으로 칠해져 있었다. 푸른색의 스펙트럼 같았던 공간은 마치 동화 나라처럼 신비로웠다. 추위와 관습에 의해 긴 망토를 머리에서부터 뒤집어 쓰고 지나가는 현지인들은 항상 푸른색과 겹치면서 몽환적이었다. 그들이 이방이었는지, 내가 이방인이었는지 짙은 블루 안에서는 고양이까지 현실감이 없는 독특한 느낌이었다. 여기에서는 궁핍한 삶도 세상의 고민도 다 파란색으로 통일되어버린 듯한, 느긋하고 평화로워 보였다. 골목 사이를 누비는 아이들을 보면서 저들의 영혼에는 파란색이 찰랑일 것 같았고, 다음 생애에 나는 이곳 쉐프샤우엔에서 태어나 사진 찍는 사람으로 살았으면 좋겠다는 꿈을 안겨주던 곳. 그래서일까 쉐프샤우엔은 먼 나라에서 온 사람들이 꿈속을 유영하는 듯 넘쳐났다. 거리의 형형색색의 옷은 마치 파란 캔버스에 찍힌 점박이들처럼 보였다.

도시가 선택한 색, 그건 절대 자연발생적이지는 않을 것이다. 쉐프샤우엔 역시 오래전 스페인에 살았던 무어인과 유대인이 그곳에서 쫓겨나 고향의 하늘과 바다를 그리워하면서 이 도시를 파랗게 물들였다. 과거 스위스는 남자들을 유럽의 용병으로 보냈다. 교황을 지키고 전쟁을 대신해 주고 얻은 피의 대가로 나라를 건사하였다. 스위스 국기의 붉은색은 이 나라만의 의미심장함을 상징하고 있으리라. 물론 나라마다 토양과 풍토에 맞는 색도 있지만, 거기에는 오랜 문화와 역사를 간직한 그 나라만의 감각이 녹아 있다. 꼭 화려한 색이 아니어도 유럽의 오래된 석조 건물은 회백색 단조로움과 무게감으로 사람을 압도하지 않는가.

과연 우리에게는 도시를 상징하는 색이 있을까. 우린 색이 아니라 높이이지 않을까. 개발되고 사라지는 그 공간에 들어차는 빌딩들, 치솟은 높이와 똑같은 형태의 아파트군群. 그 모습에 우리 스스로도 압도당한다. 어딜 봐도 시선이 잘리고 갑갑하다. 색은커녕 '이제 그만' 하고 비명을 지르고 싶다. 콘크리트 숲에 살면서 우린 회색 인간이 되어가는 듯하다.

우린 언제쯤 도시의 미관이 색채로 아름다워질 수 있을까. 버스 정류장, 벤치, 가로등, 휴지통… 길 위의 이런 소소한 것들이 참신한 색으로 얼굴을 내밀 때, 이 삭막한 도시를 걷는 나는 그 색으로 소통하는 즐거움이 있을 텐데, 울트라마린까진 꿈꾸지 않아도.

04
화법으로 그려낸 노병의 노래
– 백성태의 ≪어젯날의 일기≫ 거듭 읽기

평문을 열며

　백성태 작가의 이력은 남다르다. 경남 고성군 상리면 부포리 수원백씨 문중의 종손 의무를 수행하며, 파월 해병장병으로서 전사戰士의 족적을 지녔다. 나아가 군무원과 자영업을 거쳐 열사의 땅 사우디아라비아에 3년간 근무한 경력과 함께 귀국 후 부산컨테이너 부두운영공사에 입사하여 사보社報 '자성대' 편집위원을 지냈다.
　퇴직 후 그의 삶은 더욱 다채로워졌다. 서문에서 "인생 2막은 시와 수필로 내 정신을 푸르디푸르게 적시고 색소폰의 선율로 오감을 해갈하며 묵향에 취해 나만의 서체로 명필가이고 싶다."고 밝혔듯이 시와 수필로 등단하여 이미 시집 ≪기억의 저편≫(2017, 세종출판사)을 출간한 문인으로서의 길을 걷고 있다. 아울러 아코디언과 기타와 드럼을 배우고 색소폰을 연주하여 봉사활동을 다니며, 붓글씨를 쓰고 시낭송을 배우고 불교대학에서 교리 공부를 하였으며, 아파트 운영위원회 위원장과 무공수훈자회 지회장으로서도 직분을 다하였다. 그뿐만 아니라 검정고시의 장벽을 넘어, 고희古稀를 넘기고도 한국방송통신대학교 국어국문학과에 당당히 합격하여 학업을 이어가는 만학도로서의 삶도 병행하고 있다.

그러한 그가 이번에는 생애 첫 수필집을 상재한다. 그동안 가정과 고향과 국가를 향한 강직한 언변과 헌신적인 행동주의적 삶을 살았다면, 그의 문학적 행보는 그리움과 외로움과 상실감을 감성적으로 노래한 정서적인 측면이 짙다고 하겠다. 수필집 ≪어젯날의 일기≫에서의 담론은 전사와 유생과 문사로서의 삶이 지탱된다. 해병장병으로서 파월의 출정에 오른 기억을 복원하고, 고향과 부모와 조상에 대한 추억과 서사를 구축하며, 거쳐 온 인생길을 수필문학으로써 재탐구한 내면의 자화상으로 구성되어 있다. 그러므로 수필 독자라면 삶의 직분을 다채로운 화법으로 길어 올린 노병의 노래에 당연히 귀 기울여야 하는 이유가 된다.

1. 파월해병 서사의 기억과 복원

작가의 삶에서 빠트릴 수 없는 축이 있다면 해병대와 월남파병의 서사이다. "얼룩무늬 전투복을 비롯한 빨간 명찰과 세무 워커와 팔각모"가 해병대의 표상이었듯이 철조망 속 위계질서로 다져진 해병 정신은 지금까지 그의 삶을 지탱해준 힘이 되었다.

그러나 그가 〈아픈 기억〉에서 보여준 해병대 지원 계기는 "아버지라는 위엄의 자리"가 늘 비어 있는 까닭과 무관하지 않다. 작은 집을 정하고 도박에 빠진 아버지에 대한 원망과 반항은 사춘기에 접어들면서 더욱 증폭한다. 스스로도 통제하기 어려운 고집을 세우고 원만한 대인관계를 맺지 못하며 쌓여가는 불만과 울분이 세상을 향해 분출되어, 결국 학업마저 팽개친 채 해병대 입대라는 탈출구를 찾게 된 것이다.

> 왕복 사십 리 통학길의 밑천이었던 책가방을 가볍게 내던졌다. 아버지를 원망하며 늘 반항하고 어머니 속을 태우다 열아홉 살이 되던 해에 해병대에 지원 입대했다. 힘든 훈련을 받고 수료 후 해군시설학교에서 위탁 교육을 받을 때도, 진해 사령부에 근무할 때도, 주말마다 외출, 외박으로 병영을 나오면 부모님과 여러 사람을 힘들게 했다. 세속을 향한 원망과 불신으로 엇부루기 뜸베질하듯 날로 정신이 망가져 갔다.

가입대를 통과하고 짬밥의 냄새에도 익숙해질 무렵, 신병훈련 기간을 마치게 되어 진해사령부에 취사병으로 배치를 받게 된다. 강도 높은 훈련과 "고참들의 횡포"에도 불구하고 그 역시 〈짬밥의 추억〉에서 '사나이는 군 생활을 해봐야 사람이 된다.'라는 말에 공감한다. 하지만 팍팍한 해병 생활마저도 솟구치는 그의 반항기를 제대로 잠재우지 못하였다. 그러한 상황이 이역만리 밀림 속의 죽음이 기다릴지도 모르는 파월을 결심하게 만들었다.

당시 국가의 월남파병 정책에 따라 한국과 베트남은 분리될 수 없는 상황에 놓이게 되었다. 한국군의 베트남전 참전은 국가적 차원의 정치 외교적 명분을 앞세운 결정이었다. 한국 정부는 미국의 우방 중에서 가장 많은 군인을 전장에 보냈으며 결론적으로는 한국 근대화 산업의 기초와 군사력 강화를 통한 자주국방의 기틀을 마련했다고 해도 과언이 아니다. 해병대의 전투부대인 청룡부대가 파월의 출정에 오른 것도 공식적으로는 국가의 역사이기도 하지만, 백성태 개인의 차원에서는 세속으로부터의 항거이자 순전히 현실도피였다. 그 점을 〈시작은 절반의 성공〉으로 그려내었다.

> 고독 한가운데서 허우적거리며 존재 이유를 심각하게 고민하기도 했다. 마침 월남전 파병이 시작되었다. 초기에는 전투병 지원자가 적어 대부분 차출이었지만 자원을 했다. 스스로 죽음을 선택했다. 전장에서 장렬히 전사하고 싶었다. 당시의 심정은 솔직히 그랬다. 나 자신이 미웠고 모든 것을 포기하고 싶었다.

전쟁은 가장 짧은 시간에 인간의 삶을 극단적으로 파괴시키는 힘을 지녔다. 베트남전은 분명 그의 삶에 커다란 족적을 남겼다. 비장한 각오로 몸을 던진 정글의 전쟁터에서도 살아서 돌아올 수 있었던 것은 오직 할머니의 "정성이 담긴 정화수"와 단 하루도 등잔불을 꺼트리지 않은 "밤낮 없는 기도" 덕분이라고 믿는다. 아울러 월남전의 목숨 같은 전투수당을 사기당하고도, 크고 작은 몇 번의 어려움을 극복하고 일어설 수 있었던 배경도, 불굴의 "해병 정신"이 있었기에 가능하였다고 술회한다.

작가는 지금도 '나라사랑 전국호국전적지 탐사회' 회원들과 전적지 순례를 다니고 국내외 참전용사 기념비를 참배하고 위령탑에 헌화한다. 〈아, 베트남〉과 〈다시 만난 베트남〉에서는 악전고투했던 격전지를 둘러보고 장렬하게 산화한 동료의 희생을 추모한다. 의령의 무공수훈자 전공비를 마주한 〈의병의 얼〉에서는 부산 남구에도 파월장병의 희생정신과 용맹성을 기리고 나라사랑 정신을 일깨우기 위해 평화공원에 무공수훈자 전공비를 세워주길 구청에 건의하였다.

오늘날 참전군인들의 자부심과 명예를 상징하는 참전기념물이 전국 곳곳에 세워졌고, 살아남은 군인들은 국가유공자라는 명예로운 전사로 거듭나게 되었지만, "전쟁은 이긴 자도 진 자도 모두가 용서받을 수 없는 죄목"으로 갇힌다는 사실을 인지한다. 그것이 그가 노병의 문학을 쓸 수밖에 없는 이유가 된다.

2. 향수와 고향 그리고 가족애

인간의 뿌리는 언제나 고향에서 시작된다. 그러한 고향은 의식 속에서 불변하며 삶의 회복을 가능케 해준다. 생명을 부여해 준 부모와 조상이 있었고 후손이 이어나갈 혈통의 근원이 있는 곳이다. 화자의 유년은 아버지의 부재 아닌 부재로써 아픈 기억을 지우지는 못하나, 조부모님의 극진한 내리사랑이 그로 하여금 조상의 정신과 전통을 받들게 하였다.

그는 자신의 호를 스스로 부포夫浦라고 지을 만큼 경남 고성군 상리면 부포리의 고향에 대한 애정이 깊다. 부포리는 400여 년 전에 형성된 수원백씨의 집성촌이다. 그가 전교 어린이 회장직을 수행한 상동초등학교는 이미 폐교되었으나, 임진왜란 때 삼대가 공을 세우고 전사한 삼충사를 기리는 백씨 문중 재실인 쌍충재雙忠齋와 추모비를 비롯하여, 손수 이름 짓고 공들여 마련한 문중산소 〈백낙원白樂園〉이 조성되어 있는 곳이다. 특히 그가 조상의 유택에 심혈을 기울이게 된 이유는 남다르다고 할 수 있다.

> 큰 조부님께서 아들을 두지 못하고 젊은 나이에 세상을 떠나셨다. 아버님은 큰아들로 족보에는 큰 조부님의 양자로 되어있다. 그래서 우리 집은 종가가 되었고 나에게도 종손의 의무가 주어졌다. 그런 책임의 무게가 집안 대소사에 늘 나를 앞세웠다. 그러한 이유로 세월 따라 변해가는 장묘문화에 관심을 가진 지 오래되었다. 고향의 여러 곳에 안장되어 있는 조상님들을 한곳으로 모셔야겠다고 늘 생각했다.

화자의 가풍과 효행 실천을 알 수 있는 대목이다. 인간이 자신의 생명을 가치로운 것으로 자각한다면 조상 숭배하는 마음을 가지는 것이 인간다움의 기본이다. 예로부터 상하·귀천·존비·장유 등을 구별하여 공경하게 되면 질서가 조화로워지며 천하가 태평해진다고 여겨 왔다. 가정에서 부모와 조상을 섬기면 사회에서도 타인을 존중하게 되는 것은 당연한 이치이다.

의례는 오랜 역사 기간을 거치면서 축적되어온 집단 산물이지만 시대에 따라 변천하는 것이 사실이다. 백성태 역시 문중묘역을 수호하고 일가친척의 화평을 실천하면서도 후손들을 위해 의례방식도 시대에 맞게 변화시켜야 함을 강조한다. 그 예로 〈조상 숭배祭祀〉에서 부모님 기제사는 "삼 년을 모신 후에 제일 빠른 날짜의 기일에 합제合祭를 하도록" 당부하였다. 예의 본질은 고수하되 형식만 변통을 취한 것이다.

흔히 사람에게 있어서 향수란 '최후의 도착점'이라고 말한다. 〈향리鄕里〉에서 고백하였듯이 그가 고향에 갈 때마다 "나그네 같은 몸짓"을 느끼고 〈추억 속의 외갓집〉에서 밝히듯 "우리 집 대문에는 남의 문패가 걸린 지도 오래되었"으나, "가슴속 가장 깨끗한 곳"에 모신 할머니와 어머니를 위해 "초등학교 때 단골 소풍지인 문수암을 찾아" 축원하고, 육이오 전쟁 시기에 입학하여 "흙담 교실에서 천막 치고 공부"하던 초등학교 친구들과 50년째 모임을 이어나가는 것도 숙명처럼 느끼는 향수의 감정이 없다면 불가능한 일이다. 더군다나 〈홀로서기〉를 통해 그가 극진히 조상을 섬기고 문중 봉사를 할 수 있는 것도 아내 덕임을 깨닫는다.

> 현관문을 밀고 들어서면 늘 그 자리에서 아내의 목소리와 얼굴을 만난다. 오십 년 세월을 예사롭게 살았기에 아내의 소중함을 잊고 지냈다. 아내가 근래에 무릎과 허리 치료를 위해 진료를 받았지만 고통은 점점 더 심해진다고 했다. 의사의 권유로 무릎관절 수술을 받기 위해 보훈병원에 입원했다. …… 가빈한 살림을 꾸리며 삼

남매를 키우고 나를 뒷바라지한 그 고마움을 간과하고 지내왔다.
남은 세월을 후회 없이 살아야겠다고 다짐한다.

그동안 "편견과 아집으로 아내를 힘들게 한 지난 세월"을 돌이켜 보면서 남은 세월은 편하게 해주리라고 다짐한다. 그러기에 인생의 황혼녘에 아내와 다니는 여행은 즐겁다. "젊은 날의 고생을 보상받는" 것만 같아서 더더욱 행복하다.

3. 다시 내면의 자화상을 그리며

인간은 각자의 방식으로 자신을 드러내고 표현하는 과정 속에서 타인과 관계를 맺고 세상과 더불어 살기를 원한다. 더군다나 자신이 세상과 어떤 식으로 관계맺음을 하느냐가 삶의 질을 좌우하는 중요한 요인이 될 수 있다. 그것은 내부의 목소리가 외부로 표출되는 것을 기본으로 하는데 예술로 승화할 때 더욱 미적 가치를 획득하게 된다.

이에 화자는 수필로써 필연적인 자기 고백을 내포하고 있다. 즉, 그동안의 삶이 가정과 가문과 사회와 나라를 위해서 헌신했다면, 이제 좀 더 면밀하고 냉정하게 자신을 들여다보면서 진정한 '나'를 찾고 이해하고자 하는 것이다. 그가 자신을 어떻게 인식하고 있었는지를 보여주는 한 단면을 〈내 안의 나〉에서 찾을 수 있다.

작은 일에도 감동을 받고 눈물을 보일 때도 있다. 또한 스스로가 얄미울 정도로 소심하지만 때로는 대담한 행동을 할 때도 있다. 순간을 참지 못하고 불같이 화를 내고는 힘없이 사그라지는 성격이니 쉽게 답을 내리기가 어렵다. 아마도 어린 시절 조부모님의 사랑을 받으며 성장한 연유로 감정이 무르고 눈물이 많은 것 같다. 성장하면서 쌓인 불만과 살아온 환경은 급하게 화를 돋우고 참을성이 부족하게 형성되어지지 않았나 싶다.

그의 표현대로 각자의 성격은 "내 안의 내가 만들어온 지층"이다. 강직함이 "울뚝성"으로 나타나고 대담성이 "주도형"으로 표출된 것도 규율과 원칙을 따르고자 하는 우직함에서 기인된 것임을 〈길 위에서 나를 본다〉를 통해 알 수 있다. 오히려 그의 수필에서 주목할 점은 대상에 대한 연민의 시선과 따뜻한 인정의 향기가 켜켜이 녹아든다는 점이다. 〈아픈 결별〉에서는 반려모와의 결별에 대한 회한을, 〈리치, 리치야〉에는 애견 말티즈에게 쏟은 정을 애절한 감성으로 그려낸다. 〈셋방 일기〉에서 보여준 곡숨을 살려낸 살신성인의 정신과 〈종착지終着地〉에 드러난 작은어머님과 고모님과 병실의 노인들을 향한 시선은 화자가 지닌 근원적인 인간미가 분출되었다고 하겠다.

그가 퇴직 후 불교 교리 공부를 하면서 "상대가 변하길 바라지 말고 내가 먼저 변하면 다툼은 줄어진다."는 깨우침을 얻고, 〈늦바람〉에서 "일흔을 훌쩍 넘긴 나이지만 희망과 기대를 버리지 않는" 것도 나의 꿈, 나의 인생, 나의 가치관, 나의 행복 등 비로소 나의 내면을 돌아보게 되는 것에서 기인한다. 가장이고 장손이지만 이제부터 시인이고 수필가이며 서예가이고 또 국문학도이며 색소포니스트가 되어서 노년의 품격에 맞게 늙어가고 싶어한다. 그것이 진정한 '나'를 찾고자 하는 길이며 자신의 "숨겨진 가치를 찾아보려" 노력하는 일이라는 것을 〈종착지終着地〉를 통해 거듭 인지한다.

> 산다는 것은 자신의 삶과 타인의 삶이 부대끼며 살아가는 일이다. 그러나 이곳에서는 삶을 내려놓고 나라는 존재 가치의 무게를 저울질할 수 없는 그믐밤일 뿐이다. …… 얼마나 두렵고 지루한 일상일지 미루어 짐작이 간다. 어린이가 자라서 어른이 되고, 어른이 늙어 노인이 되는 것을…. 스스로 거동하는 내 정신 맑은 동안에 의미 있게 살아야 한다. 주어진 하루하루를 허투루 보내서는 안 되겠다. 이 좋은 세상에 후회 없이 나날이 소풍처럼 살고 싶다.

존엄하고 주체적인 삶을 살 수 있는 방법은 무엇일까. "자신의 존재 이유에 대해 아는 사람이라면, 어떠한 상황도 견뎌낼 수 있다."라는 니체의 말을 빌리지 않더라도, 아울러 고고한 학문적 논의가 아니더라도, 삶의 의미를 스스로 발견한 자는 그동안의 상실감과 허무감을 극복할 힘을 갖게 된다. 그런 의미에서 화자는 다양한 대외활동과 여가 참여를 통해 내면의 가치를 탐색하고 순응과 자족적인 은퇴기를 보내고 있다. 그가 〈말모이〉 영화를 감상하고 〈양동 한옥마을〉을 찾고 〈제주 유람〉과 〈거문도와 백도 탐방〉 등을 하는 것도 결국 자신을 찾아가는 여정이라고 할 수 있겠다.

평문을 닫으며

수필집 ≪어젯날의 일기≫는 현대사의 비극적 월남전 서사와 개인의 아픈 성장통과 은퇴기의 2막 인생이 파노라마처럼 재생된다. 가난과 고통과 불행의 과거사를 중량감 있는 문체와 감수성 넘치는 문장으로써 재현해내고 지난 과오는 고백과 용서와 참회의 언어로써 문학적 개안을 이루어내었다.

〈책 머리에〉서 화자는 "지난 삶을 돌아보고 정리하며 남은 인생 새로운 지표를 세우는 시간이 살맛 나는 나날이다."라고 언급하며, 자식들에게 남기는 당부의 말들을 정리한 에필로그의 〈책 속에 부치는 글〉에서도 "늦은 나이에 얻은 자격으로 시인, 수필가, 서예가라는 칭호를 자랑스럽게 생각한다."고 회고하였다.

이 모든 것을 미루어볼 때 그가 조상의 정신을 이어받아 충과 효를 으뜸으로 생각하고 실천하며, 학업과 음악을 병행하고 봉사와 여행도 즐기지만, 생의 최종 귀착지는 문文에 다다른다고 할 수 있겠다. 기억으로 되살려낸 백성태 작가의 숭고한 인생 서사가 독자의 공감과 환대로 세심하게 펼쳐지리라 확신한다.

| 대표 작품 |

아픈 결별

백성태

35여 년 전 아픈 기억이 있다. 어느 날 친척 집에서 별스러운 고양이와 만나게 되었다. 털이 곱고, 호흡 중에 으레 들리는 그르렁거리는 특이한 소리를 내지 않는 조용한 놈이었다. 새끼를 낳으면 분양받고 싶다는 부탁을 했다.

한동안 잊고 지냈는데 연락이 왔다. 고양이가 새끼를 낳았으니 골라서 데려가라고 했다. 퇴근길에 들러 어미젖을 빨고 있는 네 마리 중에서 첫눈에 들어오는 놈을 골라 집으로 데려왔다. 식구들이 의논해서 지은 이름이 은영이다. 암놈이라서 그렇게 불렀는지 모른다. 특별한 이유는 없었던 것 같다. 주먹만 한 놈을 데려와 우유를 먹이고 정성을 다해 키웠다. 별 탈 없이 잘 자라 주었다. 뒹굴고 재주를 부리며 가족의 사랑을 독차지했다. 어른아이 서로 은영이와 놀고 싶어 했다. 막내 딸아이는 얼굴에 발톱에 긁힌 흔적이 많아 걱정했는데 다행히 흉터가 생기지 않았다.

하루가 다르게 커가는 은영이는 새로운 환경에도 금방 적응하며 민첩한 몸놀림이 비상했다. 애교가 많고 장난을 즐기고 활달한

성격이었다. 막내 딸아이가 학교에서 돌아올 시간이면 안절부절못하며 행동이 달라진다. 영특한 동물이다. 그래서 동물이지만 사람과 함께 가족처럼 생활할 수 있나 보다. 아이들이 하교할 시간이 가까워오면 거실 창문 앞에 앉아 집 앞 길목으로 눈을 고정시키고 출동 준비 자세로 긴장하고 있다. 이름을 불러도 고개를 돌리지도 않는다. 은영이의 자세가 할머니가 함께 지내실 때 거실 창가에 앉아 밖을 내다보고 계시던 모습과 흡사해서 묘한 그리움의 감정을 느끼기도 했다.

덩치가 커진 은영이는 자주 외출을 했다. 몇 시간 혹은 하룻밤 외박을 하고 아무 일 없었던 듯 태연하게 귀가해서 온몸을 비비며 아양스러운 행동을 한다. 어릴 때 시골에서 들은 말로는 고양이는 사람이 볼 수 없는 헛간이나 으슥한 곳에서 새끼를 낳는다고 들었다. 새끼가 둘러쓰고 나온 양막羊膜이 구하기 어려운 약재로 쓰인다는 말을 듣기도 했다. 시골에서는 으슥한 곳이 많아 고양이가 출산하는 모습을 보기가 어렵기 때문에 나온 말일 것이다. 우리가 살고 있는 다세대주택의 실내 구조는 은영이의 행동이 노출될 수밖에 없다. 출산할 때 보면 새끼를 낳자마자 입으로 잽싸게 양막을 벗겨 먹어 치운다. 극심한 진통을 참아가며 새끼를 깨끗이 핥아주고 또 출산을 거듭한다. 생명의 출생은 신비한 모습이다. 고양이는 두 달 정도의 수태 기간이 지나면 새끼를 낳는다. 처음에는 회사의 동료나 이웃에서 새끼를 원하면 잘 키워 줄 것을 당부하며 분양을 했다. 하지만 임신과 출산을 반복하며 태어나는 새끼들을 감당하기 힘들었다. 발정기가 오면 집을 뛰쳐나가 을씨년스런 특이한 울음으로 짝을 찾으며 동네를 시끄럽게 했다.

어느 날 은영이는 집을 나간 뒤 소식이 없었다. 집 주위는 물론, 동네를 몇 바퀴 돌며 큰소리로 은영이를 불러 봐도 찾을 수가 없었다. 사고를 당했는지 누군가가 잡아갔는지 걱정만 할 뿐이었다. 삼일째 되는 날 꿈에 은영이가 나타났다. 인근의 성당 지하에 있었다. 꿈에서 깨어났는데 기억이 너무 생생했다. 다음날 옥상에 올라가서 성당 쪽으로 귀를 기울이고 온 정신을 집중했다. 은영이의 울음소리가 환청처럼 가냘프게 들렸다. 곧장 성당으로 달려가서 자초지종 설명을 하고 도움을 청했다. 은영이는 성당 지하 창고에 갇힌 채로 며칠을 보낸 것이다. 반가움과 안쓰러움이 교차하는 순간이었다. 얼마나 놀라고 불안했던지 문을 열자마자 주인도 몰라보고 쏜살같이 밖으로 도망을 쳤다. 꿈과 현실이 일치하는 흔히 경험할 수 없는 영험한 상황이었다.

고민이 깊어졌다. 발정이 오면 시끄러운 울음으로 이웃의 항의를 받고 무엇보다 새끼를 낳으면 분양이 어렵기 때문이다. 친척이나 직장에선 더 이상 분양받을 사람이 없었다. 동물병원이 흔한 요즘 같으면 불임 수술을 할 수도 있었겠지만 당시에는 그런 여건이 되질 않았다. 더욱이 감당하기 어려운 행동을 했다. 새끼를 낳는 횟수가 많아지고부터 용변을 가리지 못했다. 겨울에는 두툼한 이불 위에 용변을 보면 그 냄새가 정말 참기 힘들었다. 세탁기도 없던 형편에 아내가 무척 힘들어했다. 아무리 훈련을 시켜도 버릇이 호전되지 않았다. 참으로 어려운 결정을 하기에 이르렀다. 며칠을 고민했지만 어쩔 수 없었다. 목욕을 시키고 좋아하는 먹이를 배불리 먹인 다음 자루에 넣었다. 동물을 사고파는 사람한테 주면 도살장으로 갈 것 같아 그렇게는 할 수가 없었다. 차라리 야산에서 지내다가 자연사하기를 바라며 버릴 수밖에 없는 실정이었다. 안타까운 결정이었다.

집에서 멀지 않은 산으로 갔다. 야트막한 산자락엔 밭작물을 심어 놓고 옹기종기 집들이 몇 채 있는 마을이었다. 아직은 날씨도 야산에서 지낼 수 있고 배가 고프면 주택이나 밭에서 쥐라도 잡아먹고 살 수 있을 것 같았다. 자루를 묶은 끈을 푸는 손이 떨렸다. 자루가 열리자마자 후다닥 뛰어가더니 작은 바위 위에 앉아 나를 쳐다보았다. 은영이는 주인이 버린다는 걸 알았을까. 숲속으로 자취를 감추었다. 정을 놓아버린 영영 결별의 순간이었다. 산비탈을 내려오며 자꾸만 뒤돌아보았다. 차라리 시장 상인에게 주지 못한 후회가 밀려왔다. 정말 해서는 안 될 죄를 지었다. 안타까운 마음에 가슴이 저리고 코끝이 찡해졌다.

은영이가 집을 나갔다고 아이들한테 거짓말을 했다. 작은 딸내미는 밥을 먹지 않고 찾아오라며 투정을 부렸다. 은영이를 항상 좋아하고 잘 놀아 주었기 때문에 각별한 정으로 더 서운했을 것이다. 오가는 길에 길고양이를 만나면 은영이 생각으로 마음이 아팠다. 추운 겨울이면 저놈은 어디서 먹을 것을 구하며 잠을 자는지 죄지은 마음으로 걱정을 하기도 한다. 은영이한테 미안한 기억 때문일 것이다. 오래된 일이지만 지금 생각해도 아픈 기억이다.

애완동물을 키우면서 당시의 여건으로는 버릴 수밖에 없었던 나름의 이유와 14년을 함께 지낸 애완견 리치를 기장의 반려동물 장레 전문 파트라슈에서 보내는 아픔이 있었다. 결별의 아픔이 싫어 이제는 애완동물을 키우지 않는다.

  마음에서 멀어지면 꿈에서도 멀어지는 것 같다. 꿈에도 나타나지 않으니 세월 따라 영영 멀어져 가는 기억이다.

05
수필서사로 펼쳐진 '자기록錄'
– 이동순의 ≪그의 마지막 목소리가 듣고 싶었다≫

펼치며

　인간은 전 생애를 통해 서사를 만들어가는 존재이다. 영문학자 조너선 갓셜은 "인간은 이야기에 탐닉하도록 진화했다."고 주장한다. 즉, 호모 픽투스Homo Fictus(이야기하는 인간)는 동물과 달리 본능적으로 상상하고 기억하며 스토리텔링을 즐긴다는 것이다. 그러므로 인간에게 이야기는 물고기에게 물과 같은 것이지간 누구나 지각할 수 없다고 밝힌다.
　문자 시대 이전의 인간은 삶의 이야기를 소리로써 구비 전승하거나 그림으로 시각화하여 동굴 벽에 남겼고, 문자가 등장하자 마침내 언어를 표면에 정지시켜 쓰기 형태로 기록하였다. 호메로스나 소포클레스처럼 고대의 작가들도 ≪일리아드≫와 ≪오이디푸스 왕≫같이 구전돼 오던 영웅 이야기를 자신만의 문체로 선보였듯이, 현대 작가들도 문학작품 속에 다양한 기법으로 풀어내고 있다. 유쾌한 구술에 청자가 따르듯이 흥미로운 텍스트에는 당연히 독자가 공감한다. 특히, 자신의 삶을 중점적인 소재로 서술하는 수필문학에서 자기서사self-narratives는 어느 장르보다도 심층적인 의미를 지닌다고 하겠다.

이동순 수필가 역시 자기 경험에 대한 서술자narrator로서 자신의 서사를 충직히 해석해내었다. "도대체 그동안 나에게 무슨 일이 일어났단 말인가?"에 대한 질문과 응답 과정이 ≪그의 마지막 목소리가 듣고 싶었다≫(이지출판, 2021)라는 한 권의 수필집으로 성립되었다. 나아가 화자는 주인공이 되어 세상이라는 연극 무대에 ≪그의 마지막 목소리가 듣고 싶었다≫를 당당히 올려놓았다. 어쩌면 그것은 타인에게 평가받기 위한 것이 아니라, 집필하고 연기한 무대를 스스로 관객의 입장에서 재평가하려는 자신과의 커뮤니케이션이라고 할 수 있다. 자서自敍를 분출함으로써 '나'를 대상화하고 객관화시켜 자신을 심도 있게 들여다보는 방식으로 작동한다.

일인극의 1막이 유년과 고향 이야기라면, 종부의 운명을 받든 2막에 이어 3막은 간병기의 서사로 남편에게 바치는 사부곡思夫曲으로 진행된다. 그리하여 이동순의 수필집은, 서사로 펼쳐진 '자기 삶의 기록'이라는 뜻의 〈자기록錄〉이라는 칭호를 얻게 되는 것이다. 그 점을 염두에 두고 작품 속에 나타난 작가적 성찰과 창조적 해석력을 살펴보고자 한다.

1. 유년과 고향을 통한 자기서사

이동순은 서문에서 "나는 포항에서 태어났다. 바다는 우리 집 앞마당과 같았다."라고 말한다. 그리고 "여고와 대학 시절은 고향을 떠나 서울에서 보냈다."고 회상하며 "졸업하자마자 결혼을 하게 되었다. 신랑은 한 가문의 종손이었다."라는 회고와 함께 "어느 날 그가 내 손을 힘없이 놓아버렸다. 갑작스런 병마 때문이었다."라고 고백한다. 작가를 알지 못하더라도 여기까지 읽은 독자라면 그만 가슴이 쿵, 하고 내려앉게 된다. 남편의 간병에만 매달리는 동안 "내 삶의 흔적과 우리 둘의 추억을 글로 새기어 그와 함께 나누고 싶었다."라는 1인칭 서술자의 내레이션에 당연히 귀 기울일 수밖에 없다.

그녀의 서사적 특징은 가족사에서 시작한다. 가족이란 인간 삶의 가장 기초적인 토대이므로 문학에서 가족의 문제는 시대를 불문하고 중요한 모티프로 나타난다. 다시 말해 집이란 한 존재의 기원이자 삶의 출발점이기 때문이다.

> '영창제재소'라는 간판이 붙어 있던 큰 나무 대문과 마당이 넓던 그 집은 나의 왕국이었다. 그곳에서 나는 첫째 공주였다. 친구들은 서로 나의 왕국에 놀러 오려고 했다. 어떤 친구들은 연필이나 지우개 같은 뇌물을 주기도 했다. 나는 그들 앞에서 엄청 으스댔다. 내가 제재소 집 딸인 것이 가장 자랑스러웠던 때가 아니었나 싶다.
> - 〈영창제재소〉 일부

이동순에게 '제재소 집 딸'이라는 이력은 아무 조건 없이 기댈 수 있는 안식처를 제공한다. 비록 지금은 늙어버린 "공주"지만 그곳은 가족과 고향을 떠올릴 수 있는 정서적인 원천이 된다. 나무 켜던 소리와 송진 냄새 사이로 대꼬바리를 던지던 불같은 성정의 할아버지와, 허연 새벽 입김을 날리며 인부들을 지휘하던 강직한 아버지와, 경쟁자의 운명이라 여긴 한 살 터울의 여동생과, 풋사과 놀이를 하던 영애, 상옥이, 봉술이, 찬용이 같은 친구들과 운동화를 가지런히 놓아주던 안개 같은 눈을 가진 벙어리 소년이 있었다. 무엇보다 자식들을 서울로 유학시킨 "알뜰하고 악착같던" 어머니가 있었다.

> 멀리서 시커멓게 달려오는 기차를 보던 엄마가 갑자기 굳게 잡고 있던 아들의 손을 놓고는 치마를 확 걷어올렸다. 마치 속옷 패션쇼를 하듯이. 오빠는 당황하였고, 우리들은 멍하니 쳐다만 보고 있었다. 치마 속 고쟁이가 부끄러운 듯이 나타났다. 꾀죄죄하기만 하든지, 얼룩얼룩한 무늬나 없든지, 주머니 줄이라도 맞춰 달든지! 게다가 주머니 윗부분은 지퍼 대신 손가락만 한 핀으로 꾹 잠겨 있었다. 그 주머니에서 내놓는 건 십 원짜리 지폐 몇 장이었다.
> — 〈엄마의 명품지갑〉 일부

촌스러운 고쟁이의 주머니에서 비상금을 꺼내주는 화자의 엄마는 당당하다. 왜 그런가. 당시에 아들과 두 딸 모두 서울로 유학시킨다는 것은 작은 시골 마을에서는 쉽지 않은 일이다. 대소가를 휘젓던 종갓집 종부로서 자신을 위해서는 허리띠를 졸라매더라도 밤잠을 줄여가며 삯바느질까지 해가면서 자식을 공부시킨다는 자부심과 긍지가 아니었을까. 그렇게 적극적인 어머니가 있었기에 화자 역시 낯선 타향에서 "서울내기"들과 어깨를 겨루고 공부에 전념할 수 있었다고 여긴다.

2. 종부의 운명을 받든 여성서사

창작의 출발점은 늘 생활 경험에서 비롯된다고 할 수 있다. 문학이 시대를 재현하고 또한 시대를 설명할 수 있는 하나의 코드인 것처럼, 사회의 가장 기본적 원형인 가정의 담론도 세상과의 연결망으로써 중요한 의미를 지닌다. 혜경궁 홍씨의 기록이 개인사이면서 가문사가 되고 왕실사이자 역사서인 것처럼, 조선시대 안채와 내전의 거소 중심으로 집필한 양반 규수의 일대기가 오늘날 당대를 유추하고, 김일엽과 나혜석 등 근대여성의 자전적 서사가 역사 속에 결합될 수밖에 없었던 맥락이 이를 뒷받침한다. 그러므로 월성손씨 집안 8대 종손 아내로 산 화자의 일대기 역시 현대 여성의 단면적 삶을 반영할 수 있게 되는 것이다.

녹음이 짙어가는 계절에 시집을 갔다. 그 녹음이 붉게 물들었다가 한 잎 두 잎 떨어질 무렵 시어머님이 기어이 세상을 떠나셨다. 천방지축 뛰어다닐 나이에 결혼한 것도 힘든데 종갓집 안주인이 되었다. 게다가 이듬해는 아기까지 태어났다. 새색시 노릇도 겨우 하는 형편에.

— 〈아버님 사랑이 태산이라면〉 일부

화자의 서술에 따르면 결혼이란 "인생 1막이 끝나고 2막 1장"이 열리는 무대에 오르는 일이다. 선생님이 되고 싶었던 스물넷의 숙녀가, 키도 크고 포부도 큰, 첫인상이 당당한 8대 종손의 고압 전류가 흐르는 손길에 닿아 그만 "감전 사고"가 일고 만다. 대학 졸업 후 넉 달 만에 "1971년, 마거리트꽃으로 장식한 화관을 쓰고 6월의 신부"가 되었다. 그리하여 한옥 안채와 양옥 사랑채가 우뚝하고 정원과 연못과 곳간과 우물이 놓인 무대에서 한복이라는 "무대의상"을 입고 관객의 시선을 한몸에 받는 종부가 되고 말았다.

종부의 사명은 한 개인의 삶을 너머 가문의 종속을 책임져야 한다. 가부장권을 숭상하는 부계 혈통의 가족주의에서 자식 생산이라는 종부의 임무는 막중하다. 그녀 역시 아들을 낳아 후사를 잇게 하는 것이 가문 지킴이로서의 종부 역할이라고 믿는다.

'임산부 남아 잉태'

지금도 이 일곱 글자의 위력을 잊을 수 없다. 연속으로 '쓰리 볼'을 던진 나는 남아란 글자만 봐도 경기가 날 정도로 흥분되었다. 한마디로 남아의 존재는 나에겐 오르지 못하는 하늘과도 같았다. …… 종부인 나는 할 수만 있다면 도둑질이라도 해 오고 싶을 정도로 그 고추라는 것이 간절했다.

— 〈종부, 득남하다〉 일부

세 딸을 연달아 낳고 풀 죽었던 종부에게 "남아 잉태"라는 진단은 "거대한 증기 기관차가 달리듯이" 심장이 쿵쾅거렸고, "집까지 여섯 정거장이나 되는 길을 개선장군이 되어 당당히" 걸어가게 만들었다. 그뿐만 아니라 친정어머니의 "남편이 왕이 돼야 아내가 왕비가 된다."는 믿음이나 "남편을 나라의 국기처럼 우러러봐야 한다."는 극성맞은 고집도 수용함으로써 비로소 "종갓집 안방에 참하게 안착"하여 가문의 일원으로 동화하게 된다.

종부의 처신이 왜 고달프지 않았을까. 조상숭배는 당연하며 시댁 어른을 지성으로 봉양하고 집안의 화목과 우애에 극진해야 한다. 아랫사람에게는 권위와 위엄만 내세우는 것이 아니라 세심하고 자상한 면모도 필요하다. 그러한 종부 의식은 이동순만의 순수성과 이타성과 인간애로 구현되어 문장 곳곳에서 가문을 떠받치고 있다. 그러기에 〈어느 특별한 아침〉에서는 '적당히 대충대충 살면 후회한다.'는 경고를, 〈생각 따라 마음 따라〉를 통해서는 '모든 것은 마음이 지어낸다.'는 일체유심조의 해석을 얻게 되는 것이다.

3. 사부곡思夫曲으로 엮은 부부서사

맹자는 우리의 타고난 사단을 '불인인지심不忍人之心'이라 칭하였다. 즉, 타인의 고통을 차마 모른 척하고 지나칠 수 없는 사람의 본성을 설명한다. 기본적으로 인간은 선한 마음을 지녔기에 지나다가 어린아이가 물에 빠지는 것을 보면 물어볼 것도 없이 구하게 되는 것이다. 더군다나 가족이 질병을 앓고 있다면 능동적으로 간병하게 되는 것은 당연하다. 그러나 화자처럼 치병治病이라는 뚜렷한 목표를 가지고 온전히 시중을 드는 일은 쉽지 않다.

> 2011년 봄, 의사로부터 처음 남편의 병명을 판정받았다. 루게릭병, 5년을 넘기기 어렵다고 했다. 치료약도 없고 생명 연장을 위한 어떤 대책도 없다는 것이었다. 다만 예외가 있기는 하다고 했지만, 그것은 절망하는 우리 마음을 위로하기 위한 말로밖에 들리지 않았다. 내가 할 수 있는 일이 있다면 의사의 오진이기를 바라는 마음, 그것뿐이었다.
>
> — 〈남편은 아직 현역이다〉 일부

"5년"이라는 시한폭탄 같은 운명 앞에서 화자는 삶의 돛대를 단단히 세워야 했다. 손씨 집안의 8대 종손이, 평생을 몸 바쳐 일구어놓은 한 기업의 수장이, 느닷없이 몸의 "반란군"에게 점령당하게 되었다. 이로써 평생 주부로 살던 그녀가 스스로 남편의 "가정주치의"가 되기로 결심한다. 간병에서 가장 중요한 것이 "24시간 환자 곁을 기쁨으로 지킬 수 있는 힘"이란 것도 의식하였다. 고락여일苦樂如一이라는 성찰로써, 苦를 붙들고 있으면 樂이 오는 것이 아니라 苦와 樂이 짝이라는 믿음도 인지한다. 나아가 그동안 보이지 않던 마음과 생각까지도 격물格物(들여다봄)하여 늘 받기만 하던 남편에게 "이제 내가 주는 사람이 되려 한다."는 언술이 직조된다. 이로써 이동순의 자기서사는 더 높은 벽을 헤쳐 나아갈 수 있는 동력을 만들게 되었다.

죽지 않고 살 수 있다는데 무슨 일인들 못하겠나. 수술받기 하루 전날 저녁이었다. 이제 내일이 오면 '기관지 절개 수술'을 받을 것이고, 그러고 나면 칠십 평생 하던 말을 할 수 없게 된다. 어디 그뿐이겠나. 소리 내어 웃을 수도, 울 수도, 또 노래 한 곡 시원하게 뽑아 볼 수도 없을 것이다. 그 모든 소리를 가슴으로 내야 할 사람.
― 〈그의 마지막 목소리가 듣고 싶었다〉 일부

이제 남편은 가슴으로 소리를 내야 한다. 그럼에도 불구하고 화자는 기다림이란 "무한한 가능성을 가지고" 있다고 여긴다. 250년 고택을 개축하며 다시 제비를 기다리고, 발밑에서 돋는 "초록의 힘"을 믿으며, 신약 개발의 희망을 한시도 놓지 않는 것이 그 이유다. "여보, 사랑해!"라는 호탕한 남편의 육성을 염원하기에, 그녀에게 있어서 남편은 영원한 "현역"으로 자리매김되는 것이다.

닫으며

이동순의 수필에는 사건보다 늘 사람이 우선이다. 치마를 걷어 올려 고쟁이 속의 비상금을 꺼내는 어머니의 속마음을 이해하고, 다섯 살 사촌 시동생에게 어린 형수로서 용돈을 쥐여주고, 가짜 꿀장사 학생에게는 아껴 두었던 과일까지 인심 쓰며, 종부로서 대가족 주방장을 할 때도 시어른의 식미에 맞추고 동기간의 우애가 상하지 않게 하려 애를 썼다. 무엇보다 라일락 꽃다발로 일흔두 번째 생일을 기억해주던 태산 같은 월성손씨 8대 종손을 위해서라면 고

심혈성苦心血誠으로 섬길 각오이다.

　이미 작품집 서평에서 김우종 평론가가 "이 책의 클라이맥스는 루게릭병을 앓고 있는 남편의 투병 과정과 그런 남편을 헌신적으로 돌보며 그를 향한 존경과 사랑이 갈수록 견고해지는 작가의 심리를 섬세하게 써 내려간 것이다."라고 밝힌 바 있다. 그렇듯이 이동순 수필가는 자신에게 주어진 시간을 소멸해가며 간병과 자서의 글쓰기를 우직하게 병행해내었다. 그리하여 ≪그의 마지막 목소리가 듣고 싶었다≫는 남편에게 바치는 찬란한 헌사로써 한 권의 '자기록錄'으로 완성되었다.

| 대표 작품 |

영창제재소

이동순

    내가 초등학교 다닐 때 우리 집은 제재소를 했다. 제재소 안에 살림집이 있었기 때문에 내 어린 시절은 산판에서 실어 온 나무와 갓 켜 놓은 목재 속에서 보냈다.
    바람이 몹시 부는 추운 겨울이었다. 동생들과 함께 아랫목에 발을 모으고 새벽잠에 혼곤히 빠져 있을 때 멀리서 자동차 엔진 소리가 들리곤 했다. 그 소리가 차츰 가까워 오면 아버지는 고동색 골덴 돕바를 입고 엄마가 짠 털목도리를 두르고 밖으로 나가시곤 했다. 인부들의 참을 준비하기 위해 엄마도 뒤따라 나가셨다. 아버지가 나가자 곧이어 트럭 조수의 목소리가 들려왔다.
    "오라이, 오라이, 오라이… 스톱!"
    스톱 소리와 동시에 엔진 소리가 멈추었다.
    "수고들 많았네."
    아버지 목소리를 신호로 아름드리 원목을 부리는 소리가 났다.
    "쿵, 쿵, 쿵…."
    나무가 트럭에서 떨어질 때마다 땅이 진동했다. 잠결에서도 집이 무너질까 봐 걱정스러웠다. 일 년 내내 며칠에 한 번씩, 새벽 세 시에서 네 시 사이에 그 소리가 들리곤 했다.

"어이, 조심하라구."

아버지의 두 번째 목소리가 들렸다. 나는 그제야 방문을 열고 바깥을 내다보았다. 운전수, 조수 두 아저씨가 통나무를 양쪽에서 잡고 구령을 붙여 가며 차에서 땅으로 떨어트렸다. 멀찌감치 서서 조심하라는 말을 입에 달고 계시는 아버지가 추워 보였다. 공기 속으로 흩어지는 아버지의 하얀 입김을 보며 내 머릿속이 갑자기 싸해졌다. 한밤중에 일어나야 하는 아버지의 고달픔을 느꼈던 것일까. 가족을 위해서 새벽잠을 깨야 하는 아버지가 안 돼 보이기도 하고 고맙기도 했다.

방 안에 앉아 있어도 바깥에서 인부들 일하는 소리와 나무를 켜는 기계톱 소리가 생생하게 들려왔다. 제일 처음 들려 오는 것은 '윙' 하는 회전 톱날이 돌아가는 부드럽고 순한 소리였다. 그러다가 나무에 닿으면 '웽' 하고 날카로운 소리가 났다. 그 소리는 한동안 계속되었다. 때로는 '푸우~' 하는 문풍지 떠는 소리, '쇠에~' 하는 파리한 울음소리, '쏴아~' 하는 말간 하늘에서 쏟아지는 소나기 같은 소리도 났다. 그 소리는 여름에 들으면 피서를 온 듯 시원하게 느껴졌다. 때로는 '끼~익' 하는 소리도 들렸다. 톱이 나무 옹이를 만나면 내는 소리였다. 괴롭다는 소리로 들릴 적도 있었지만 아이들이 장난치는 소리로 들릴 때도 있었다.

나에게 나무 켜는 소리는 모두 아름답고 경쾌한 음악 소리였다. 여러 가지 소리를 내며 갈라지는 통나무는 둘, 넷, 여덟, 운명이 기

구한 나무는 열여섯 조각으로 갈라지기도 했다. 길이, 넓이, 굵기
가 다양했다.
 미끈하고 늘씬하게 자른 나무는 종류별로 이름표를 달고 제재소
한쪽에 세워졌다. 따로 놀거리가 없던 나는 친구들과 나무 사이를
드나들며 숨바꼭질을 하며 놀았다. 나무 뒤에 숨어 있으면 싱그럽
고 풋풋한 냄새가 진동했다. 깊이 들이마시면 향긋하고 달콤한 냄
새가 나는 것 같았다. 박하향처럼 콧속이 화해지기도 했다. 숨바
꼭질이 싫증나면 톱밥을 가지고 놀았다. 집도 짓고 굴도 파고 다
리도 만들었다.
 '영창제재소'라는 간판이 붙어 있던 큰 나무 대문과 마당이 넓던
그 집은 나의 왕국이었다. 그곳에서 나는 첫째 공주였다. 친구들은
서로 나의 왕국에 놀러 오려고 했다. 어떤 친구들은 연필이나 지우
개 같은 뇌물을 주기도 했다. 나는 그들 앞에서 엄청 으스댔다. 내
가 제재소 집 딸인 것이 가장 자랑스러웠던 때가 아니었나 싶다.
 그때의 공주는 이제 늙어버렸다. 하지만 눈을 감고 있으면 지금
도 톱날이 나무를 파고들 때 나던 상쾌한 마찰음이 들리고, 송진
냄새 풀풀 나던 목재 더미가 떠오른다. 아마 내 유년의 왕국 '영창
제재소'는 그 이름처럼 영원히 가슴에 남아 있을 것이다.

제3부

01 해학 담론과 존재성 회복
　　- 이삼우 수필집 ≪졸졸붓≫의 진경

02 '화花, 산山, 상象'을 위하여
　　- 이은희의 작가의식

03 낯선 풍경 그리고 낯익은 기억
　　- 이지숙 수필에 나타난 '이가락離家樂'적 여행

04 당신이 있어 내가 있습니다
　　- 이향영의 아름다운 동행, ≪우분투≫

05 인간애, 그 근원적 휴머니즘
　　- 조현숙의 수필집 ≪결을 만지다≫

01
해학 담론과 존재성 회복
- 이삼우 수필집 ≪졸졸붓≫의 진경

1. 수필, 대상과 '관계맺기'

세상의 모든 존재는 서로 유기적인 관계 속에서 영향을 주고받으며 변화와 순응한다. 인간 역시 대상과 '관계맺기'를 통해 경험하고 인식하여 내면세계를 구축한다. 그것은 누구나 의미 있는 삶을 살고자 하는 욕구가 있기 때문이다. 좀 더 나은 삶을 살기 위해서라면 계속해서 삶의 본질에 대해 고찰하여야 한다.

그 중심에는 언제나 존재에 대한 근원적 물음이 따른다. '있다는 것은 무엇인가'라는 의문은 인간의 특징으로써 반드시 필요하지만, 가장 어려운 질문이라고도 할 수 있다. 그에 대한 답은 누구도 명확히 제시할 수 없으며 늘 불확실하고 유동적이며 다의적인 해석이 얼마든지 가능하다. 하이데거는 "존재와의 만남은 내재적이며 초월적이다. 왜냐하면 이미 존재는 이해되어 있으면서도 우리가 이해하려고 하면 그 범위를 벗어나 있는 초월이기 때문이다."라는 현상학적 표현을 하였다. 즉, 존재의 개념은 반드시 이론을 통해서 증명될 수 있는 것이 아니라, 일상에서 존재를 만나며 존재는 항상 우리 안에 머물러 있음을 일컫는다.

그럼에도 불구하고 자신을 둘러싼 외부와의 관계를 끊임없이 파고들어 자신이라는 존재를 규명하고자 노력하는 자가 인간이다. 대상을 배제하고는 자신을 이해할 수 없고 대상을 바탕으로 삶을 이해할 수밖에 없다. 더구나 작가라면 안팎으로 인식한 삶의 진경을 자신만의 언어로 풀어놓게 된다.

이삼우 수필가 또한 수필집 ≪졸졸붓≫에서 사람과 사물과 공간이라는 외물外物적 대상을 통해 자신의 존재성을 사유하고 인식하였다. 그의 수필관을 엮은 〈가까이하기에는 먼 당신〉에서 밝혔듯이 그에게 수필은 "애물단지"이며 "찰거머리"이지만, "곁에 있으면 떡잎이 움트는 생명"을 느끼게 되는 존재이다. 그러니 "한 줄의 문장이 되고 한 편의 글이 탄생할 때, 온몸은 환희로 전율한다."는 고백이 눈물겨운 것이다.

그가 독특한 개성으로 서사를 펼쳐가는 동력에는 해학이라는 단단한 중심추가 놓여 있다. '나'라는 존재의 실존적 조건들을 질문하고 해답을 찾는 과정을 비유적 화법과 함께 웃음을 담은 해학적 문체로 그려냈다는 점이다. 이에 해학담론과 존재의식으로 직조된 이번 수필집을 통해 작가의 문학적 결실을 살펴보고자 한다.

2. 삶의 진경과 존재의식

인간이란 본질적으로 개별화된 개체이다. 그러므로 각자가 서로 다른 운명이 있고 사유 방법이 다르며 인간성의 차이가 존재한다. 운명적으로 같은 시공간에서 같은 체험을 하고 놀라울 만큼 똑같은 감정을 획득하더라도 개인의 관념에 따라 해석과 서술은 달라진다. 그것이 창작과 접목되었을 때 예술작품은 독창적인 내면 의식을 형성하고 표현하게 된다. 더욱이 언어로 하는 문학창작이라면 작가의 창작 방향과 문학적 가치관을 확연히 알 수 있다.

글은 말에 의해 발생했지만 일회성으로 각인되는 구어와는 달리, 자신만의 사유 방식을 문자언어로써 텍스트에 영원히 남기게 된다. 곧 심상心象이 표출되어 각자의 내적 세계관이 드러나게 되는 것이다. 그 과정에서 독자는 각양각색의 삶의 양태를 접하여 다양성과 차이를 인정하게 되고, 작가는 자기 자신의 존재성을 구현한다. 그 점을 작가의 등단작이자 표제작인 〈졸졸봇〉을 통해 확인할 수 있다.

> 장인정신의 손길과 혼이 담긴 예술품이다. 검집에서 전광석화같이 칼을 뽑아 상대를 겨누는 것이 검법의 생명이라면, 몽블랑 만년필은 뚜껑 윗부분을 천천히 돌려 삼각편대 일지창一枝槍이 드러낼 때까지 느림의 미학을 추구한다. 인생을 관통하면서 마주치는 결단의 순간, 글을 쓰거나 서명할 때도 '거스르며 서둘지 말라.'라는 우생마사牛生馬死의 뜻이 펜심을 여는 나선螺線 결에 숨어 있는

것이 아닐까. 촌철살인, 촌철활인같이 사람을 죽이고 살릴 수 있는 펜의 위력은 검보다 강하다.

— 〈졸졸붓〉 일부

화자는 삼십여 년 공직생활에 대한 포상으로 스스로에게 몽블랑 만년필을 선물한다. 본문에도 표기했듯이 만년필은 '물이 졸졸 흐르듯 붓 가는 대로 써진다.'는 의미로 '졸졸붓'으로도 불린다니 이보다 근사한 제목이 있을까 싶다. 그는 세상에 단 하나뿐인 이 명품 만년필과 작가로서의 반열에 오른 자신과의 관계성에 주목하며, 펜과 검의 위력을 재단하지 않을 수 없다. 권력은 총칼에서 나오지만 사상과 저술이 무력보다 더 큰 영향력을 미친다는 것은 당연한 일임을 되짚으며 글을 쓸 때 "진중하고 심사숙고"할 것임을 다잡는다. 나아가 〈노필의 품격〉으로 승화되어 먼 훗날 "아들의 아들이 할아버지가 남긴 만년필로 글을 쓰며 가끔은 그리워할 것"이라는 소망으로 견고한 자의식을 구축한다.

이삼우 작가의 내면의식은 끊임없이 타자와의 관계와 성찰을 통해 변모한다. 그 기저에는 탄탄한 가족이 배경으로 등장할 수밖에 없다. 〈졸의 전성시대〉에서 "애국자 집안"임이 드러났듯이 본인은 물론 모두 육군 병장으로 만기 전역한 듬직한 세 아들이 가문을 지키고, '서문'에서 밝혔듯이 후원자들인 며느리들과 함께 어느덧 "여섯 아이"나 되는 손주들이 마음을 달뜨게 한다. 물론, "고결한 학인學人으로 영면에 드신 지 이십여 년"이 된 선친과 헛간의 구동驅動 가마니틀을 돌리던 풍호댁 어머니의 삶을 이루 다 헤량치 못하지만, 무엇보다 〈분방分房〉으로써 글방을 내어주고 평생 "헌신과 정성으로 건강을 돌봐준" '윤 여사'의 노고를 잊을 수 없다.

    나는 술을 즐긴다기보다 좋아하는 사람과 분위기에 흠뻑 취하는 사람이다. 사람이 곧 술이고 안주이며 인생이라는 주선의 도를 외치는 남편을 이성적으로 받아들이기가 쉽지 않았을 것이다. 눈에 콩깍지가 씌는 현상이 없었다면 윤 여사는 지금 내 앞에서 해장국을 끓이고 있지 않았을지도 모른다. 혹여 빈구석이라고는 없는, 술 한잔 입에 대지 않는 맑은 영혼을 지닌 남편을 만났더라면 지금쯤 어떻게 살고 있을까 궁금해진다. 좀 갑갑하게 살고 있지 않았을까. 술 몇 잔에 호기부리는 남편이 밉상이지만 다음날, 또 다음날도 눈치 없이 해장국을 후루룩 들이키는 순둥한 모습이 얼마나 인간적인가.

– 〈윤 여사네 성주탕〉 일부

  아내의 정성에 감읍한 화자가 성주탕 앞에서 "걸신 걸린 듯 밥 한 공기는 거뜬하게" 해치우는 모습을 짐작게 하는 맛깔스러운 문장이다. 세상이 아무리 변했다고 해도 부부는 여전히 아름다운 이름이고 해로한 노부부라면 연대의식으로 묶인 평생동지로서의 위대한 관계망이 성립한다. 그러한 자장磁場은 술꾼의 가슴을 뜨겁게 데워서 "성주탕도 못 얻어먹는 이 땅의 애주가들이여. 마땅히 서러워하며 술을 끓을지어다."라는 전언으로 애처愛妻를 치올려주게 되는 것이다.

아울러 한 세대를 건너뛰는 손자에게 내보이는 사랑은 고례의 시동尸童 습속을 떠올릴 만큼 경건하다. 고대인들은 손자란 조부를 대신하는 인물로 보았다. 그리하여 조상을 제사 지낼 때 신령을 대신하여 손자를 앉히고 음식을 대접했다. 즉, 시동이 먹은 것을 어버이가 드신 것으로 여겼다 하니, 오늘날 할아비가 맨발로 손자를 맞는 것은 어쩌면 당연한 이치라고 하겠다.

> 마침내 벨이 요란하게 울린다. 딩동! 딩동! 서열 1번이 자신의 존재감을 알리며 까치발로 초인종을 눌러 댄다. 황급히 문을 열어 주자, 무소불위 손자가 며느리 손을 잡고 현관으로 들어선다. 졸지에 서열 3위로 밀려 나간 아들이 유아용품 가방을 들고 뒤따라 들어온다. 녀석이 할아버지와 얼굴이 마주치자마자 재첩같이 앙증맞은 눈을 반짝이며 느닷없이 총을 쏘아댄다.
> "할부지, 빵! 빵!"
> 나는 그만 정신을 잃고 앞으로 푹 꼬꾸라진다.
> – 〈센 녀석이 온다〉 일부

인용 대목을 읽고 웃지 않는 독자가 있을까. 이 순간을 위해 부부는 "암묵적 역할 분담대로 일사불란하게" 대청소를 진행했음은 자명한 사실이다. 한 인물의 인품과 인간적인 면모까지 살피려면 교유하는 인간관계를 통해 알 수 있다고 했다. 화자가 어떤 인물을 만나서 어떠한 교감을 하였는가. ≪졸졸붓≫에 게재된 몇 편의 작품에서 그 해답을 찾을 수 있다. 그에게는 오십 년 전부터 도원결

의로 〈다섯이 하나되어〉 의형제를 맺은 막역지우들이 있다. "손위인 나는 잘난 구석이 없는지라 아우들의 의견을 존중하고 중의에 따랐다."는 겸양과 중도를 지키는 그를 "우유부단하다고 여기지 않고 깍듯이 예우하"는 아우들이 있어 작가의 노후는 "꽃피운 인생"이라 일컬을 만하다. 그러나 백아와 종자기에 비유할 만큼 우의를 다져온 벗이자 누이의 남편이며 조카의 아버지를 잃은 추모 글 〈4월의 바람꽃이 되어〉 앞에서는 절현絶絃의 소리가 들리는 듯 비감하다. 〈군사 우편〉에서는 반세기 전에 "군사 우편으로 반송되어 온 서한을 지금껏 간직하고 있"는 친구와의 일화가 실렸고, 〈황금 열쇠〉에서는 인생에서 귀함은 지기가 있기 때문[人生所貴在知己]이라는 고사가 저절로 연상된다.

　　마른침을 꿀꺽 삼키고 전화기를 들었다. 경상도 특유의 목쉰 듯 걸걸한 C의 목소리가 전화기로 흘러나왔다.
　　"니 급한 일 생겼제?"
　　첫 마디가 족집게 같은 송곳 질문이다. 역시나. 사업가 내 친구는 촉이 남달랐다. 어영부영 운 좋게 사업에 성공한 사람이 아니라는 이야기다. "그래, 사실은…." 나는 잔뜩 흥분되어 전세금이니, 신용 불량이 어쩌고저쩌고 횡설수설해댔다. 그는 다 듣지도 않고 대뜸 "알았다. 내가 해주마." 한다. 액수도 말하기 전이었다.
　　　　　　　　　　　　　　　　　　　　　　　－〈황금 열쇠〉 일부

누구나 살면서 변수를 겪기 마련이다. 더군다나 급전이 필요한 경우라면 난감하기가 이를 데 없다. 상대에 대한 믿음이 없다면 부탁과 허락이 성립되지 않는다. 화자가 새 아파트 입주 시 전세금을 찾지 못해 은행 대출금 상환에 비상이 걸렸다. 자신을 구원해줄 금맥을 들추어 "활생부"를 만들고, 그들은 "흑기사"로 "구원투수"로 기꺼이 뜨거운 의리를 보여주었다. 그러기에 이삼우 작가는 다양한 서사적 스펙트럼으로 현시現示하고, 수필이라는 언표로써 스스로의 실존을 정의하게 되는 것이다.

3. 해학담론과 문체의 융합

이삼우 수필의 특징에서 빠트릴 수 없는 점은 해학과 기품이 담긴 밀도 있는 문체를 구사한다는 점이다. 낯익은 일상의 이야기이든, 생경하고 낯선 삶의 경험이든, 비애와 역경의 서사까지 시공간적 한계를 극복하고 웃음으로써 껴안는다. 숭고, 우아, 비장, 골계로 나뉘는 문학의 미적 범주에서 해학과 풍자는 골계의 하위요소로 구분한다. 다만, 풍자가 야유와 조소 그리고 비난이나 공격에 초점을 둔다면, 해학의 태도는 현실을 우스꽝스럽게 드러내며 의미를 반전시켜 공감의 정서를 불러일으키는 데 목적이 있다. 현실의 불합리 앞에서도 보복의 방식이 아니라 익살과 과장을 통해 현실을 왜곡함으로 통쾌함을 제공하는 것이다.

〈줄탁동시〉는 현대인이 엘리베이터에서 흔히 겪는 에피소드를 단수필로 엮었다. 달려오는 사람을 위해 급히 문을 열어준다는 것이 그만 닫힘 버튼을 누르는 실수를 할 때가 있지 않은가. 화자의 이타 행동이 무색하게도 오해를 불러일으켰다.

> 아뿔싸! 열림 단추를 본능적으로 화다닥 다시 눌렀다.
> 줄탁동시啐啄同時.
> 자신의 힘으로 닫힌 문을 열었다고 철석같이 믿는 여인은 잘생긴 나의 낯짝이 얄미워서 한 대 쥐어박고 싶은 게다. (중략) 버선코를 까뒤집을 수도 없는 노릇이라 코를 박고 모르쇠로 시치미 뚝 떼는 수밖에.
> 엘리베이터가 지상에 닿자 암팡진 그녀, 암탉처럼 나를 한번 힐끗 쪼아보고는 푸드덕 홰를 치며 날아가 버린다.
> 삐약, 삐약, 나 어쩌….
>
> — 〈줄탁동시〉 일부

독자는 마치 현장에 있는 듯한 착각을 일으키며 파안대소하게 된다. 그 이유는 순간을 포착한 작가의 센스 있는 필력에 대한 감탄이기도 하지만, 문장을 읽어 내려가면서 안팎 어느 쪽이든 일종의 감정이입 상태에 접어든 까닭이겠다. 얼마나 불신이 만연한 세상인가. 위험의 유발은 다양해졌으니 좁은 승강기 안은 더욱 불안한 공간으로 특정짓는다. 낯선 자들끼리의 대면은 불편과 무관심을 넘어 호의마저도 의심으로 변모시켜 타인을 완벽하게 차단시킨다. 그 점을 작가는 해학의 방식으로 풀어보고자 능숙하게 독자의 참여를 유도하고 있는 것이다. 뿐만 아니라 〈어목혼주〉를 통해서는 짝퉁으로 가짜가 혼란스러운 세상에 대한 경고를, 〈여의도 수박〉에서는 정치인의 낯 뜨거운 계파 싸움질에 대한 일침을, 〈촉루燭淚〉에서는 민족 분열을 걱정하는 애국심이 유장하게 녹아 흐른다.

　수필이 독자의 호응을 얻으려면 소재나 내용으로 공감대를 형성해야 한다. 그런 점을 미루어볼 때 아직까지 골프를 소재로 엮은 글이 호평받은 예는 드물다. 대체로 경기의 수순을 지루하게 설명하거나 어려운 용어를 나열하며 애호가임을 밝히는 정도에서 그쳤다. 그러나 홀컵 앞에서 번뇌 망상에 꺼들리는 마음을 익살로 풀어놓은 〈홀컵과 백팔번뇌〉라든지, "나는 비룡飛龍의 알, 와이번wyvern의 후예다."라며 골프공을 화자로 서술한 〈비룡이 나르샤〉를 읽는다면 그동안의 선입견이 불식될 것이다.

> 탱글탱글한 내 엉덩이가 불에 덴 듯 얼얼한 타격이 가해지면서 창공을 향해 두둥실 치솟아 오르고 있었다. 황홀난측, 무아지경이다. 그린을 향하여 높게 포물선을 그리며 비상하는 동안 정신을 다잡고 내가 뛰어내려야 할 그린을 내려다보았다. 실수 없이 연착륙해야 한다는 일념에 온몸이 감겨드는 것 같았다. 고양이가 사뿐히 내려앉듯 홀컵 근처에 착지하여 또르르 홀컵으로 쏙 빨려 들어갔다. 아니 나 스스로 굴러 들어갔다고 해야 옳다. 댕그랑! 홀컵에서 경쾌한 금속음이 울렸다.
> 　홀인원이다! 홀인원!
> 　　　　　　　　　　　　　　　　　　－〈비룡이 나르샤〉 일부

"태생적으로 박복하게 태어나 필드에서도 장돌림 신세"로 고달픈 생이었건만, "주인님"의 호쾌한 드라이버 샷에 운명이 바뀌었다. 그동안의 망신과 무시와 절망을 이겨낸 결과이니 "인생이란 끝날 때까지 끝난 것이 아니"라는 진언을 얻게 된다. 그것은 곧 "비룡"으로 깨어나고픈 작가 자신의 희원이기도 하다. 나아가 거울을 통해 "안면지도顔面之圖"를 그리는 작가적 개안을 살펴보기로 한다.

> 지금 거울에 비친 사내의 낯빛은 어떠한가. 조붓한 얼굴 곳곳에 밉상이 흐른다. 세월에 치여 모난 성품도 곰삭고 편안한 얼굴이 될 나이지만 이마에는 골주름이 깊이 파여 심술이 꼬물거린다. 염치없이 눈썹에는 성글게 희끗희끗 서리가 내려앉았다. 변변한 글 한 편 엮지 못하는 주제에 마량馬良의 백미白眉 앞에서는 민망한 일이다. 갈고랑이보다 더 작아진 거적눈 주위에는 실금이 꼼지락거린다. 입 언저리는 심술궂은 노틀인 양 팔자주름이 서슬 푸르고 검버섯도 궐기하듯 여기저기 돋치고 있다. 허리는 산자락 휘듯 굽어간다.
>
> — 〈거울 전 상서〉 일부

화자는 "거울 속 허접한 얼굴이 나 자신임을 깨닫는 순간 한숨이 절로 나온다."고 했다. 거울이란 단순히 물상이라는 기호를 넘어선다. 나르시시즘적 존재의 주체와 그 주체에서 떨어져 나간 시선이 다시 반사되는 곳이다. 이것을 라캉식으로 설명한다면 전자는 '시선'으로서 주체의 지향성이 담긴 것이며, 후자는 '응시'로서 거울 속에 비춰진 타자로부터 주체에게 던져지는 것이라 할 수 있다.
 이 부분을 〈거울 전 상서〉에 대입시킬 때 거울을 본다는 것은 거울 밖의 세계와 거울 안의 세계와의 소통이다. 화자는 얼굴이라는 노출의 자화상을 통해 "모난 성품"과 "심술"과 지난 "행적"까지 응시하여 자신을 "영락없는 속물 덩어리"로 표상한다. 이것은 눈을 뜨면 누구나 거울 속 모습을 볼 수 있지만, 마음의 눈을 뜨지 않으면 결코 진실된 자기 모습을 볼 수 없다는 것을 드러낸 결과라고 하겠다. 수필작가라면 이러한 자화상을 작품 속에 투영한다는 점을 주목하며 화자의 금연기禁煙記를 재확인한다.

> 몸 곳곳에서 이상 징후가 드러나면서 온몸이 금연을 보채고 있었다. 결단해야 할 순간이 다가오고 있었다. 술이나 마작이나 바둑 등 니코틴 유혹이 강렬해지는 현장 상황에서 일도一刀해야만 금연에 성공할 확률이 높다. 가감하되 기습적인 일격에 끊어내지 않고는 실패한다는 것을 경험으로 알고 있었다. 아리랑 담뱃갑째로 가위로 싹둑 동강 냈다. 한 허리가 잘려 나간 담배 개비가 사방으로 흩어져 낭자했다. 마음의 미혹도 죽도竹刀로 한칼에 베어버렸다. 수십 년을 이어온 악의 고리를 쳐내는 일이었다.
> ― 〈한칼에 베다〉 일부

 이쯤 되면 담배는 기호품이 아니라 독毒이 된다. 하루에 두세 갑을 피워대니 아무리 튼튼한 몸이라도 버텨낼 재간이 없다. 금연의 실천은 실성의 경지까지 유혹하지만 화자는 기어코 "니코틴 대첩"

을 승리로 끌어내면서 아내에게 '미스터 한칼'이라는 별호까지 얻게 된다. 이는 정신적 영역이 물질적 탐욕을 격멸시킬 수 있음을 증명하는 것으로, 비단 담배라는 이미지에 국한되지 않고 삶에서 해악을 끼칠 수 있는 것은 언제든지 정화시킬 수 있다는 점을 암시한다.

하지만 인생에서 풍류마저 없다면 얼마나 삭막한 일인가. 이삼우 작가가 〈불나비〉를 애창하고 〈술잔 속의 폭풍〉에서 화합주를 드는 것은 동락同樂의 의미이며, 〈석심〉으로 위로받고 외숙부 내외의 단칸방에 놓였던 〈앉은뱅이책상〉을 그리며 〈댕기 등대〉를 찾아 올레길 순례자가 되는 까닭은 독락獨樂의 흥취를 알기 때문이다. 더불어 유쾌하고도 진지한 문향과도 동반하고 있으니 진정 현대의 낙지자樂支者라고 하겠다.

4. '수필가', 거룩한 이름 앞에

이삼우 작가의 수필집은 독자를 끌어당기는 힘이 있다. 그 자력은 흥미로운 사건 전개나 진지한 해석력 등의 요인도 있지만, 무엇보다 재미이다. 웃음을 유발하는 기지 속에 생동감 있는 인물과 능청스러운 묘사와 툭툭 내받아치는 입담과 현실을 압축한 익살이 바탕에 깔렸다.

칸트가 웃음에 대해 "무엇인가 중대한 것을 기대하고 긴장해 있을 때, 예상 밖의 결과가 나타나 긴장이 풀리며 나타나는 감정"이라 정의했듯이, ≪졸졸붓≫ 속에는 곳곳에 비예측성 웃음 지뢰가 매설되었다. 그러나 그의 해학은 궁극적으로 인간에 대한 애정과 관심이며 순간순간 자신의 존재성을 확인한 삶의 통찰이라 하겠다.

아울러 임선희 작가가 쓴 ≪四季≫ 동인지의 '격려사'를 빌려 평문을 마무리하려 한다. "그대는 수필을 쓴다. 무슨 앝보인지, 문패도 번지수도 없는 수필마을에서 5년 혹은 10년 넘게 서성이고 있다. '신춘문예'에 끼어들지 못하고 명함을 박지도 못하는 문단의 사생아, 그대 이름은 수필가다."

| 대표 작품 |

졸졸붓

이삼우

    부임 후 첫 업무를 시작한다. 인사이동 관련 공문이다. 방금 출력한 듯 온기가 느껴지고 프린트 냄새가 상큼하다. 상위 왼쪽 안주머니에서 만년필을 꺼낸다. 뚜껑을 왼쪽으로 천천히 돌리며 은빛 펜촉이 드러나기를 기다린다. 설렘이 손끝에 모이면서 내 이름으로 서명한다. 진청색 잉크가 펜촉으로 흘러나오면서 종이 위에 서걱거리는 감촉이 부드럽다. 순탄하지 않았던 삼십여 년의 공직생활이 주마등처럼 스쳐 간다.

    몽블랑 만년필은 내가 스스로 내린 포상이다. 바람 잘 날 없는 조직사회에서 흔들림 없이 자신을 지켜낸 가상함에 대한 보상이다. 아내가 먼저 축하 기념으로 선물하겠다는 것을 굳이 만류하고 내 손으로 직접 골라서 구매한 만년필이다. 유년 시절, 만년필은 나의 로망이었다. 교복 윗주머니에 파카 만년필을 훈장처럼 꽂고 다니던 형들이 얼마나 멋있고 부러웠는지 모른다.

    몽블랑 만년필을 눈여겨보면 다비드의 '서재에 있는 나폴레옹'의 모습을 연상하게 된다. 성근 머릿결, 푼더분한 얼굴, 살짝 삐져나온 배 둘레, 다부진 몸매가 옹골차다. '별 모양의 하얀 눈' 로고를 선명하게 머리에 새기고 있다. 까맣게 윤기가 흘러내리는 허리춤에 혁대를 두르고 알프스산맥의 몽블랑에서 설한을 견디며 단련한 몸이다. 묵중한 위엄이 서린다. 상의를 벗으면 몽블랑 문양이 새겨진 은빛 백금 촉이 푸른 눈을 뜬다.

편지나 글 쓸 일이 점점 줄어든다. 서류가 사라지고 키보드만 툭 치면 전자결재가 순식간에 이루어진다. 권위와 위엄으로 문서를 뒤적이던 높은 양반들은 싱겁기 짝이 없는 노릇이다. 글씨 쓰는 게 익숙하지 않아 만년필의 가치는 점점 뒷전으로 밀려나고 있다. 더러 고집스러운 문인들이 만년필로 글꽃을 피우며 예스러움을 이어가고 있을 뿐이다.

출근할 때마다 안주머니를 더듬어 그의 안위를 확인해 본다. 몇 년 전에 갑자기 사라져 크게 상심한 적이 있었다. 제때 잉크 밥을 챙겨주지 못해 굶긴 적은 있었지만, 그것이 불만이었을까. 무단가출로 행방이 묘연했다. 한 해가 다 가도록 애간장을 태우더니 침구를 옮기면서 기적 같은 상봉이 이루어졌다. 침대 밑에서 먼지를 뒤집어쓴 채 토라져 있는 그와의 해후는 지금 생각해도 짜릿하다. 집 나간 자식이 고개를 떨구고 부모 품에 안기는 모습이랄까.

그는 나에게 어떤 존재일까. 세상에 단 하나뿐인 명품이기도 하지만 내 숨결과 손때가 묻어 있는 애장품이자 애물단지 같은 녀석이다. 전투 중 부상으로 몽블랑 제조공장까지 후송 전력이 있는 역전의 용사다. 책상에서 굴러떨어져 만년필촉이 꺾이는 사달이 일어나 후송 헬기에 실려 독일로 날아갔다. 달 반 가까이 지나서야 성한 몸으로 돌아왔지만, 기력이 예전만 못한 것 같아 속상하고 애잔하다. 철없는 가출로 속을 끓이고, 큰 부상으로 노심초사하며 싹튼 애증이 펜촉 끝에 뚝뚝 흘러내린다. 악기를 생명처럼 다루는 연주가처럼, 글을 쓸 때마다 그를 향한 마음이 시종 애만 지고 그윽해진다.

몽블랑 만년필은 장인정신의 손길과 혼이 담긴 예술품이다. 검집에서 전광석화같이 칼을 뽑아 상대를 겨누는 것이 검법의 생명이라면, 몽블랑 만년필은 뚜껑 윗부분을 천천히 돌려 삼각편대 일지창一枝槍이 드러낼 때까지 느림의 미학을 추구한다. 인생을 관통하면서 마주치는 결단의 순간, 글을 쓰거나 서명할 때도 '거스르며 서둘지 말라.'라는 우생마사牛生馬死의 뜻이 펜심을 여는 나선螺線 결에 숨어 있는 것이 아닐까. 촌철살인, 촌철활인같이 사람을 죽이고 살릴 수 있는 펜의 위력은 검보다 강하다. 글을 쓸 때 진중하고 심사숙고하라는 가르침이다.

펜촉이 마음 길 따라 뭉근하다. 품어내는 글 속에는 푸른 잉크빛 묵향이 초근하게 흐른다. 책을 보다가 맘에 와닿는 글귀에 밑줄 쓱쓱 그어가며 읽는 재미가 여간 쏠쏠하지 않다. 문득 떠올린 시상을 놓칠세라 메모지에 갈겨쓰는 묘미는 또 어떻고. 우리말 사전에서 만년필을 '물이 졸졸 흐르듯 붓 가는 대로 써진다.'라는 의미로 '졸졸붓'이라고도 한다니 이 얼마나 아름답고 예스러운 이름인가. 우리네 팍팍한 삶도 졸졸 흐르는 붓처럼 순항했으면 좋으련만 세상만사 뜻대로 되지 않는 게 사람살이다.

나는 부모의 손길이 닿은 유품을 단 한 점도 물려받지 못했다.

추모의 마음뿐, 추억할 낱가지 하나 없어 마음 한구석이 늘 쓸쓸했다. 훗날 나는 무엇을 남기면 좋을지 곰곰이 생각해 본다. 속내 같아서는 내 만년필로 써 내려간 수필집 한 권과 졸졸붓을 건네고 싶은 마음이다. 하지만 그게 어디 예사로운 욕심인가. 갓 걸음마 수준의 필력이지만 오달진 생각을 품어본다. 나도 까치밥나무 우듬지에 걸린 홍시처럼, 어버이를 그리워할 추억 한 자락 정도는 남겨도 되지 않을까.

  오늘도 졸졸붓 진청색 물빛으로 오래전 흔적도 없이 사라진 그곳, 고향 언덕을 그리움으로 써 내려간다.

02
'화花, 산山, 상象'을 위하여
- 이은희의 작가의식

1. '보이는' 그러나 '보이지 않는'

'눈에 보이는 것은 잠깐이요, 눈에 보이지 않는 것은 영원하다.' 라는 말이 있다. 인간이 '본다'라고 했을 때 객관적으로 물상을 보는 것으로 생각하지만 이것은 어느새 주관적으로 받아들여져서 인식된다. '본다'라는 행위는 단순히 망막적 현상을 뛰어넘어 자신을 외부세계와 물리적, 정신적 관련을 맺는 복합적 과정이기 때문이다.

메를로 퐁티는 지각 속에서 신체와 정신이 겹쳐져 있다고 보았다. 주관과 객관, 사물의 안과 밖, 신체와 세계가 서로 속해 있으며, 분리되지 않는 동시성을 가지고 있다는 것이다. 그러므로 '보이지 않는' 것은 따로 떨어져 존재할 수 없는 '보이는' 것이 되므로 사물을 바라본다는 것은 심리적 경계 허물기의 이행 과정이라고 간주할 수 있다.

언어 또한 '글자 그대로의 의미'와 '비유적 의미'를 결합하여 해석의 다양성을 제시한다. 보이지 않는 세계와 놓치기 쉬운 대상을 포착하고 통찰하는 힘이 글쓰기의 출발점이다. 작가라면 하나의 세계가 어떻게, 어떤 의미로 지각되는가에 기반하여, 다른 관점에서 이해하고 경험하는 것을 서술해야 한다. 그것은 이미 존재하는 어떤 대상을 다른 무엇으로 바꾸는 일이며 작가적 관점에 따라 더 깊은 사유 속으로 새로운 은유가 탄생되는 길이기도 하다.

그런 점을 고려한다면 이은희 작가는 안에서 밖으로 다시 밖에서 안으로 의식을 선회하여 끊임없이 은유를 탄생시키는 글쓰기를 하고 있음을 알 수 있다. 우주만물의 결을 품고, 유적과 유물의 말씀을 들으며, 고전을 탐독하고 재해석해내며 끊임없이 상상력을 점화시켜 "대상이 감춘 숨은그림찾기"에 몰두한다. '계간 ≪에세이포레≫ 40주년 특집 집중조명'에 게재된 대표작 〈화화화〉와 〈산山도 바람난다〉와 〈상象〉 세 편 역시 '화花'와 '산山'과 '상象'을 소재로 개념과 의미를 결합시킨 결정체라고 하겠다.

2. '소요유'의 시간과 '오티움'의 회복

이은희의 글은 한 마디로 '노닐다'라고 정의할 수 있다. 꽃과 노닐고, 산과 노닐고 글과 노닌다. 이는 장자의 '소요유逍遙遊' 개념에서 '유遊'에 입각한 '유심遊心'이다. 장자가 말하는 '유遊'의 의미는 현실을 벗어나 세상 밖에서 산다는 육신의 자유가 아니라, 마음이 노니는 것으로 정신적인 자유를 의미하고 있다. 궁극적으로 나와 사물과의 상대적 구분이 없어진 물화의 과정을 뜻하며, 경계를 초탈함으로써 새롭게 변화함을 가리킨다.

〈화화화〉에서 화자는 봄날 자신의 정원에서 개양귀비가 갑옷 같은 껍질을 벗고 "붉은 나상"을 피워올리는 것을 지켜본다. 그것은 오직 새벽을 사랑하는 자만이 볼 수 있는 숭엄한 광경으로써 그동안의 골몰무가汨沒無暇했던 노동까지도 잊게 만든다.

> 묘시에 깨어 있어야만 볼 수 있는 광경이다. 개양귀비가 하나 둘 털북숭이 옷을 벗더니 오월의 정원을 붉게 수놓는다. 절정에 다다른 꽃송이가 피고 지며 저를 키운 주인에게 온몸으로 화답한다. 뭇사람의 심장을 마구 흔들며, 정원 구석구석에 불을 화끈하게 지르리라.
>
> — 〈화화화〉 일부

개화의 순간은 꽃에 있어 가장 아름다운 시간이다. 그러나 탄생의 과정에서 수반되는 식물의 고통까지 인간은 감지하지 못한다. 오로지 외양으로만 판단하여 꽃을 보고 "'요염하다', '단아하다', 한마디로 '죽인다'며 온갖 상찬"으로 호들갑을 떤다. 뿌리를 내리고 강건히 함묵하는 식물의 속성과는 달리 인간은 늘 변사스럽고 무시로 흔들리는 존재임을 환기시킨다. 그러므로 화자는 무위無爲하게 당당히 존재하는 '화花' 앞에서 종종 심장에 불꽃을 일으키는 자신의 '화火'도 다스릴 수 있게 되는 것이다.

나의 소소한 행복은 좋아하는 풀꽃과 마주하며 식물을 정성껏 키워 이웃과 즐거움을 나누는 일. 꽃에서 삶의 균형과 조화를 이룬다. 오늘도 일상에서 지친 심신을 화花를 가꾸며 다스리고 몸속 세포의 긴장을 녹잦힌다. 눈앞에 꽃의 세계, 내가 만든 소소한 천국이다.

– 〈화화화〉 일부

꽃을 지인과 나누는 일은 곧 '유遊'의 실천이다. 꽃을 통해 대화를 잇고 정을 쌓게 되니 '화和'를 이루어내며 유희정신을 승화시킨다. 그러니 하늘정원이야말로 화자의 정신이 자연과 노니는 "절대 자유의 시공간"이 되는 것이다. 장자의 표현대로 그저 사물의 움직임에 따라 마음을 유유히 자유롭게 풀어놓고서, 앉아서 잊어버린다는 '좌망坐忘'의 도량처가 된다. 아울러 이은희가 그곳에서 체득한 〈화화화〉는 '화花'로서 '화火'를 다스리고 '화和'를 이룩한 구도로써 의식의 윤회를 이루어내었다고 할 수 있다.

그런 가운데 시간은 언제나 규칙적으로 다가온다. 그 흐름 속에서 현대인들은 자신을 돌볼 겨를도 없이 쳇바퀴같이 반복되는 삶을 숨 가쁘게 살아간다. 삶에 최선을 다하는 것은 도전하고 경쟁하며 현실을 버텨내는 일이므로, 불안과 스트레스와 질환 등으로 육신은 지치고 정신은 피폐해지기 시작했다. 그러자 반향으로 소의 느린 걸음처럼 '우보행牛步行'을 뜻하는 '느림의 미학'이 강조되어, 힐링이나 웰빙 또는 비움과 멍때리기 등을 내세워 다음의 여백과 능동적 휴식을 중요시하게 되었다.

　이은희는 〈산山도 바람난다〉를 통해 "직장생활 수십 년 동안 휴식을 모르고" 지냈다고 고백하였다. 자신의 직급이 높아질수록 주변에서는 '성공'이라는 언술로 치부하지만, 오로지 일에 파묻혀 혹사하여 쌓은 결과이므로 건강은 악화되고 삶의 여유는 잃어버렸다. 눈앞에 산이 있다 한들 산빛을 제대로 즐길 수 없는 까닭이다.

> 산바람에 마음이 강하게 요동친다. 산빛은 가까우면 가까운 대로 멀면 먼 대로 다른 풍경으로 나를 유혹한다. 바로 이즈음 산도 바람난다고 하면 산신이 무어라고 하실까. 산山이 바람난 듯 날개옷을 갈아입는 요즘, 정녕 오월과 유월의 산색 농도는 확연히 다르다. 모든 삶은 흐른다.
> 　　　　　　　　　　　　　　　　　 － 〈산山도 바람난다〉 일부

　매년 봄의 산빛이 연두에서 초록으로 바뀌어 왔지만 자세히 들여다보지 않으면 인지할 수 없다. 그러니 "당신은 지금 몇 번째 봄을 맞고 계시나요?"라는 문우의 질문에 선뜻 답하지 못한다. 제대로 바람결에 날리는 꽃비를 맞아본 적 없고 시인의 표현대로 "고개만 들어도 화들화들" 정신이 없는 봄이 다가온 기억도 없다. 직장의 정원에 핀 목련과 붉은 명자꽃이 눈에 들어온 지도, 아파트 하늘정원에 식물을 가꾼 지도 그리 오래되지 않았다. 그런데 요즈음 산山이 손짓하며 산빛을 즐기라고 귀엣말로 속닥거린다.

산색이 연두인 시기에는 무작정 산에 들고 싶다. 산에 머물며 장자의 절대 자유의 단계인 '소요유逍遙遊' 경지까지는 바라지도 않는다. 바람을 타고 자유롭게 비행하다가 보름마다 불어오는 바람을 기다리는 열자列子의 삶도 좋으리라. 바람난 산에 머물며 산 식구들과 소통하고 돌아오면 남은 나날을 거뜬히 살아낼 것 같다.
　　　　　　　　　　　　　　　　－〈산山도 바람난다〉일부

　이은희가 "산山도 바람난다."고 해석한 까닭은 무엇인가. 자신이 수십 년간 다닌 산행은 오로지 산정에 오르기 위한 것이었음을 실토한다. "목표를 향하여 돌진하는 무소"의 삶을 살아온 것처럼 산을 제대로 즐기거나 오롯이 자연의 풍광 속에 들지 못했다. 그것은 스스로 '오티움otium'을 잃어버렸기 때문이라고 진단하게 되는 것이다. 틈, 겨를, 여가, 휴식, 한산 그리고 유유자적과 무위의 시간을 뜻하는 오티움에 의미를 두지 않았음을 스스로 체득한 것이다. 아무에게도 방해받지 않고 나를 돌아보고 에너지를 채우며 마음을 갈고 닦는 시간을 즐기는 일, 그리하여 이은희가 추구하는 절대자유는 "바람난 산에 머물며 산 식구들과 소통"하는 일이다. 그것이 오티움의 회복이며 자연과 노니는 자기 돌봄이다.

　아울러 작가는 작품 〈상象〉을 통해 메타수필, 즉 수필에 대한 수필을 이야기한다. 일찍이 철학자 아서 단토가 '무엇이 어떤 것을 예술로 만들어주는가'라고 질문한 적이 있다. 그는 일상품이 예술품으로 변하는 과정에서 필요한 것은 '예술성'이 아니라 '해석'이라고 결론 내린다. 문학 창작 역시 화려한 언술로 대상을 서술하기보다는 '해석'에 염두를 두어야 할 것이다. 이은희의 수필론 또한 피상적이고 통속적인 글쓰기를 거부하며 "대상이 감춘 숨은 그림을 찾아" 낼 것을 강조한다.

> 대상에 삶의 희로애락이 투영되어 그대만의 인생철학이 표현되어야만 한다. 감성을 뒤흔든 대상對象을 표현할 땐 풍경이나 사물의 이미지像만 그릴 것이 아니라, 추상抽象의 개념처럼 '개별의 사물이나 표상의 공통된 속성이나 관계 따위를' 진정성 있게 뽑아내야만 한다. 매번 글을 쓰며 경전처럼 되뇌는 건, 소재의 지독한 관찰과 주제를 향한 깊은 사유에서 좋은 작품이 탄생한다는 굳은 믿음이다.
>
> – 〈상象〉 일부

작가는 포착한 소재를 통해 관찰과 사유로 이어지는 숙고의 시간을 가질 것을 권유한다. 이에 미세하고 비천한 '먼지'라는 이미지를 내세워 먼지는 과연 무엇인가라는 존재론적 질문을 던진다. 무엇이 화자를 먼지까지 닿게 한 것인지, 갑자기 심상을 건드린 까닭은 무엇인지, 부유하는 먼지의 배경에는 어떤 것이 있는지 상像을 통해 세계와의 접촉점을 찾아낸다. 그럴 때 먼지라는 존재는 새로이 인식된다. 보잘것없다고 여겼던 티끌이 나의 일부이고 우주의 일부가 될 수 있으며 소멸할 수 없는 무한성을 지닌다는 철학적 의미까지 다다를 수 있을 것이다. 다양한 은유적 우회로써 대상을 재현하고 함축하는 글쓰기는 이은희에게 사물의 압축파일을 풀어내는 유희와 같다.

> 본래의 자리에서 낯선 시공간으로 이탈해야만 그 이면도 보이리라. 강 화백은 "먼저 창작자 자신을 놀라게 해야 하고, 다시 감상자의 마음을 반드시 움직여야 한다."라고 화집에 적고 있다. 만약 들녘에 핀 유채꽃 군락을 표현하고 싶다면, 노란 유채꽃이 '아름답다'고 사실적으로 적을 것이 아니다. '물물物物의 세계', 노랑의 빛깔이 더 강렬하게 주위에 사물까지 반사되도록 그려야단 하리라.
> ─〈상象〉일부

"모든 대상은 본질에서 은유로 뛰어넘어야 문학이 된다."는 이은희의 언술이 빛난다. '보이지 않는 것'의 존재가치를 인식하고 익숙한 '상像'으로부터의 일탈과 경계 허물기가 이행될 때 비로소 새로운 '상象'의 은유가 탄생되는 것이다. 혁명의 시선으로 부단히 상을 좇는 이은희의 글쓰기는 '소요유'의 시간과 '오티움'을 회복하기에 충분하다고 판단한다.

3. '안에서 밖'으로 다시 '밖에서 안'으로

문학은 실재에 대한 이해와 해석 그리고 재현의 방식에 따라 다양하게 표현된다. 사물은 항상 보이는 대로가 아니므로, 해석과 통찰과 재인식이 요구된다. 예컨대 밥풀 한 알이라도 오직 밥풀로만 보는 자도 있지만, 거룩한 수행자의 모습으로 인식하는 자도 있는 것이다. 그것은 세상의 질서나 단순한 감각으로 포착되지 않는, 더구나 개인의 체험이나 경험만으로도 서술할 수 없는 상상력의 발현과 '너머'의 성찰이 필요하다.

 글쓰기가 개인의 창작이지만 소통이라는 사실을 염두에 둔다면 타자와 세계의 이해 없이는 주관적인 오류에 함몰되고 말 것이다. 끊임없이 스스로를 갱신해 나아가야 하는 것이 문학의 본질이다. 그러므로 이은희가 주창하는 "지독한 관찰과 주제를 향한 깊은 사유"는 아무리 강조해도 지나치지 않다. 나아가 세 편의 대표작에서 보여준 화花'와 '산山'과 '상象'의 언술은 '안이 곧 밖이고 밖이 곧 안'이라는 명제를 떠올리게 만드는 이은희의 작가 의식을 압축해 내었음을 재확인할 수 있다.

| 대표 작품 |

화화화

이은희

　花花, 옷이 벗겨지는 찰나이다. 바람에 반쯤 벌어진 껍질이 툭 떨어진다. 붉은 나상이 적나라하다. 바람결에 하늘거리는 꽃 한 줄기. 감탄이 신음처럼 배어 나온다. 조금 전까지도 잔털로 무장한 껍질 안에서 잔뜩 움츠렸던 꽃봉오리. 이제 갑옷을 벗고 고운 꽃잎을 화르르 펼치리라. 껍질을 벗는 모습은 언제나 볼 수 없다. 하지만, 식물도 자존심이 있어 상대가 누구인가를 따지리라. 게으른 사람보단 부지런한 사람, 세상일이 내 마음 같지 않아 불면증에 시달린 자, 대낮보단 새벽을 사랑하는 이에게 민낯을 보여주리라.

　묘시에 깨어 있어야만 볼 수 있는 광경이다. 개양귀비가 하나둘 털북숭이 옷을 벗더니 오월의 정원을 붉게 수놓는다. 절정에 다다른 꽃송이가 피고 지며 저를 키운 주인에게 온몸으로 화답한다. 뭇 사람의 심장을 마구 흔들며, 정원 구석구석에 불을 화끈하게 지르리라. 사람들은 꽃 한 송이를 두고 '요염하다', '단아하다', 한마디로 '죽인다'며 온갖 상찬에 침이 마른다. 식물은 말이 없는데 인간만 무시로 흔들리는지도 모른다.

화火, 활활 타오르는 불꽃, 그리스 신전에 성화를 닮았던가. 사진의 배경은 짙푸른 하늘, 초점은 새빨간 개양귀비. 드넓은 하늘을 붉은 꽃송이가 떠받치는 듯한 형상이다. 마치 하늘에 투영된 깃발 같기도 하고, 날 것의 붉은 심장도 같다. 사람들은 나에게 열정이 넘친다고 말한다. 좋아하는 일 앞에선 물불 안 가리고, 지칠 줄 모르는 나의 심장. 그 심장도 신열이 올라 저렇게 빨갛지 않을까 싶다. 아니, 어찌 좋아하는 일 앞에서만 신열을 앓겠는가. 상식이 통하지 않는 사람 앞에서 끙끙거리다 심장에 종종 불꽃이 일어난다. 그 불꽃은 쉬이 사그라지지 않아 몸속 구석구석에 반점처럼 부어올라 처방약을 달고 산다. 화火로 달궈진 심장을 서서히 잠재우는 대상은 역시, 꽃이다.

일년초는 번거로움을 감수하고 심는 식물이다. 특히, 개양귀비는 모종이 어려운 품종이라 꽃씨를 가능한 여러 곳에 넉넉히 뿌려 새싹을 솎아내는 것이 낫다. 꽃이 피고지고 열매를 맺으면, 장마가 오기 전에 부지런히 씨앗을 거둬야만 한다. 개양귀비와 끈끈이대나물 꽃씨는 마치 연필로 콕 찍은 점처럼 씨앗이 작디작다. 볕에 바싹 마른 씨방은 빗살이 살짝 건들기만 해도 씨앗은 와르르 쏟아지기 때문이다.

지인은 번거로운 일을 왜 자초하느냐고 묻는다. 그래서 나도 나에게 묻는다. 내 안에 체증인 불[화火]을 꽃[화花]으로 다스린다는 응답이다. 일상에서 맞닥뜨린 상심에 솟은 화火를 자분자분 잠재우는 화花. 내가 전념하는 일은 직장생활과 글쓰기에 덤으로 식물 가꾸기와 그 식물을 지인에게 공유하기다. 처음에는 소소한 정원 가꾸기 정도였는데, 식물이 백여 가지로 늘어나니 할 일이 정도를 넘는다. 주말의 하루는 육신을 혹사시켜야만 일이 끝난다.

　못된 근성이 발동한 탓이다. 골몰무가汨沒無暇, 일에 빠져 몸을 사리지 않고 시간 가는 줄을 모른다. 그럴 땐 일을 저지하는 옆지기가 필요하다. 그의 손에 이끌려 방으로 들어오면, 침대에 시체처럼 늘어져 허릅숭이처럼 삭신이 쑤신다고 구시렁댄다. 그것도 잠시 꽃이 보이면 다시 방문턱을 넘는다. 방금 전에 헷위를 잊고 꽃에 미친 듯 즐거워하는 모습은, 누가 봐도 이해할 수 없는 진풍경이리라. 피로감도 피로 나름, 즐거움에서 오는 피로를 그 누가 알랴. 즐거운 노동을 버리지 못하는 화상, 정녕 꽃[花]을 떠나선 살 수 없는 존재이다.

　화和, 짙푸른 우암산을 병풍 삼아 들여놓고 붉은 개양귀비를 즐긴다. 하늘정원은 구속이 없는 절대 자유의 시공간, 장자의 소요유逍遙遊가 따로 없다. 정원에서 유유자적도 사나흘, 꽃의 재잘거림과 식물의 묘한 생태를 혼자 보기가 아쉽다. 급기야 수백 명이 어울리는 SNS에 식물을 올려 자랑한다. 태평양처럼 넓은 오지랖을 어쩌면 좋으랴. 꽃의 향기는 백 리를 가고, 사람의 향기는 만리를 간다고 했던가. 씨앗을 뿌려 피어난 꽃을 이웃과 무시로 나눈다. 울산의 '카친'에게도 꽃씨를 주었더니 그곳에서도 하늘정원 새싹이 돋는다. 내가 나눈 꽃은 그냥 꽃이 아니다. 생화학 유기적 반응에서 일어난 엔도르핀을 사방으로 마구 전파하는 중독성 강한 식물이다.

노을빛 동살을 배경으로 더덕 줄기를 사진에 담는다. 위로 타고 오르는 본능의 더덕 줄기가 마치 외다리의 새처럼 보인다. 문인이 쓴 글 속의 '외다리 성자'가 발현되는가. 정지된 식물 줄기의 한 장면을 만인이 바라보며 솟대, 제비, 바람개비 등 '뭐뭐' 같다는 댓글이 오른다. 식물 줄기 사진 한 장에 각자 사유가 깊어지는 시간이다. 더불어 즐거운 대화가 이어지고, 침묵하던 지인의 반가운 이야기도 바라본다.

이웃과 마음을 나누는 일은 더없는 기쁨이다. 좋아하고 사랑하는 일은 향기로운 조화를 낳는다. 꽃[화花] 덕분에 마음이 맞는 분들과 살뜰한 정을 나누는 기회를 만든다. 마음속 불[화火]의 화신이 낳은 아드레날린은 자연이 만든 신선의 꽃[화花]으로 잠재우고, 그 꽃을 SNS에 공유하니 세상과 조화[화和]롭다. 억지로라도 웃으면 엔도르핀이 돈다고 했던가.

'하하하'와 비스름한 '화화화'를 읊조려본다. 주위를 돌아봐도 행복은 물질의 소유가 전부는 아니다. 나의 소소한 행복은 좋아하는 풀꽃과 마주하며 식물을 정성껏 키워 이웃과 즐거움을 나누는 일. 꽃에서 삶의 균형과 조화를 이룬다. 오늘도 일상에서 지친 심신을 화花를 가꾸며 다스리고 몸속 세포의 긴장을 녹잦힌다. 눈앞에 꽃의 세계, 내가 만든 소소한 천국이다.

03
낯선 풍경 그리고 낯익은 기억
– 이지숙 수필에 나타난 '이가락離家樂'적 여행

1. '다가오지 않은 것'에 대한 설렘

 현대인의 삶에서 빠트릴 수 없는 키워드를 지목한다면 당연히 '여행'이다. 인간은 원래 무엇인가를 끊임없이 탐색하는 존재이기도 하지만, 여행은 그 자체로써 치유와 소통의 역할은 물론 의식의 변혁을 가져다준다.
 샤를 피에르 보들레르는 그의 산문시 〈이 세상 밖이라면 어디라도〉에서 '삶은 모든 환자가 자리를 바꾸어야 한다는 강박감에 사로잡힌 병원이다. 이 환자는 난방장치 앞에서 앓고 싶어하며, 저 환자는 창가에 누워있으면 나을 거라고 생각한다.'라며 여행의 욕망을 피력했다. 인간이 늘 떠나고 싶어하는 배경에는 근원적 기본 심리가 작용한다. 그것은 무구한 열정이고 속박의 탈출이며 유쾌한 호기심의 발로라고 할 수 있다.

이러한 여행에는 아직 '다가오지 않은 것'에 대한 설렘과 생경한 풍경을 기대하는 것을 기본전제로 한다. 그러나 익숙하지 않은 시공간 속에서 낯익은 기억으로의 마주침도 동반하게 된다. 여행 장소가 어디이든 과거의 유사한 기억을 재구성하여 현실로 가져오는 것이다. 그리하여 눈으로 접한 풍경들은 감정을 조절하여 심상의 흔적을 남긴다. 이에 이지숙 수필가 역시 바다와 강과 포구 여행을 통해 집 떠나는 즐거움인 '이가락離家樂'을 실현하고자 한다.

2. '낯선 풍경'과 '낯익은 기억'

여행의 즐거움은 마음의 여유와 휴식으로만 가능한 것이 아니다. 경이로운 시간 체험과 내재된 감각과 잃어버린 심상을 깨워 정신적 자아를 되찾는 일도 포함한다. 그러나 무엇보다 새로운 장소에서 '낯선 풍경'과의 마주침이 경험의 영역을 확대시켜 행복하게 만든다.

이지숙의 〈독살과 후리〉는 무더운 여름날에 떠난 바다 여행기이다. 인천의 삼형제섬인 신도, 시도, 모도를 여행하면서 눈길이 꽂힌 것은 서해안의 조수 간만 차를 이용한 고기잡이 방식인 '독살'이다. 마을과 떨어진 연안에 돌을 쌓아 둑을 만들고, 밀물에 들어온 고기들이 돌그물 사이에 갇히면 썰물 때 고기를 건져내는 전통 물고기잡이를 발견한다. 그 낯선 풍경은 자연스레 화자의 '자전적 기억autobiographical memory'을 소환해 온다.

저녁이 되면 장년들이 그물을 작은 배에 싣고, 가까운 앞바다에 그물을 던져가며 둥글게 원을 그리고는 다시 해변으로 돌아온다. 마을 사람들은 양쪽으로 갈라져서 그물줄을 잡아당긴다. 해변에서 여럿이 잡아당기는 힘으로 멀리 간 그물은 마을로 거리를 좁히며 다가온다. 해 질 녘 마을로 잠자러 돌아오던 고기들은 잠들지 못하고 잡히고 만다.

− 〈독살과 후리〉 일부

화자의 고향이 있는 동해의 물고기 잡는 방식인 '후리' 부분이다. 독살과 비슷하지만, 서해처럼 밀썰물의 차가 없으니 후릿그물 끌기로 고기잡이를 하였다. 비록 40여 년 전의 기억이지만 현실의 생소한 풍경 속에서 과거의 흔적을 발견하는 것이 "여행이 주는 덤"임을 깨치게 되는 것이다.

인간은 배우고 성찰하고 현실적 지평을 넓히기 위해 여행이라는 체험을 선택한다. 그것은 지금껏 알지 못하던 낯섦에 주목함으로써 정신을 숭고하게 고양시키는 힘을 갖게 한다. 〈봄날, 섬진강〉은 풍경의 직시를 바탕으로 여행을 통한 의식의 심상을 구현해내고 있다. 지천으로 봄꽃이 피던 어느 날, 화자는 섬진강 여행길을 나선다. 야산의 진달래꽃과 산길의 매화꽃과 강둑의 야생화들을 눈에 담고, 구담마을과 진메마을을 돌며 섬진강 시인의 생가를 둘러보고 시인의 문학 이야기까지 듣는 호사를 누린다. 이때의 탈일상적인 경험은 일상의 거주지에서 체득될 수 없는 변화를 가져오게 한다.

짙은 매화 향기만 있는 것이 아니다. 봄 들녘에 부지런한 농부가
옮겨놓은 분뇨 냄새가 지독하다. 섬진강 바람이 불면 매화 향기가
일고, 산마루 언덕배기에서 바람이 오면 그 고매한 분뇨가 일어난
다. 쉬지 않고 흘러가는 은빛 물결. 섬진강은 윤슬이 반짝이는 매
화꽃이다. 은은한 향기와 더불어 걷는 것은 행복을 부르는 길이다.
- 〈봄날, 섬진강〉 일부

그동안 눈으로만 확인하던 풍경을 심안으로 확장시킨 결과이다. 즉 매화목이라는 실제 이미지가 확장되어 섬진강 줄기가 거대한 한 그루 매화목의 환영처럼 보인다. 그러기에 강물에 반짝이는 윤슬이 온통 매화꽃같이 울렁이게 되는 것이다. 나아가 섬진강에 향취가 일고 매화꽃은 다시 "강물 위로 은빛 날개를 펼친 학"이 되어 날아오를 수 있게 되는 것이다. 물론 풍경의 해석도 경험하는 사람의 개성이나 의도에 따라 다르게 나타나겠지만, 자신을 객관화하고 대상과의 거리를 좁힐 때 탈정형성을 포착할 수 있게 된다. 그것은 세계와의 만남 속에서 공감과 소통과 자기 인식에 이르는 중요한 계기가 되고 있다.

여행의 길 떠나기는 언제나 장소성을 동반한다. 현대인은 일상에서 오는 긴장과 스트레스를 벗어나기 위한 탈출구로 여행이라는 외부공간을 선택한다. 하지만 여행지는 단지 정주의 공간인 집 떠나기를 실행하여 장소이동의 목적지로만 존재하지 않는다. 때로는 갇힌 공간에서 더욱 활발하게 정신적 탈출이 이루어진다. 인간이 '어디'라는 공간적 장소 안에 그리고 시간적 흐름으로 '언제' 머문

다는 것은 직간접적 체험을 모두 포괄한다. 그렇다면 책 읽기라는 문학을 매개로 한 독서여행 또한 미적 체험을 동반한 정신적 길 떠나기가 될 수 있다. 특히 심리적 애착관계가 있는 '집'이라는 공간이라면 책 나들이 장소로 가장 적합한 공간이 될 것이다. 즉 육체는 실재장소에 머무르고 정신활동을 통해서만 일탈의 여행을 이루어낼 수 있다.

이에 이지숙의 〈집 떠나는 즐거움〉은 '곽재구의 ≪포구기행≫을 읽으며'라는 부제가 드러난 독서여행으로서 화자 역시 "방구석 여행"이라 명명한다. 봄날, 춘곤증을 이겨내며 고향의 바닷바람을 맡고 싶은 화자는 행간을 따라 포구를 기행한다.

> 멸치 배의 그물 터는 풍경은 내가 자란 바닷가에서도 많이 보았다. 멸치를 털 땐 '허리 허얼차'하며 구령에 맞춰 돌림으로 부른다. 대여섯 명의 장정이 두꺼운 비닐 앞치마를 입고 멸치 배를 물에 띄운 채 멸치 배와 부두 사이에 그물을 늘어뜨린다. 부두 쪽으로 나란히 줄을 서서 장단에 맞춰 그물을 털면 그물에 붙은 멸치가 떨어지며 아래에 쳐놓은 그물에 떨어진다.
>
> - 〈집 떠나는 즐거움〉 일부

"오롯이 옛날을 회상하며 책 속에 빠져 집을 떠나 있었다."라는 화자의 진술처럼 독서에 의한 일상의 단절은 시공간을 넘나들며 과거와 현재의 경계를 지운다. '동해바다 정자항에서'를 통해 고향 마을의 멸치 터는 흥겨운 소리를 소환하고, '향기 자욱하던 보라색

풀꽃인 배초향'에서는 유년의 집 마당 귀퉁이에 심어 놓은 방아잎을 떠올리며, 해당화 전설과 해당화 울타리와 소래포구 해당화를 연결 짓는 것도 같은 맥락이다. 그러므로 책 속 풍경에서 옛 기억을 환기시켜 '낯익은 기억'으로 재구성한 수필쓰기로 연장하게 되는 것이다.

3. 다시 '길 떠나기'

장소는 나와 관계를 맺을 때 의미를 지니는 결연結緣의 장소가 된다. 그러니 여행은 '경험' 그 자체가 아니라 '경험에 대한 기억'을 획득하는 일로 전환될 수 있는 것이다. 그곳에서 개인의 자취와 애착이 담긴 풍경이 개입된다면 상징적 의미가 포함되어 다른 배경과는 대체 불가능한 장소로 기억한다. 작가라면 언제나 기억의 이미지에 자신을 응시하고 더불어 비추어내는 역할을 마다하지 않는다. 그것은 깨어나는 것이고 스스로를 발견하는 일이며 자아의 성찰로서 문학의 근간이 되기 때문이다. 그런 까닭에 무의식의 고요에 도달하고 자신을 들여다보고 고향에 다다를 수 있는 이지숙의 출행出行은 앞으로도 계속 이어질 전망이다.

| 대표 작품 |

독살과 후리

이지숙

  바다는 그 자리에 있다. 마음이 좁아져 두근대는 심장을 가라앉히지 못할 때, 반복되는 파도의 잔물결을 보고 있으면 고요해진다. 소위 말하는 멍때리기다. 먼바다를 보다가 해안 가까이 잘바닥대는 하얀 파도의 쉼 없는 행동에 한참 집중하면 마음은 평온을 되찾게 된다. 무더운 여름 신도로 들어간다.

  인천대교를 지나면 영종도다. 휘어진 듯 돌아가는 긴 바다 위의 다리는 바람이 불면 출렁대며 움직이다가 이내 자리를 잡는 부드러운 몸짓을 한다. 해무가 몸 한쪽을 잠시 감추어도 바람이 불어오면 쉬이 사라지는 것을 알기에 뻐기고 서 있다. 삼목항은 인천공항을 지나 바다가 보이는 곳에 있다. 선착장엔 차를 삼키느라 큰 배가 입을 벌리고 차곡차곡 음식물을 재우듯 빈틈없는 공간을 찾으며 움직인다. 차를 싣는 시간은 길지만, 신도로 가는 뱃길은 뱃고동 소리 한 번 내뿜으면 도착하는 짧은 거리에 있다. 갈매기도 새우깡을 받아먹다가 목 넘길 때 도착한다. 바로 앞에 10분 거리의 작은 섬이다.

신도는 신도, 시도, 모도가 연도교로 연결된 삼형제섬이다. 삼 형제 마을을 승용차로 길 따라 돌면 30분이면 횡하니 다녀올 수 있는 작은 마을이다. 신도, 시도, 모도라 불리지 않고 어느 집 큰아이 이름 부르듯 신도라고 부른다. 엄연히 부르는 그 이름을 제각각 불러본다.

시도 앞 수기 해변엔 '독살' 혹은 '돌살'이라고 불리는 옛날 전통 고기잡이 방식이 있다. 마을과 조금 먼 곳에 돌을 쌓아 둑을 길게 만든다. 밀물에 들어온 고기들이 둑의 방해로 나가지 못하고 돌 사이에 갇히면, 손으로 줍듯이 고기를 양동이에 퍼담는 물고기잡이다. 돌의 틈도 적당해야 물의 흐름에 방해가 되지 않을 것 같다. 서해안이라 조수 간만의 차를 이용한 것이다. 문득 '후리'라는 이름이 떠오른다.

동해는 밀썰물의 차가 없어 서해안과는 달리 '후리'라는 물고기 잡는 방식이 있다. 독살과 비슷하게 마을 가까이에서 전통적인 방식으로 고기를 잡는다는 점이 닮았다. 내가 자란 마을은 동해안의 작은 어촌마을로 반농반어를 하며 사는 마을이었다. 현대중공업이 들어오기 전이라 마을엔 일 년에 한 번씩 풍어제를 지내며, 유명한 소리꾼을 불러 마을 굿을 하며 한해의 안녕을 기원하였다. 농사는 풍년으로, 바다 일은 만선을 노래하는 무녀의 힘을 빌었다. "일산지 대동大洞 안에 소멸치 대멸치…." 작은 아이였던 그때는 그 말이 무슨 말인지 몰랐지만 지금 생각하니 작은 우리 마을을 대동으로 노래했었나 보다. 풍어제를 지냈던 그 시절에 해가 뉘엿뉘엿 넘어가는 저녁이 되면 장년들이 그물을 작은 배에 싣고, 가까운 앞바다에 그물을 던져가며 둥글게 원을 그리고는 다시 해변으로 돌아온다. 마을 사람들은 양쪽으로 갈라져서 그물줄을 잡아당긴다. 해변에서 여럿이 잡아당기는 힘으로 멀리 간 그물은 마을로 거리를 좁히며 다가온다. 해질녘 마을로 잠자러 돌아오던 고기들은 잠들지 못하고 잡히고 만다. 그물에 걸린 여러 종류의 생선과 숨 쉬러 나온 조개, 고둥 등이 끌려 나온다. 힘 모은 사람들은 물론 그 옆에서 구경하던 사람도 해산물을 나눠 가져가 저녁 찬거리로 먹었던 기억이 난다.

여름날 시도의 '독살'을 보며 40여 년이 훨씬 지난 '후리'를 떠올린 것은 여행이 주는 덤이다. 새로운 것을 경험하는 것도 좋지만, 문득 만나는 생소한 것으로 인하여 지난 과거를 떠올리며 풍족한 생활은 아니었지만, 잇속없이 나눠 먹었던 그때가 그립다. 동생을 업고 양푼이 들고 간 내게도 물고기 몇 마리 건네주었을 그 인심이 가슴을 따스하게 만든다.

올여름, 내가 살았던 마을을 찾았다. 10여 년 전 태풍과 큰 너울로 인해 마을을 보호한다고 테트라포드가 바다를 막고 있다. 옛 모습은 사라지고 관광객을 유치하느라 호텔, 카페에 번쩍이는 주점이 불야성이다. '후리'는 꿈도 못 꿀 일이다.

여행이 슬그머니 행복했던 과거를 가져다준다. 서해거나 동해거나 자연의 이치에 따라 가두고 후리는 고기잡이. 파도는 바닷가에서 가만가만 들어왔다가 그 양만큼 도로 물러나간다. 파도치는 소리와 심장의 박동은 닮았다. 보고만 있어도 편하다.

04
당신이 있어 내가 있습니다
― 이향영의 아름다운 동행, ≪우분투≫

1. 과거를 품은 현재

인류의 역사 이래로 인간은 때로는 갈등 관계에 있기도 했지만 서로 도우며 살아왔다. 강자가 약자를 보호하고 자원을 제공해줘야 할 책임이 있다는 원리는 고대로부터 거의 모든 사회에서 강조되어 왔다. 고대 헬라에서는 타인을 돕는 행위는 자기 영혼의 발전을 촉진하는 것으로 인식되었고, 이집트인들은 신들에 대한 존경의 표시로 남을 신체적으로 물질적으로 돕는데 많은 관심을 가졌으며, 유대교의 랍비들은 가난한 사람들에게 필요한 것을 나눠주거나 가족을 잃은 사람들을 위로하는 일 등을 선행이라는 용어로 요약했다.

잘 알려진 것처럼 '네 이웃을 너 자신처럼 사랑하라.'는 예수의 계명은 이를 여실히 보여주고 있으며, 그것은 구약과 신약성경에 있는 굶주린 이에게 먹을 것을 주는 일, 목마른 이에게 마실 것을 주는 일, 집 없는 이에게 머무를 곳을 제공하는 일, 헐벗은 이에게 입을 것을 주는 일, 병든 이를 돌보아 주는 일, 감옥에 갇힌 이를 방문하는 일, 죽은 이의 장례를 치러 주는 일 등의 자비행위로 확산된다. 즉, 재물이란 단지 자신에게 잠시 맡겨진 것이므로 그 재물을 어려운 이들과 나누어야 한다는 가르침을 받게 된다.

이제 '기부', '기증', '나눔'은 낯선 단어가 아니다. 기부 문화는 사회 안정과 결속을 위한 중요한 기제이며 한 나라의 문화 수준을 측정할 수 있는 중요한 척도가 된다. 기부는 친구와 친지를 넘어서 자신도 모르는 불행한 사람들에게 자신의 선의를 확장하는 것이며 기부자의 가치를 표현하고 실천하는 과정이다. 이는 단순한 자원 이전 이상의 의미를 가진다. 이러한 의미에서 기부는 사회문제와 사회변화에 참여하고 개입하는 수단이자 시민의식을 표현할 수 있는 통로이다. 그러기에 빌 게이츠 역시 "제가 사회로부터 얻은 재산을 다시금 사회에 돌려주는 것이 기부운동에 참여하는 이유입니다."라고 밝힌 바 있다.

그러한 실천으로 오늘날 누구보다도 적극적인 기부운동에 참여하는 자가 이향영 작가이다. 그녀가 평생 보여준 이타적인 삶은 많은 사람에게 상실되어가는 인간 본연의 모습을 되찾게 하고 있다. 그러면 그녀로 하여금 진정으로 이타적 행동을 할 수 있게 만든 것은 무엇인가. 천성과 인품과 믿음과 더불어 먼저 하늘나라로 떠난 아들 폴 유빈 리의 삶을 간과할 수가 없다. 그리하여 아들의 무덤

집에서 언약한 "엄마의 약속은 오직 하나였다. 아들이 생전에 했던 불우이웃돕기를 엄마가 아들의 이름으로 대신 하겠다."는 의지를 실천해 나가게 된 것이다. 아울러 저자는 멀리 여행 떠난 아들이 많은 자양분이 되어 여러 권의 책을 쓰게 되었고, 그 책들을 해마다 무덤 상석에 갖다 놓던 것이 경험으로 쌓여 지금까지 꾸준히 책을 발간하여 여러 곳에 헌정하게 되었다. 이에 평자는 이번 '작가론'에서 기증작가 이향영의 문학적 삶과 아들 폴 유빈 군이 전하고 간 이타적인 삶을 '우분투' 정신에 입각하여 되새겨보고자 한다.

2. 이향영의 '우분투'를 세우며

우분투는 아프리카 부족들의 세계관을 이어주고 아프리카인들의 연대 의식을 연결하는 하나의 틀이자 뇌관과도 같다. 이는 사람들 간의 관계와 헌신에 중점을 두는 아프리카인의 삶의 철학인 동시에 모든 아프리카 부족사회의 연대 의식이라고 말할 수 있다. 우분투라는 용어는 은구니Nguni 격언에서 나온다. 그것은 '당신이 있어 내가 있다.' 즉 함께 존재하는 것being together, 함께 사는 것living together으로써 이것을 다르게 표현하면 '인간은 다른 인간을 통하여 인간이 된다.', '우리의 삶은 여러 사람과 한데 묶여 있다.'라고도 할 수 있다. 그러므로 우분투는 아프리카 조직체의 토착적 설정을 최적화시키며, 이 세계관은 그룹 결속을 믿고 있다. 적대적인 환경인 가난과 굶주림과 박탈 등 어떠한 고난에도 살아남도록 할 수 있는 공동체의 결속을 다져준다.

이향영 작가의 삶 역시 표제와 같이 '우분투' 정신으로 존재한다. 작가 자신 앞에 어떠한 극한 상황이 닥쳐도 자비와 베풂과 봉사와 기부와 기증의 인간애를 실천해왔다. 이민 생활 중 인종차별의 설움으로 부당한 일도 겪었고, 세 번의 화재와 대지진에 물질적 정신적 피해뿐만 아니라 생사의 기로에도 섰으며, 아찔한 교통사고도 당했다. 무엇보다 서울대 연수 도중 감전사한 아들을 가슴에 묻은 참척의 고통도 겪었으며, 최근에는 암 판정을 받은 환자로서의 삶을 이겨내고 있다. 이러한 상황에서 그녀가 인간됨의 본질인 상호의존성과 공동체성에 기초한 연민과 돌봄으로 조화와 공생의 정신을 놓지 않는 것은 〈사랑 고백〉에서 보여준 "그분의 크신 은혜로 온몸 십자가의 기도"를 바침으로써 가능해진다.

이향영의 우분투 실천은 크게 도서 기증과 재산 기부로 나눌 수 있다. 이십여 권이 넘는 책을 써서 기증하고, 여러 곳의 장학재단을 설립했으며, 직접 그린 그림을 팔아서 기증하고, 필요한 사람을 위해 기꺼이 물품을 나누었다. 나아가 이민 생활 동안 모은 대부분의 재산을 사회복지공동모금회 '사랑의열매'에 기부함으로써 '아너 소사이어티 패밀리 회원'이 되었다. 기증작가로서의 시작은 1993년에 상재한 첫시집 ≪하늘로 치미는 파도≫의 인쇄비로 아들 이름으로 발족한 장학재단에 기부한 것으로 태동되었다.

다른 이들에게만 일어나는 줄 알았던 아주 슬픈 일이 내게도 천둥처럼 생겼다. 엄마와 아들 둘이 살았는데 18세 아들이 먼저 세상

을 떠났다. LA 강진이 지나간 후 후진이 파도처럼 밀려들던 건물 응접실에 홀로 앉아 산문시를 썼다

– 〈하늘로 치미는 파도〉에서

아들을 잃은 슬픔은 ≪나비야 청산 가자≫라는 자전소설로 이어졌으며, 판매 수익금은 아들 폴의 장학재단으로 기증하게 된다. 뿐만 아니라 ≪부자소년The Rich Boy Stands There Always≫은 LACC에서 대학 영어교재로 사용되었고, 수익금 역시 장학재단에 기부한다. 그때, 단 킴이란 경제학 박사의 "폴은 18년을 살다 갔지만 180년을 살다 간 의미가 있어요."라는 말을 위로받으며, ≪레퀴엠≫ 등 아들과의 삶을 승화시킨 글들을 꾸준히 발표하여 기증의 실천을 이어나간다. 이후 그녀의 시선은 개인의 삶에서 벗어나 이웃과 사회와 세상으로 확장된다.

2014년 세월호 침몰사고 때는 진도 팽목항으로 거의 매일 달려가서 기도를 올리고 쓴 시집 ≪미안하다 더 사랑해요≫를 추모시집으로 기증하고, 기도문처럼 시와 편지로 엮은 ≪당신의 평화를 빕니다≫와 이태석 신부님의 감동적인 삶을 그린 ≪환한 빛 사랑해 당신을≫을 '미주 아프리카 희망 후원회'와 부산의 '이태석 신부님 기념관' 등에 기증하였다. 기행순례기 ≪어머니, 어머니 나의 어머니≫의 판매대금 전액은 성가정 성당의 이웃사랑 돕기로 사용되었으며, 감성시집 ≪행복 에스프리≫ 발간은 고향의 이웃들에게, ≪Seven Stars 그대들을 위하여≫는 코로나 시대 우울증에 빠진 국민들을 위로해 준 트롯맨들에게 헌정, 한부모가정을 위

한 ≪별들이 소풍와서 꽃으로 피어있네≫는 부산의 모자원을 통해 기증하였다. 아울러 암이라는 병도 이향영의 우분투 정신을 꺾지 못했다. ≪암이 내게 준 행복≫과 ≪암이 준 하늘선물≫, ≪암이 준 하늘축복≫의 기증은 환우들을 위한 위로이자 희망을 전했으며, ≪해운대 페스티벌≫ 기증은 지역사회 발전을 위한 공헌으로 인식되었다.

넬슨 만델라가 "우분투는 사람들이 자신을 위해 일하지 말라는 것이 아닙니다. 중요한 점은, 그렇게 하는 것이 여러분 주변의 공동체가 더 나아지게 하기 위해서 그 일을 하느냐는 것입니다."라고 강조한 것처럼 이향영은 인연이 된 사람들에게 적극 베풂과 나눔을 실행한다.

> 그녀의 이름은 엘리쟈벳이었다. 나는 여름학기가 끝나고 미국으로 돌아갈 때 그녀가 원한다면 내가 2개월 동안 입었던 것과 런던에서 사 입은 옷들을 모두 주겠다고 했더니 엘리쟈벳은 나를 껴안고 펑펑 울었다.
> 이민 초창기 시절이 얼마나 어렵다는 것을 나는 경험으로 알기에 그녀를 꼬옥 껴안아 주었다. 나는 두 달 동안 돈을 아끼느라 샌드위치와 물만 먹고 살았는데, 남은 돈은 봉투째 그녀에게 건넸다. 나는 백팩 하나만 매고 미국으로 돌아왔다
>
> － 〈AIU-런던 기숙사에서〉에서

이향영이 American Intercontinental University-London(AI

U-런던) 여름학기 과정으로 뮤지엄학과 파인아트폼 사진학을 공부할 때다. 당시 폴란드인 이민자로서 청소 도우미를 하는 젊은 여인의 어려움을 외면하지 않았다. 비슷한 사례는 계속 이어진다. 타히티 여행지와 코스타리카 여행지의 호텔메이드와 쿠바 가이드에게 자신이 갖고 간 가방째로 선물하고, 멕시코 산언덕에 사는 가난한 원주민과 인도와 네팔 선교에서 구호 물품을 전하고, 아프리카 구제 선교를 통해서도 송아지 살 돈을 주고 심지어 가져간 물건을 몽땅 기부하고 백팩만 메고 귀국한다.

그러한 나눔은 '우문투 응구문투 응가반투Umuntu ngumuntu ngabantu', '한 사람은 다른 사람들을 통해 한 사람으로 존재한다.'는 뜻의 아프리카 속담을 상기시키게 하는데, 공동체 정신이 없이는 결코 불가능한 일이다. 이제 이향영에게 기부란 재물을 나누어주는 것을 넘어 정신적으로 공생하는 일이 된다. 그러기에 그림 기증은 물론 마약중독 학생들을 위해 10에이커짜리 땅문서를 기증하고, 한인타운의 지인에게 팜데일 땅을 내주고, 용인공원묘지에 잠들었던 아들 폴 유빈의 유해를 이장 후 빈터는 용인노인사회복지회로 기증하였다. 나아가 현재 그녀는 고액 기부자로 구성된 '사랑의 열매' 아너소사이어티 패밀리 아너로서 '기부대상'이란 자랑스러운 명패를 받아들었다. 앞으로도 이향영 작가의 이러한 우분투 정신은 계속 이어질 것이고 사람의 존엄성과 함께 네트워크처럼 인류애로 번져나갈 것이다.

3. 유빈 폴의 '우분투'를 그리며

1992년 8월 1일, 안타까운 한 사건으로 유빈 폴의 짧은 생애가 마감된다. 서울대학교 기숙사에서 차탕기 감전사로 세상을 떠나기까지 "4,678일 동안" 살다 간 폴 유빈은, 장차 의사가 되어 슈바이처처럼 인간을 생각하고 생명을 존중하며 인류에 봉사하는 삶을 살겠다던 꿈을 지닌 청년이었다. 유빈의 봉사는 중학교 때부터 시작된다. 아르바이트를 하고 번 돈과 용돈을 모아 로스앤젤레스와 산타모니카의 홈리스들을 돕고 교회와 병원 경찰서 등을 찾아 꾸준히 봉사를 해왔다.

> 미주한국일보 1988년 12월 13일 자, 폴 유빈 리의 선한 일한 기사가 났다. 폴은 평소에 집 없이 거리에 노숙하는 사람들을 보면서 마음 아파하곤 했다. 교회에서 성경 공부하면서 배운 것을 폴은 스스로 실천하려 노력했던 것이다. '오른손이 하는 것을 왼손이 모르게 하라. 너 이웃을 네 몸처럼 사랑하라.'
> 아들은 용돈과 아르바이트해서 모은 것을 해마다 추수감사절과 크리스마스 때가 되면 LA 다운타운과 산타모니카 홈리스들에게 선물을 준비해서 전달하곤 했다.
> — 〈LA 한인 소년의 선한 일〉에서

과연 다운타운의 '소년 산타클로스'라고 불릴 만하다. 그러나 대부분의 부모라면 자식이 평범하고 무탈하게 자라길 원한다. 그것은 이기적인 삶을 권유하는 것이 아니라, 타인과의 관계 속에서 소속되고 참여하고 공유함으로 인간이 된다는 우분투 세계관은 가르치더라도 내 가족들의 삶은 안정되길 바라는 심리가 깔려 있다.

이향영 역시 평화적인 공존을 수용하는 삶에 동의하면서도 아들의 두드러진 봉사정신과 이타심으로 가득 메워진 신념이 걱정되었다. 그러니 처음에는 일찍 철드는 아들을 지켜보며 "나는 아들이 평범하게 자라서 자기와 자기의 가족에게 성실하고 행복하게 살기를" 바랐으며, "그분께서는 이 아들을 어떻게 사용하려고 어릴 때부터 남을 위해 선한 일을 하는 것을 단련시킬까?" 하고 불안했음은 당연하다. 하지만, "나를 위해 소유하니 금방 싫증이 생기고 불우한 홈리스를 위해서 베풀면 기쁨과 행복이 오래가더라."고 증언한 아들의 진성성을 충분히 이해하고 환대하게 된다.

> Paul은 매해 성탄절이 되면 푼푼이 모아 두었던 돈으로 몇백 개의 라면 상자를 사 들고 로스앤젤레스의 한 경찰서를 방문하여 헌사도 하였으며, 그 기사가 각 신문에 실리기도 하였다. 미국에서 교육받고 성장한 고등학생으로서 뚜렷한 봉사 정신을 간직한 모습을 자주 볼 수 없기 때문에 나는 Paul을 생각할 때마다 어린 소년의 봉사 정신을 생각하게 된다.
>
> – 클레어몬트 신학대학교 이경식 교수의 〈추모글〉에서

오늘날 교회를 의미할 때 가장 아름다운 단어는 '섬김'이라는 말인데, 예수께서는 친히 제자들의 발을 씻어주심으로 섬김의 모범

을 보여주셨다. 그것은 도움이 필요한 모든 사람이 자신의 이웃이며 자신이 돌보아야만 하는 존재라는 가르침을 보여준 것이다. 그러므로 유빈 군의 장한 행동은 생전에도 사후에도 세상 사람들을 감격시켜내고 있다. '당신이 있어 내가 있다' 혹은 '우리가 존재하기 때문에 내가 존재한다'라는 우분투의 기본 정신에서 드러나듯이, 폴은 인간이 관계 속에서 태어나 더불어 살다가 관계 속에서 생을 마치게 됨을 누구보다도 먼저 터득한다. 어린 나이에 스스로 자유의지를 가지고 외부로부터 강제 받지 않은 상태에서 타인이나 사회를 위해 헌신한다는 것은 결코 쉽지 않은 일이다. 이처럼 인간을 관계적 존재로 볼 때 폴 유빈은 자신의 개인적 삶이 공동체의 사회적 삶으로 귀결되는 공동운명체로서의 세계를 정확히 인식한 것이라고 해석된다.

그가 떠난 후에 김동길 교수, 클레어몬트 신학대학교 이경식 교수, 시인 故 고원 교수, 서울대학교 어학연구소 박남식 소장, 故 박대희 목사, 이상호 목사, 중앙일보 미주 본사 최승우 기자, 외삼촌과 사촌누나 등으로 이어지는 각계에서 보내온 추모의 글만 보더라도 유빈 군이 생전에 얼마나 헌신적으로 우분투 정신을 실천하였는가를 예측할 수 있다. "담요며 라면 같은 것을 수십 상자씩 사서 노숙자들이나 남모르게 수고하는 사람들에게 나누어 주는 것이 그 잘생긴 아이의 낙"이라던 김동길 교수의 회고글이다.

서양 속담에, "하나님은 사랑하시는 이들을 젊은 나이에 먼저 데려가신다."(those whom gods love die young.) 폴은 하나님이 사랑하시기 때문에 먼저 데려가셨다고밖에는 생각할 수 없다. 하나님의 극진하신 사랑을 받던 폴은 지금 하나님 나라에 가 있을 것이다. 우리 모두의 삶은 조만간 끝나게 마련이다. 시간 적으로 다소 일찍 가는 사람이 있고 좀 처져서 뒤에 가는 삶이 있는 것뿐이다. 유명한 미국 교회의 담임목사이던 피터 마샬이 죽기 전 자기 아내 캐트린을 향해 "내일 만납시다.See you tomorrow."라고 마지막 한 마디를 남겼다.

- 김동길 교수의 〈폴을 그리며〉에서

김동길 교수의 증언처럼 분명 지혜롭고 '쓰임'이 많은 폴 유빈 군이니 하나님도 극진히 사랑하신 것은 당연한 일이다. 선한 자를 가까이 두고 싶은 마음이라 생각할 도리밖에 없는 것이다. 어머니 이향영에 따르면 지난해 이상구 박사와의 인터뷰에서도 "폴은 앞으로 아주 큰 인물이 될 사람인데 어릴 때부터 충심으로 하나님의 마음을 받들어 불우이웃을 도우니 선한 일을 가로막는 악인의 짓이라고 본다."라고 한 위안의 말과도 일맥상통한 내용이다.

폴 유빈의 1주기를 맞아 간행된 ≪하늘로 치미는 파도≫ 속에는 유빈 군의 삶의 궤적이 눈처럼 녹아 있다. 한인연합감리교회 목사이자 클레어몬트 신학대학교 이경식 교수는 "나는 이 책을 읽는 많은 청소년에게 Paul의 순수하고 청결하고 아름다운 마음을 닮으라고 말하고 싶다. 이 세상 많은 사람이 물질적 욕심에 좌우되어 순수함을 귀중하게 생각하지 않는 이 시대에 Paul과 같은 학생이야말로 흑암을 밝히는 등불의 역할을 하는 것"이라는 찬사를 보냈으며, "폴 리는 떠나갔지만 제2, 제3의 폴 리가 이 땅 위에서 그가 꿈꾸던 귀한 일들을 Stanford처럼 오래 계속 대행해 나가게 되었습니다. 크레어몬트 신학대학원에서만이 아니라 서울에서도, 나성에서도 그의 이름으로 장학재단이 세워지고 많은 인재 양성을 하게" 되었음을 위로하고 격려하였다. "돌이켜 보면 이 군은 그렇게 우리 곁에 작은 불꽃이지만 미래를 밝혀 줄 희망의 등불로 모두의 가슴 속에 새겨져 있던 인물이라 해도 과언이 아닐 것"이라는 전 중앙일보 미주 본사 사회부 최승우 기자의 말처럼 안타까운 한 소년의 죽음은 한인사회와 한국 사회를 슬픔으로 물들게 하였지만, 그의 정신은 영원히 퍼져나갈 것이다.

4. 현재를 품은 미래

이향영의 《우분투》는 '당신이 있어 내가 있습니다! I am because you are!'라는 슬로건으로 쓴 작가적 삶의 고백서이자 일찍 세상을 떠난 아들에게 바치는 헌사라고 할 수 있다. 이민 여성의 이력을 지닌 작가 이향영은 오늘날까지 끊임없이 시와 소설과 서간문과 순례기와 에세이를 써서 기증하고, 충만한 이타심으로써 타자를 포용하고 도우며, 세상과의 조화로운 삶을 영위하고자 노력하였다.

아들 폴 유빈 군의 생전 선한 행동들이 자양분이 되어 "가슴 아파하기엔 너무나 시간이 아까워요. 왜냐하면 한 자라도 더 Paul에 관한 글을 남기고 싶으니까요."라는 심정으로 펜을 잡았고, 엮은 책들을 해마다 무덤 상석에 갖다 놓고 기도를 올렸다. 그것이 씨앗으로 발아하여 그녀의 고백과 경험은 자연과 사람, 신앙과 건강, 축제와 문화 등의 무궁한 소재로 확장되기에 이르렀다. ≪해운대 페스티벌≫에서 필자가 언급한 대로, 이향영은 글을 쓰는 인간인 '호모 스크리벤스Homo scribens'라는 칭호를 부여받을 수 있는 군#에 가장 적합한 인물이 되었다. 그동안 쓴 책들을 여러 곳으로 헌정한 지 30년이 지나자 독자들은 그녀에게 '기증작가' 또는 '헌정작가'라는 이름을 앞세워 불러주게 된 것이다.

폴 유빈 군으로 시작하여 어머니 이향영 작가에게 고스란히 옮겨진 우분투의 실천은 단순한 물질적 금전적 지원을 넘어 인간의 가치를 표현하는 과정이며 사회문제에 적극 참여하는 구체적 실현으로 볼 수 있다. 아들의 뜻을 살려 계속 선행을 실천하라는 김동길 교수와 이상구 박사의 제언이 아니더라도, 이미 LA에서 목사님들, 선생님들, 경찰관들, 홈리스들이 사랑했던 아들 폴의 선행을 그녀는 멈출 수가 없다. 그리하여 미국대학에서 라이언 교수가 폴의 스토리를 교재로 써서 학생들에게 가르치고 싶다고 한 제안을 수락하였고, 논픽션 소설을 써서 한국의 청소년들에게 많이 읽혀졌으면 좋겠다는 조병화 시인의 권유로 ≪나비야 청산가자≫라는 자전소설을 썼으며, 아들의 죽음을 진혼곡으로 그려낸 대서사시 ≪레퀴엠≫을 상재하였고, 이제 폴 유빈 군의 서사를 모두 집약하여 ≪우분투≫라는 이름으로 책을 발간하기에 이르렀다.

비록 한 작가 개인의 가슴 아픈 이야기지만, 다시 말하면 이 책의 서사는 개인이 속한 공동체의 이야기이므로 '너의 고통이 나의 고통이고 나의 부요함이 너의 부요함이다.'라는 성경의 말씀을 상기하지 않을 수 없다. 세상의 모든 사람은 하느님의 자녀로서 무엇과도 비교할 수 없는 존엄성을 가지므로 서로 형제이며 사회 안에서 서로가 서로에게 책임이 있는 것이다. 그러니 공동체 중심적 삶으로 나아가려면 반드시 이향영 작가와 아들 폴 우빈 군의 이타적 삶을 해독할 필요가 있다. '크게 버리는 자만이 크게 얻을 수 있다.'는 속담을 떠올리며 공존과 조화에 필수적인 ≪우분투≫의 정신을 새겨 볼 일이다.

| 대표 작품 |

'우분투1' 일부

이향영

친구 다이안이 빨리 서울로 가봐야 한다며 급한 전갈을 주었다. 폴이 아파서 병원에 입원한 것 같다고 하는데 자세한 것은 잘 모른다고 했다. 폴에게 무슨 일이 생긴 것 같아서 불안한 마음을 진정하지 못하고 집으로 향했다. 여러 가지 안 좋은 생각이 떠올랐지만 모두 추측일 뿐이라고 스스로 위로해 보았다. 불길한 마음을 누르고 폴이 당한 사고와 위험으로부터 지켜주실 것을 간절한 마음으로 기도했다.

집에 도착하자마자 먼저 자동 응답기를 확인했다. 나의 회신을 기다리는 메시지들로 가득했다. 맨 처음 사촌 경애에게 통화했지만 나쁜 소식을 내게 전하지 못하고 남편이나 삼촌에게 미루고 흐느끼기만 했다. 전화를 끊고 나니 곧이어 UC 리버사이드의 미스터 남의 전화가 왔다. 그 역시도 마음을 진정하라는 말과 함께 자세한 이야기를 하지 않았고 자기 부인인 미시즈 남이 곧 도착할 거라는 말만 했다.

긴박한 상황에서 나는 다시 UC 리버사이드의 한국 프로그램을 맡고 있는 사무실로 문의했다.

"저는 리사 리입니다. 한국으로 떠난 학생 폴 유빈 리 엄마인데요… 그에게 무슨 일이 일어났습니까?"

"네, 당신을 기억합니다, 끔찍한 일이에요, 너무나 죄송합니다, 당신의 아들 폴 리는 사고로 세상을 떠났습니다."

마른하늘에 날벼락도 유분수지 청천벽력이었다. 나는 심한 충격으로 전화기를 떨어뜨리고 기절해버렸다. 얼마 후 내가 희미하게 의식을 차렸을 때는 UC 리버사이드에서 Mrs. 남이 차가운 수건으로 얼굴을 닦아주며 내 의식이 회복되도록 냉수를 권했다.

그녀는 나와 함께 서울행 오후 3시에 출발하는 비행기를 탈 수 있도록 서둘렀지만 놓치고 3시 반 비행기를 겨우 탈 수 있었다. 나는 여전히 충격의 늪에서 헤어나지 못했고 의식은 덩하기만 했다. 그런 중에도 비행기 좌석에 앉아서 가장 먼저 했던 일은 두 손을 모으고 간절히 기도하는 것이었다. 내가 할 수 있는 것은 오직 기도밖에 없었다.

"하나님, 당신의 자비와 능력으로 부디부디 우리 아들 폴을 살려주시고 제발 저를 진정시켜 주소서. 주여, 고요 속에 말씀해주소서. 제가 기다리고 있습니다. 제 마음이 침묵 속에 듣기를 원하나이다. 제 마음과 영혼이 방황하지 않도록 붙잡아주시옵소서."

긴장과 불안의 연속에 있는 내게 Mrs. 남은 맥주를 한 병 주문해서 권했다. 나는 두 병을 빠른 속도로 마시고 잠이 들었다. 얼마 후 내가 깨어났을 때 Mrs. 남은 조심스럽게 폴을 추모하기 위한 어떤 생각이 있는지 물었다. 나는 추모장학재단을 만들어야겠다는 의중을 비쳤다. 간신히 대화에 집중하려 해보지만 내 감정은 슬픔과 분노를 억제할 수 없었고 흐느낌이 통곡으로 바뀌고 있었다.

Mrs. 남은 그런 나를 위로하려 했지만 나는 너무나 절망적이었고 감정을 조절할 수 없었다. 그녀는 기숙사에서 폴이 감전사로 사망했다는 것 외에는 자세한 상황을 전혀 알지 못했다. 나는 문득 폴과 했던 마지막 통화가 떠올랐다.

"엄마, 인생이 뭐야? 잠깐 나타났다 사라지는 안개일 뿐이라고 했는데 엄마는 그걸 믿어?"

왜? 폴이 그런 말을 했을까? 우연이라고 생각하기는 석연치 않았다. 그의 무의식은 자기의 죽음을 알고 있었을까? 폴의 갑작스러운 죽음은 내게 많은 물음표를 달고 내 머릿속을 계속 휘젓고 있었다.

하나님은 봉사 잘하는 폴을 이리도 빨리 데리고 가신 이유가 뭘까? 왜? 왜? 왜? 비행기를 타고 가는 동안 베개에 얼굴을 묻고 비탄과 절규의 간장이 녹는 듯 울었다 삼키곤 했다.

마른 하늘의 날벼락을 심장에 직통으로 맞은 나는 이미 '나'일 수가 없었다. 가슴에 견딜 수 없는 찢어지는 진통이 오는 것이 오히려 이상했다.

05
인간애, 그 근원적 휴머니즘
– 조현숙의 수필집 ≪결을 만지다≫

펼치며

인간은 자신이 경험하는 세계를 이야기로써 전달하고자 한다. 끊임없이 자신의 생각과 구상을 내러티브를 통해 표현한다. 이런 현상을 염두에 두고 생겨난 용어가 이야기하는 인간, 즉 '호모 나랜스Homo narrans'이다. 호모 나랜스라는 용어가 암시하듯이, 이야기에는 인간을 해석하고 이해하는 힘이 들어 있다. 특히 서사로서의 문학도 그 일환이다. 자신이 살아온 이야기를 진솔하고 맛깔스럽게 글로써 전달할 수 있다면 이미 이야기꾼으로서의 작가적 자질을 획득하게 된다. 그런 의미에서 조현숙의 첫 수필집 ≪결을 만지다≫의 41편 작품을 통해 작가의 일상적 고백을 들여다보려 한다.

≪결을 만지다≫에는 크게 세 줄기의 '인간애人間愛'가 교차한다.

첫째는 부모와 남편과 자식 등 혈육으로 이어진 '가족애家族愛'이며, 두 번째는 자신의 가치 회복에 지향점을 둔 '자기애自己愛'라고 할 수 있고, 세 번째는 주변 사람들과의 서사로 엮어진 '관계망關係網'으로 직조되어 있다. 수필이 인간 삶의 세계에서 벗어날 수 없는 문학의 범주이듯 ≪결을 만지다≫에서 조현숙이 다루는 소재는 결코 화려하거나 거창하지 않다. 그러나 경험의 바탕으로 평범한 일상은 신선하게, 엮인 인연은 숭고하게, 시선에 닿은 물상은 가치롭게 재발견되어진 한 권의 인간학으로써 손색이 없다.

그러기에 작가가 〈서문〉에서 밝혔듯이 "평범한 일상들이 얼마나 귀하고 소중한지 알게" 되고 〈작가 노트〉의 고백처럼 "가족이 얼마나 커다란 힘이 되고 버팀목이 되는지를 새삼 깨닫게"게 되는 것이다. 이러한 관점으로 그녀가 "생의 무게를 어떻게 받아들이는가"를 관조하며, 각각의 작품에 담긴 인간의 삶과 그 속에서 발현되는 따뜻한 휴머니즘을 살펴보려 한다.

1. 가족 서사의 힘

가족은 인간 삶의 근원적인 구조이며 휴머니티의 원초적 뿌리이다. 인간은 출생부터 가족이라는 범주 안에서 자신의 존재를 확인한다. 개인과 타자의 첫 대면의 장이자 때로는 권력 갈등이 나타나는 최초의 집합적 공간이다. 가족이 거주하는 집 역시 밖으로 나아가고 다시 되돌아오는 정주 공간으로써 개인의 공간이 되며 세상

속에서의 중심이 된다.

조현숙은 가족의 서사를 소중하게 생각한다. 그녀가 수필을 쓰는 이유 중 하나도 "덮어주고 보듬어주는 가족 사랑은 사람을 살리는 힘이 있다는 것을 말하고" 싶기 때문이다. 작가가 그동안 가족에게 바친 정성과 조건 없는 헌신을 베푼 만큼 가족 역시 믿음과 이해로써 정신적 지지대가 되어준다.

무엇보다 〈남자의 세월〉을 통해 올해 "예순 돌을 맞는 남편 김을규 씨"를 위한 헌사가 돋보인다. 평생 일에만 매달리던 중년의 남편이 요즈음 달라졌다. 외모 관리도 하고 유행도 좇고 집안일도 거든다. 반면, 예전과 달리 드라마에도 몰입하고 작은 일에도 서운해하는 감정 분화가 잦다. 그녀는 이러한 현상을 남편의 "갱년기"라고 진단한다.

> 남자도 세월의 무게에 쇠락하는 몸만큼 마음병을 앓는 모양이다. 그럴 때면 나는 남편을 치켜세우다가 바닥에 떨어뜨리기도 한다. 월급날마다 마누라뿐 아니라 장모님 통장에도 생활비를 꼬박꼬박 자동이체하는 사위가 세상에 어디 또 있겠냐면서. 하지만 말에도 온도가 있으니 가족에게 말투를 좀 더 따뜻하게 해 달라고 덧붙인다.

조현숙은 현명한 아내이다. 남편의 회한 어린 실패담에 조용히 귀 기울여주고 반복되는 재기의 레퍼토리에도 매번 감동의 표정을 지어 보인다. 그것이 "맨손 투혼"으로 가정을 굳건하게 지켜낸 남편을 옹호하고 위로하는 미덕임을 알고 있다. 나아가 "내 남편이 자기주장만 고집하는 꼰대를 벗어나 유연한 삶의 향기가 나는 꽃 대로 존경받길" 희원하는 마음을 받들기 때문이다.

어미로서의 세 자녀에게 갖는 모성애는 작품 곳곳에서 살뜰하게 드러난다. 〈미네르바의 부엉이〉에서는 임용고시 합격 후 교사의 길을 걷는 큰딸에게 보내는 응원의 메시지를, 〈괜찮아〉에서는 견진성사를 앞둔 작은딸에게 용기와 격려를, 〈가랑비에 옷 젖는 줄 모른다〉에서는 입영하는 아들에게 걱정과 당부의 심경을 밝힌다. 아울러 〈특별한 소포〉를 통해 부모의 실존성을 확인하고 형제애를 당부하는 어미의 속마음을 은은하게 풀어놓는다.

> 좁은 거실 한켠을 장식한 고가의 안마 의자를 보노라면 소탈한 큰딸의 고생과 속정이 느껴져 가슴이 뭉클하다. 부모를 위해 비상금에다 건설 현장에서 일용직으로 아르바이트하여 모은 돈으로 선물해 준 것이기에 잘 모셔둔 것이다. 섬세한 작은딸은 제 언니의 생일날에 직장으로 백 송이 장미꽃 바구니를 택배로 보내어 자매 간의 정을 돈독히 하였다. 아들 역시 제 누나들을 존중하고 잘 따르는 편이다.

세상의 모든 어머니의 역할은 자식에게 가장 기본적인 가치관을 가르치는 구심체가 되기에 조현숙 또한 어머니로서의 소명을 철저히 지켜낸다. 부모의 입장에서는 "자기 색깔만 고집하지 않고 부대끼면서도 서로 의지하며" 정을 나누고 살아가기를 기대하는 것만큼 더 이상 바랄 것이 없게 된다. 〈인생나무〉와 〈동행〉, 〈험한 세상 다리가 되어〉, 〈구두〉 등에서도 시댁과 친정의 부모님과 일가친척들에 대한 존경과 사랑이 담긴 인정미 넘치는 '가족애'로써 삶의 공존 방식을 보여준다.

2. 자기애의 회복

오늘날 트랜드에서 한 축을 차지하는 것이 있다면 '자기애'라고 할 수 있을 것이다. 나를 위한 것, 나를 향한 것 그리고 지금의 나를 알아가는 것이 시대를 주도하고 있다. 소소하지만 확실한 행복을 뜻하는 '소확행'이나 나의 기준을 존중하고 스스로를 사랑하는 나만의 세상이라는 '나나랜드', 일과 삶의 균형을 의미하는 '워라밸' 등의 신조어가 생겨나고, 혼밥, 혼술, 혼영 등을 유행시킨 욜로 YOLO 라이프로의 삶이 진행된다. 비단 밀레니얼 세대가 아니더라도 고통과 시련을 이겨낸 세대라면 누구나 자기애를 통해 상처를 회복하고 자신을 위로하려 한다.

그러나 이러한 자기애의 본질은 타인에 대한 무관심이나 이기심의 충족에 있지 않다. 보여주기 위한 '나'가 아니라 스스로 자신을 돌보고 사랑하는 자기발견의 수단으로 승화시킨다. 조현숙 역시 표제작 〈결을 만지다〉에서 "내 마음의 날이 무디어져야만 타인의 마음도 어루만질 수" 있음을 확신한다.

그러나 모든 일은 받아들이는 사람의 마음가짐에 따라 해석이 달라지는 법. 느긋한 아침을 누리게 되니 생각이 달라졌다. 시시비비를 따지고 예민하게 굴던 일들이 모두 부질없다는 생각이 든다. 왜곡된 시선과 단호한 말투에 상처받았을 마음들이 전해져오는 듯하여 가슴이 아리다. 자책하는 자신을 향해 '그때는 최선의 방법이 었다.' 하며 다독여 본다.

조현숙은 30여 년 다니던 직장의 굴레를 스스로 벗어버렸다. 그 동안 호명되었던 '선생님'에서 '전업주부'라는 새 이름표를 달고 제2의 인생을 살아간다. 〈집으로〉와 〈쉼태態〉에서 드러나듯이 이웃의 같은 전업주부들과 친목을 쌓고, 글쓰기를 배우며, 성악 교실에도 등록하고, 골프도 치며 인생을 재부팅하기에 이르렀다. 그래서 "인생이 막 재미있어지기 시작했다"는 언술에 동참할 수밖에 없다.

어린 시절 어둠 속 도랑에서 〈괘종시계가 울리던 밤〉을 보내던 시골 소녀가 〈사춘기, 그게 뭐였죠?〉라는 독백처럼 자존감을 생각할 겨를도 없이 고군분투 노력하였고, 〈모르면 물어보라〉는 좌우명을 새기게 된 교육대학교에 입학함으로써 교육자의 길을 걷게 되었으며 〈괜한 오지랖〉에서 제자 사랑이 드러나듯 이타적 삶을 몸소 실천하였다. 따라서 "가난한 유년 시절의 설움을 잠재우고 희망을 안겨주던" 〈공소〉를 다시 찾아 "여정의 길을 잃지 않으리라"는 다짐을 하게 되며, 〈피에로가 웃고 있지〉를 통해 진정한 내면을 들여다보는 여유가 생긴 것이다.

피에로가 베레모를 쓴 채 까딱거린다. …… 지난 일은 잊고 다시 일어나라 한다. 쓰린 속을 다 알고 있다는 듯 꼬마 피에로는 나를 향해 찡긋 웃는다. 엉킨 마음의 실타래가 있어도 찬찬히 풀어보라고 웃으며 응원한다. 무게 중심을 오뚝이처럼 아래로 묵직하게 둔 채 안정된 마음으로 조용히 헤쳐가라는 말 없는 말로 이른다.

작가 스스로 "가녀린 나"에게 전하는 응원의 메시지는 〈예순도 젊다〉와 〈아직은 괜찮은 나이〉, 〈놓아라〉와 〈감사합니다〉, 〈설거지〉와 〈외투를 던지다〉 등을 통해서도 이어진다. 그 결과 가족과 주변 지인들 〈덕분에〉 "삶의 평형수를 스스럼없이 품어 안는다."고 술회하게 되었다.

자신을 어떻게 사랑할 것인가 하는 문제는 자신을 지키고자 하는 열망에서 비롯되었다고 할 수 있다. 아우구스티누스의 경우 "신을 사랑하기 위하여 자신을 사랑한다면 그것은 향유이지만, 자기애를 만족시키기 위해 신을 사랑하는 것은 이용이다."라고 규명하였고, 에리히 프롬 역시 "이기적인 사람은 다른 사람을 사랑하지 못한다는 것도 사실이지만, 또한 자기 자신을 사랑하지도 못한다."라고 할 만큼 그들은 자기애를 인간 사랑의 기초로 주창하였다. 이러한 자기애의 방향성은 결코 나르시시즘인 자아도취가 아니라 나에게서 타인에게로, 우리로 나아갈 수 있는 기반이 된다는 점에 주목할 필요가 있다.

3. 타인과의 관계망

　인간의 삶은 관계망으로 이루어져 있다. 자연과 인간, 물상과 인간, 인간과 인간으로 결합과 해체가 반복된다. 바람직한 사회는 모든 존재의 연결성과 상호의존성 논리에 따른 다원적 사고를 존중해야 한다. 전체와 개체, 개체와 개체의 다양성과 개별성을 인정하고 개인의 경험과 신념을 존중해주는 것에서부터 출발한다.

　내가 나 자신이 될 수 있는 것도 혼자만의 힘으로 되는 것이 아니라 타인과의 관계 속에서 가능한 일이다. 나와 가족과 이웃을 통해 '우리'가 될 수 있는 것이다. 일반적으로 이웃이라 함은 공간적으로 가까이 있는 사람을 지칭한다. 그러나 진정한 이웃은 심리적으로 가까이 있는 사람을 모두 포함한다. 조현숙의 수필에는 다양한 이웃이 등장한다. 당당하게 자기계발을 하는 이웃도 있고, 일상과 부조화를 겪는 이도 나타나며, 전문가로서 독보적인 존재의 지인도 있다. 등단작 〈언덕〉에서는 고향 동네 어르신이 보여준 순아한 정을 펼쳐내었다.

　　노인의 정을 품은 상추와 쑥갓, 어머니의 손맛이 담긴 파김치를 양껏 올렸다. 행여 고향 풋향 만으로는 제대로 빛을 발휘하지 못할까 봐 음식궁합이 좋은 삼겹살도 구웠다. 여린 상추와 쑥갓에다 잘 익은 삼겹살과 파김치를 올려 상추쌈을 싼다. 손바닥에서 초록이 높게 쌓인다. 희망을 꿈꾸던 유년의 언덕배기가 선하게 보인다. 오늘만큼은 고향 상추쌈이 나의 언덕이다.

유년 시절의 언덕이 장사 가신 어머니를 기다리던 장소였고 놀이터가 되었다면, 지금의 언덕은 작가의 과거와 현재를 이어주고 시골과 도시를 연결하는 끈이 되었다. 이제 조현숙의 언덕은 고향 마을에만 있지 아니하다. 고향 푸성귀로 차린 식탁 앞에서 손바닥 높이 올린 상추쌈마저 "나의 언덕"으로 구현되는 것이다. 아울러 '네 이웃을 사랑하라.'는 성경 말씀이 아니더라도 그녀는 늘 주변인의 삶과 인정의 세계에 깊이 공명한다. 〈바이러스〉에 나타난 작가의 담론이 대표적 예시다.

> 사람 사이의 정이 엷어지는 요즘 세상에 나에게도 해피바이러스를 지닌 이웃들이 있어서 고맙기만 하다. 이웃 아우 딸의 의과대학 합격 소식이 내 일처럼 반갑고 고맙다. 축하 인사를 건네면서도 수많은 날을 수험생 부모로서 감당했을 수고로움이 떠올라 가슴이 찡해왔다. 일흔을 훌쩍 넘긴 아파트 성님은 무명 가수로 데뷔한 이후 처음으로 TV에 나오게 되었단다. 흥분을 가라앉히고 방송프로그램과 시간을 안내해주신다. 혹여 놓칠세라 방송 시간 알람을 맞추고 본인도 찾느라 쩔쩔매던 생생한 명장면을 찍어 보내드렸다.

조현숙은 타인의 존재를 있는 그대로 받아들인다. 혹여 이웃의 일상이 화자와 부조화로 엮일지언정 타자들의 정체성을 수용하는 미덕을 보인다. 그러면 자신도 작으나마 "해피바이러스 역할"을 할 수 있게 되는 것이라고 믿는다. 〈그곳에 가면〉에서는 복날을 맞아 전복 삼계탕을 끓여 주는 "이 여사님"을, 〈무릉도원에서 기적을 만나다〉에서는 작가 가족들의 주치의가 된 "도인"을, 〈기다리다〉에서는 노점상 할머니들과의 귀한 만남을 정감의 문장으로 그려내었다. 그러한 인식은 지평을 넓혀 〈동네 목욕탕〉도 몸뿐만 아니라 마음의 때를 씻어내는 공간으로 확장시킨다. 그곳에서 만난 여든의 "동양화가"와 〈불쏘시개〉에서 보여준 아파트 지인들과의 인연도 삶의 "터닝 포인트"가 되어준다.

이렇듯 사회라는 공동체는 사람에 대한 연민과 애정이 담긴 개인의 온기로써 조화롭게 만든다. 인간이란 더불어 살 수 있을 때 비로소 미성숙된 자기 자신을 완성시키는 힘을 획득하게 되는 것이다.

닫으며

문학은 글로 쓰여진 인간을 살펴보는 일이다. 그것이 작가론으로 표상되든 등장인물로 구축되든 작품 속에서 인간의 정체성이나 인간과의 관계성을 살펴보는 일은 당연한 처사라 하겠다. 그러므로 문학 자체를 인간학이라는 좌표로 세운다면 뒤퐁의 "글은 곧 사람"이라는 공식이 성립됨을 알 수 있다.

조현숙은 본질적인 휴머니즘에 대한 대답을 안고 있는 작가이다. 작가는 물질성이 범람하는 현대시대에 정신과 육체적 비대칭을 극복하는 한 방법으로 기꺼이 수필쓰기를 선택하였다. 그녀가 소재로 엮은 인물은 '나-가족-이웃'을 선회하지만, 섬세한 감각과 정감의 필치로 인간애적 사유를 확장시켜내었다. 비로소 수필집 ≪결을 만지다≫가 한 권의 인간학으로 완성된 것이다.

    그럼으로써 가족과의 애정은 더욱 굳건해지고, 이웃과의 관계망도 더욱 유연해지며, 마음 구석에 고착된 "내면아이"도 살갑게 보듬어 세우리라 확신한다. 니체의 "너는 너 자신이 되어야 한다."는 경구를 떠올리며 계속되는 작가의 문학적 사유를 기대한다.

| 대표 작품 |

남자의 세월

조현숙

　남편이 하 수상하다. 무슨 바람이 불었는지 거울 앞에 서는 일이 잦다. 옷도 이것저것 입었다 벗기를 반복한다. 기장이 길다거나 바짓가랑이 품이 넓다는 둥 한 마디씩 불평을 쏟아내고는 종이 가방에 옷가지를 쓸어 담는다. 수선하는 집에 직접 맡기기 위해서다. 잠깐 외출에도 현관 거울 앞에서 한참을 기웃거린다.
　요즘은 꽃중년 남자가 대세이다. 남자라도 외모 관리를 잘하여 고운 피부와 근육질 몸매, 개성 있는 패션으로 당당히 자기 존재를 알리고 있다. 그러나 경제적으로 여유가 많지 않은 남편과는 동떨어진 먼 나라 이야기일 뿐이다. 남자가 되어 외모에 관심을 갖는 것은 천하에 한심한 노릇이고 쓸데없는 사치라며 터부시하던 남편이다. 세안 후에는 스킨 하나 찔끔 바르는 게 전부이다. 그것도 손바닥에 두어 방울 떨어뜨려 한 번 쓱 문지르고 만다. 옷은 한두 벌만 있으면 된다고 생각하는 사람이다. 실제로 남편은 거의 단벌신사다. 마음에 드는 바지가 있으면 똑같은 걸 두세 개 동시에 구매하여 세탁할 때까지 한 가지만 입는다. 날마다 갈아입으면 세탁할 옷이 어느 것인지 헷갈리고 옷장도 복잡해진다는 핑계를 댄다. 신발은 구두와 운동화 각각 한 켤레로 모든 패션을 커버한다.

그러나 유행과는 무관한 채 일만 하던 그이가 달라지고 있다. 얼굴에 스킨을 발라도 제법 꼼꼼하게 두드린다. 자외선 차단제를 챙겨 바르기도 한다. 시건방져 보인다며 기피하던 선글라스도 야외 운동 시에는 제법 착용한다. 어두운 색을 내려놓고 밝고 선명한 티셔츠를 즐겨 입는다. 핏이 딱 떨어지게 통이 좁고 길지 않은 바지도 선호한다. 스마트한 젊은이들을 흉내 내고 있는 것이다.

스스로 생각해도 젊어진 패션이 어색한 모양이다. 괜찮은지 자꾸 물어본다. 눈을 반짝이며 거울 앞에 서성이는 모습이 낯설기도 하고 안쓰럽게도 보인다. 노모와 처자식을 먹여 살리느라 자신의 삶은 내려놓고 평생 일에 매진하던 사람이다. 나이와 얼굴에 맞지 않다고 말하면 실망할까 봐 잘 어울린다며 힘을 실어준다. 그러면서 특별히 잘 보이고 싶은 사람이 있는지 슬쩍 건드려보았다. 당연히 반발은 거세다. 자세히 보니 윤기 없는 거무스레한 얼굴에 훈장마냥 주름이 선명하다. 풍성하던 머리숱은 온데간데없고 흐릿한 앞이마 라인은 정수리로 물러나고 있다. 등은 굽어가고 한쪽 어깨는 처져있다. 젊음이 스러져가는 뒤안길에 선 중년 남자의 처절한 몸부림쯤으로 여겨 보인다.

그가 외모뿐만 아니라 집안일에도 관심을 보인다. 예전에는 무엇이든지 나 몰라라 하던 사람이다. 아침에 과일주스를 갈면 슬그머니 다가와서 보조한다. 생과일주스 윗부분의 거품을 걷어내기도 하고 식구 수대로 컵에 따라놓는다. 믹서기의 날이 위험하다며 물을 부어 다시 돌려 씻는 것도 잊지 않는다. 전기밥솥 뚜껑을 열지 못해서 반나절을 굶던 사람이 이제는 취사 버튼을 눌러 밥을 하고 다 된 밥을 주걱으로 고슬고슬 풀어놓기도 한다. 내가 바쁘게 외출할 경우에는 설거지를 자처한다. 물론 자신의 노고에 대해 과하게 생색내는 걸 잊지 않는다. 칭찬이라도 해주면 뜻밖의 멋진 그림을 완성한 화가처럼 홍조가 인다.

TV 채널은 남편의 마음에 달려있다. 나이가 들면서 오갈 데 없어 일찍 퇴근한 남편은 텔레비전에 시선을 고정시킨다. 정치나 스포츠 채널을 고수하던 이였다. 과정은 생략하고 결론만 다그치던 남편이 소소한 일상을 상세하게 다룬 드라마를 늑진하게 앉아 시청한다. 출근하기 바쁘다 하면서도 화면 속 주인공에 감정이입이 되어 사뭇 진지한 표정이다. 그러다가 눈물이라도 흘릴까 내심 걱정되기도 한다.

무엇이든 흔쾌히 오케이하던 남편이 작은 것에도 삐친다. 아이들과 이야기를 나누거나 간식을 먹고 있으면 자신을 빼놓았다고 서운함을 표한다. 조건 없이 먼저 도움을 주던 사람이 이제는 상대의 무심함에 섭섭함을 토로한다. 저녁 식사를 하고 오냐고 물어도 볼멘 목소리다. 전에 없이 셀프 홍보에도 적극적이다. 왕년의 잘나가던 시절뿐 아니라 갓 완공된 공장이 화마에 휩싸여 꼭두새벽에 달려가던 일, 외환위기로 부도났을 때의 절망과 좌절, 그리고 재기에 이르기까지 레퍼토리는 다양하다. 이쯤에서 얼굴이 상기되는 남편의 얼굴엔 회한이 어린다.

거래처는 물론 물건을 납품한 대기업마저 줄도산하면서 연쇄적으로 남편 회사가 부도를 맞을 때였다. 그이가 채무자에게 감금되어 고초를 겪던 어느 밤, 나는 아무것도 모른 채 귀가하지 않는 남편이 걱정되어 경찰서에 실종신고를 했었다. 경찰관은 대수롭잖은 말투로 젊은 남자이고 연락 두절이 얼마 되지 않았으니 금방 들어올 거라며 걱정하지 말라고 했다. 피를 말리던 몇 시간 후 정말 남편은 귀가했다. 그러나 술 취한 모습이 아닌, 겁에 질리고 울어서 퉁퉁 부은 눈과 흙바닥에 밀쳐져 초췌한 몰골이었다. 하룻밤 새 완전 딴사람이 되어버렸다. 젊음을 바친 공장에 이어 노모를 모시고 처자와 살던 집마저 경매에 부쳐졌을 때 땅을 치며 통곡하던 모습이 떠올라 함께 눈시울이 붉어졌다. 남편은 모진 협박에도 몸을 피하지 않고 정면 돌파에 나섰다. 다시 밑바닥에서 맨손 투혼이 시작되었다. 험난한 세월을 숨죽여 건너면서 남편의 강인한 정신력과 성실함에 운이 더해져 우리는 빚 청산을 넘어 사유재산도 생기게 되었다.

  여러 차례 듣는 이야기일지라도 나는 가만히 들어주고 새삼 감동한 표정을 짓는다. 나이가 들면서 자신의 입지가 좁아지는가 보다. 남자도 세월의 무게에 쇠락하는 몸만큼 마음병을 앓는 모양이다. 그럴 때면 나는 남편을 추켜세우다가 바닥에 떨어뜨리기도 한다. 월급날마다 마누라뿐 아니라 장모님 통장에도 생활비를 꼬박꼬박 자동이체하는 사위가 세상에 어디 또 있겠냐면서. 하지만 말에도 온도가 있으니 가족에게 말투를 좀 더 따뜻하게 해 달라고 덧붙인다. 내 남편이 자기주장만 고집하는 꼰대를 벗어나 유연한 삶의 향기가 나는 꽃대로 존경받길 바라기 때문이다.

남편은 오늘도 퇴근길에 전화를 했다. 집에 식구들은 다 있는지, 밥은 먹었는지, 날마다 먹는데도 된장찌개가 있는지 묻는다. 불고기 등 특별한 메뉴를 준비했다고 하니 인생 학교 예순 돌을 맞는 남편은 아이처럼 기뻐한다. 무릇 감정이 분화하는 갱년기는 여자에게만 오는 것이 아닌 모양이다.

제4부

01 '길' 모티프의 서사적 의미

02 가족서사와 그 대응방식

03 대중문화 시대, 트로트와 문학과의 교접

04 시간의 흔적, 삶의 그림자

05 자기반성적 서사와 길찾기

06 서사적 우회, 우회적 소통

01
'길' 모티프의 서사적 의미

펼치며

인간은 늘 길을 나서는 자들이다. 항상 가야 할 길을 찾고, 그 길을 가고, 마침내 목적지에 도달한다. 때로는 그 길이 절망과 고통으로 연결되어 있더라도, 각자의 삶을 멈출 수 없듯이 인간이라면 나아가야 할 숙명적인 공간이 길이라고 하겠다.

사전적 의미에서의 길은 여행, 방법, 방향, 삶 등과 같은 다양한 의미로 확장된다. 이곳과 저곳의 장소를 이어주고, 과거와 미래를 연결시키며, 문명과 문화를 교류하게 하므로 다니는 공간도 되고 이치나 도리와 방법의 의미도 내포한다. 그런 의미에서 세상의 길을 크게 구분하면 공간적 의미의 '물리적인 길'과 정신적 의미의 '인식의 길'로 나누어질 수 있다. 전자가 이동을 위한 외재적 신체 체험의 길로써 도달점이 있다면, 후자는 내재적 깨달음의 길로써 인간 세상에서 우주까지도 연결될 수 있다.

살아간다는 것은 자신의 길을 찾아가는 행위이다. 인간이라면 늘 '나는 어디쯤 서 있고, 어디를 향해가고 있으며, 도정의 길목에서 무엇이 나를 기다릴까'에 대한 물음을 가지게 된다. 해답 역시 끝이 없고 알 수 없지만, 중요한 것은 길의 목적지보다 길 위에서 걷는 과정이다. 인간은 길 위에서 서성이고 유랑하며 휴식과 여유를 찾기도 하지만, 떠돌고 방황하며 주저앉거나 죽음을 맞기도 한다. 그러므로 볼노프는 길을 가리켜 "생의 공간적인 이중운동"으로써 떠남과 돌아옴, 만남과 헤어짐, 생과 사가 이르어지는 곳으로 간주했다.

그런 의미에서 인간의 삶을 다루는 문학에서의 길 모티프는 중요한 의미를 갖는다. 작가란 끊임없이 길을 떠돌며 자기 세계를 구축하는 자이기 때문이다. 다양한 길의 표상을 찾는 일은 인간에 대한 이해이며 물상과 자연에 대한 해석으로 나아간다.

1. 사라진 길 : 조현미의 〈길에서 길을 묻다〉

조현미는 등산로에서 길을 잃어버렸다. 화자의 표현대로 "길이 사라졌다." 작가는 끊어진 길, 사라져버린 길은 다시 복원될 수 있는가의 내포적 질문을 도입 문장에 펼쳐냄으로써 용의주도하게 독자를 '길'이라는 공간적 지표 속에 끌어들인다.

그녀는 산행을 쉰 지 몇해 만에 다시 등산로에 오른다. 하지만 낯익은 참나무 숲도 베어지고 쾌청한 물소리도 끊겨버려 호젓한 산길이 낯설기만 하다. 나아가 "꽃숭어리를 푸지게 달던 개복숭아나무" 근처의 갈림길마저 보이지 않는다. 가까스로 발밑 낭떠러지와 맞닥뜨리고 나서야 등산로 폐쇄 현수막을 발견하기에 이른다.

> 그제야 알았다. 산길이 왜 그리 호젓했는지. 곰곰 따져 보니 산행을 쉰 지 어언 여러 해. 그 사이 산은 허리를 댕강 잘리고 살붙이들과도 생이별했을 것이다.
> 자꾸만 까무러지는 정신을 다잡아 흐트러진 풍경을 수습해 본다. ㄴ자 모양으로 속살을 떠낸 뒤 아스콘을 부어 다진 도로 옆에 철제 계단이 보인다. 등산로가 폐쇄된 줄 모르고 산에 든 이를 위한 조처일 터.
>
> — 조현미, 〈길에서 길을 묻다〉 중에서

도로 건설로 인해 산이 도막 난 것이다. 산허리가 잘렸다는 것은 흙길이 없어짐과 동시에 생태의 숲도 매몰되었음을 예측한다. 인간이 저지른 개발이라는 조건의 만행은 고스란히 산과 "살붙이들과의 생이별"을 겪게 만들었다. 화자의 눈에 익은 벚나무의 꽃잎도, 고사목 다리도, 참나무 터널도, 들꽃 풍경도, 심지어 산마을의 역사까지도 깡그리 사라졌다. 시공사는 등산객을 배려하여 흙을 떠낸 자리에 쇠말뚝을 박고 철제 계단을 만들어놓았으나, 화자의 놀란 눈은 "박힌 쇠말뚝이 날고기를 주렁주렁 매단 정육점의 꼬챙이"로밖에 의식되지 않는다.

  자연은 인간 본성을 회복시켜줄 수 있는 가장 순수하고 원시적인 공간으로 존재한다. 조현미 또한 숲속 오솔길을 "사유하기에 안성맞춤인 길"이라고 명명하고 있다. 풍경이란 느리게 걸을 때 보이고, 마음이 여유로울 때 비로소 즐길 수 있다. 그녀에게 숲은 번잡한 일상에서 벗어나 마음을 쉴 수 있게 만드는 선방禪房 같은 공간이다. 그러기에 산길 들머리는 북새통 같았던 생각의 실마리를 풀어낼 수 있는 글문의 초입이 되는 것이다.

  하지만 인간은 자연의 생명력을 무시하며 그 존재가치를 잊고 사는 경우가 빈번하다. 태어나면서부터 자연에 의지하여 살아가는 나약한 존재이지만 어느새 인간 중심주의에서 만물을 지배하려 든다. 작가는 등산로가 사라진 것도 이미 예고된 일이었음을 약수터 "수구水口가 꽁꽁 시멘트로 봉해져"버린 사실로부터 거슬러 올라간다.

> 샘이 눈을 감은 얼마 뒤, 길이 사라졌다. 매년 봄, 바가지에 동동 꽃잎을 띄워 주던 벚나무의 배려도, 길과 숲을 중매하던 나무 계단도 자취를 감췄다. 개울의 노래가 잦아들더니 포클레인과 불도저가 갈마들며 산을 깎고 땅을 들쑤셨다. 얼마 후 시원의 풍경을 꾸역꾸역 집어삼킨 자리에 터널이 들어섰다. 매양 커다란 입을 벌리고 있는 터널이 쥐라기적 공룡만큼 이물스러웠다.
>
>   - 조현미, 〈길에서 길을 묻다〉 중에서

샘이 사라지고 터널이 생겨났다. 이번 등산로도 파헤치고 봉해지면 새로운 길이 뚫릴 것이다. 공사가 채 끝나기도 전에 화자가 검색한 인터넷 지도의 가상공간에는 벌써부터 "검은 길"의 경로가 실재한다. 과연 누구를 위한 길인가. 모두가 인간을 위한 행위라고 하지만 가해자도 피해자도 결국은 인간으로 귀결된다. 그 인식을 조현미는 "길을 끊는 이도, 길에 난 상처를 처매는 이도 다름 아닌 사람이었다."라는 서술로 확장시킨다.

인간이란 영적인 존재이므로 만물의 영장이라고 확신하지만 인간이야말로 자연의 법칙을 파괴하고 거스르는 가장 야만적인 존재라고 할 수 있다. 자연이라는 거대한 관계적 양태 속에 만물이 공존함을 인지할 때, '디지털노마드digital nomad'의 삶도 영위될 수 있는 것이다.

〈길에서 길을 묻다〉를 통해 작가는 무엇을 말하려는가. "산도, 길도, 인생도 일방통행"일 수만 없음을 강조하는 까닭은, 자연을 해치는 인간이라면 인간의 길 역시 언젠가 끊어질 수도 있다는 것을 암시한다. 그녀가 루쉰의 말을 빌려 "희망은 마치 땅 위의 길과 같다"고 주창하며, 도가에서 말하는 무위자연의 주체가 길이며 "도道의 본질"임을 해석해내는 일도, 인간은 자연의 일부이며 순환의 질서 속에서 예외가 될 수 없다는 사실을 인지하고, 진정한 휴머니즘은 공생의 가치에 있음을 부각시키려는데 목적을 둔다고 하겠다.

그러므로 20세기 환경운동에 커다란 영향력을 주고 있는 식물학자 스티븐 해로드 뷰너Stephen Harrod Buhner의 "우리 모두의 내면에는 빈자리가 있다. 식물들이 채워줄 수 있는 자리, 나무나 돌,

곰이 있어야 할 자리, 지구상에서 백만 년 동안 우리와 함께 진화해온 생명체들에 의해서만 채워질 수 있는 자리. 이 빈자리를 채우지 않으면, 우리는 반쪽짜리 삶을 살 수밖에 없다. 결코 완전히 인간이 될 수 없다."는 말에 귀 기울일 필요가 있다.

2. 잠시 멈춘 길 : 이순혜의 〈교차로에서〉

이순혜가 펼쳐내는 길의 서사는 교차로와 인생길의 중첩 이미지에서 출발한다. 그녀는 '삶의 길'이라는 추상적 의미를 '교차로'라는 구체적이고 특수한 장치device를 통하여 담담하게 삶을 관조해낸다.

화자는 창밖 네거리를 내려다보면서 생각이 복잡해진다. 교차로는 서로 다른 방향에서 오는 차들로 언제나 뒤엉켜 있다. 신호를 따르고 서로 양보하여 진입해야 마땅하지만, 신호를 무시한 과속 차량과 끼어들기로 꼬리를 무는 얌체족들로 "신경전을 벌이듯 경적을 울려대며 으르렁"거린다. 붉은 신호에 멈춰 잠시 기다리는 그 짧은 순간에도 "내달리고 싶은 차들이 쿨럭"거리며, 파란불이 들어오면 "기다린 시간이 아깝다는 듯 땅을 박차고" 나간다. 그 모습을 보면서 화자는 "방향 지시등을 켜고도 제때 차로를 바꾸지 못해 몇 바퀴를 돌기 일쑤"였던 초보운전 시절을 떠올린다.

차를 부리는 데 조금 익숙해질수록 내 자동차 속도계도 점점 올라갔다. 탁 트인 도로를 만나면 나도 모르게 가속 페달을 꾹 밟았다. 운전을 시작하면서 속도를 정해두었지만, 최고 속도를 경신하기까지 오래 걸리지 않았다. 자동차가 도로에 착 붙는다는 느낌의 쾌감은 짜릿했다. 다른 차들이 앞에 끼어들면 상향등을 쏘아대며 거리를 바짝 좁혔다. 그러나 내 자동차의 속도는 한없이 올라갈 수만은 없었다.

- 이순혜, 〈교차로에서〉 중에서

서투른 농부가 서둘러 열매를 얻으려 하듯이, 겉멋이 든 초보 운전자일수록 안전운전에 둔감하기 마련이다. 예상대로 탈이 나고 말았다. 앞선 화물차를 바짝 뒤따르다가 교통경찰에게 속도 제지를 당한 채 결국 범칙금 통지서를 받게 된다. 그런데 화자는 그것이 "내 인생에 주는 빨간 경고장인지 몰랐다."고 술회한다.

그동안 그녀의 인생길도 신호를 위반한 과속길이었다. 운영하던 학원에 원생이 늘자 주말도 반납하고 일에 매달려왔던 것이다. 과로로 몸은 망가졌고 여러 군데 고장이 났다. 암 덩이는 "림프샘 피막을 뚫고 전이轉移라는 이름으로 달릴 준비 중"이었음을 뒤늦게 인지하게 되었다. "더 좋은 차, 더 넓은 집, 욕망이 커질수록" 정지신호를 무시한 채 빠른 속도로 내달린 탓에 인생길에 "빨간불"이 켜진 것이다.

인생에 암 덩이가 끼어들자 내 질서가 뒤엉켰다. 학원 일은 물론 장을 보거나 청소를 하는 소소한 일상까지 혼돈에 빠졌다. 평소 잘 다니던 골목길도 얽히고설킨 미로처럼 보였다. 도시의 숱한 이정표 가운에 내 앞길을 가리키는 것은 하나도 없었다. 가로등 불빛, 행인을 유혹하는 간판, 시장의 왁자한 소리, 나 하나 없다고 이 도시가 달라지지는 않는다는 생각에 이르자 허무가 밀려들었다.
— 이순혜, 〈교차로에서〉 중에서

　이순혜는 인생의 교차로에서 이제 어찌해야 되는가. 당연히 일시정지할 수밖에 없다. 미로가 된 길 앞에서 나아가는 것은 무모한 일임을 깨닫는다. 방사선을 받아들이고, 시골집에 머무르며 자연과 시간을 보낸다. 그러한 호흡의 정리가 스스로의 내면을 깊이 들여다보게 만들었다. 무욕의 들풀을 보면서 "나는 무엇을 위해 이토록 숨차게 달려온 것일까."에 대한 내적질문을 이루어낸다. 지나온 삶을 판독함으로써 자신에게 닥친 자연의 이법을 순연히 받아들이게 되는 것이다. 그 결과 욕심과 질투와 허상을 지우고 남은 삶은 "조금 느리게" 가기로 마음먹는다. 늦게 피는 꽃도 있음을 인정하게 된다. 그러한 다짐이 절망의 방지턱을 넘어 희망을 향한 길찾기의 몸짓이라고 할 수 있다.
　만약 주행길에서 교차로 없이 계속 직진만 이어진다면 어떨까. 교통체증의 원인이 되고 필연적으로 정체가 이루어지는 불편한 통과구간이지만, 이러한 나들목이 없다면 쉽게 방향전환을 할 수 없다. 시간이 걸리더라도 배려심을 가지고 질서 있게 기다리는 여유가 필요하다. 인생길의 교차로도 마찬가지이다. 물론 반듯하고 익숙한 길로만 간다면 수월하겠지만, 뜻하지 않은 갈림길을 만나면 속도를 줄이고 방향을 바꾸어야 한다. 그 과정에서 고투와 함께 힘겨운 노정이 기다릴지라도 목적지까지 변하는 것은 아니다. 오히려 새로운 풍경을 만나고 다채로운 경험의 기회를 얻게 된다.

이제 이순혜는 제대로 삶의 길을 가고 있는가. 그 해답을 작품의 결미에서 구현해낸다. "멀리 가야 하니 내 속도를 잃지 말자."라는 다짐으로써 생의 길을 재구성하게 된 것이다.

3. 순례의 길 : 최영애의 〈함덕 487〉 外

최영애는 제주 올레길을 걸으며 인생행로의 깊이를 가늠한다. 그러한 노정으로 제주 올레길은 그녀에게 최고의 순례길이 되는 것이다. 순례자란 목적지를 향해 전진하는 사람으로서 정해진 목적지가 없는 방랑자와는 다르다. 그러므로 순례의 길에는 언제나 성스러운 것에 대한 동경과 관조가 동행하게 되는 것이다. 걷기의 성지로는 중세시대부터 이어져 내려온 유럽의 '카미노 데 산티아고 순례길Camino de Santiago'이 대표적이지만, '제주 올레길' 또한 국내 도보 순례길로써 산티아고 순례길 못지않다.

과거의 '길'은 단지 걷기 위한 장소에 불과했으며, 걷는다는 것은 하나의 이동 수단일 뿐이었다. 하지만 현대인의 삶 속에서 '걷는 행위'는 치열한 경쟁과 생존의 공간을 벗어나 사유와 사색, 그리고 삶의 가치를 추구하고자 하는 자신과의 만남의 길로써 작용한다. 최영애가 일상의 숨 고르기 방법으로 올레길을 걸으면 "나약하고 무력해지는 나를 움직이게 하고 완전한 자유를 얻게" 한다는 까닭도 같은 목적이다. 그녀가 올레 17코스에서 '무수천'을 만난다.

> 복잡한 인간사 근심을 없애준다는 '무수천無愁川'에 다가섰다. 얼마나 아름답고 한적하면 평생 이 이름을 달고 있을까. 물이 흐르지 않는 건천이라 하여 없을 무無, 물 수水가 붙여진 '무수천無水川'이란 또 다른 뜻의 이름이 있기는 하다. 그러나 근심을 없애준다는 이름에 마음이 더 다가간다. 비운다는 게 그리 쉬운 일인가. 하지만 강렬하고 성스러운 기운이 깃든 기암괴석이 가득한 풍광 앞에 서니 온갖 시름이 사라지니 말이다.
>
> — 최영애, 〈무수천〉 중에서

한라산 벼랑 계곡을 따라 천혜의 비경 앞에 서게 되었다. 화자는 "근심을 없애준다"는 '무수無愁'라는 이름 앞에서 "영원하고 싶다"고 고백한다. 마치 샤를르 보들레르Charles Baudelaire가 "나는 자연을 믿고, 오직 자연만을 믿는다."라고 외쳤듯이, 인간이 범접할 수 없는 협곡 속에서 무량의 세월로 서 있는 대자연의 형상들 앞에 탄성이 나오는 것은 당연하다. 나아가 무수천 둘레의 기이한 바위 계곡을 두고 "신이 만든 전시장"으로 명명한다. 험로를 뚫고 용솟은 기암괴석이 비바람과 폭염과 한풍을 견뎌내었음을 인지함으로써 자연도 사람도 "모진 고통을 견뎌야 천상의 비경으로 설 수" 있음을 깨닫는다.

무수천의 풍경 앞에 선 화자는 비로소 자신의 인생길을 되비추어본다. 과연 그동안 잘 살아왔는가, 내 삶의 풍경은 어떠한가, 나는 어떻게 존재해왔는가에 대해 끊임없이 되묻게 되는 것이다. 인간의 가장 근원적인 실존에 대해 물음을 가진다는 것은 자아를 둘러싼 세계에 대한 성찰의 시작이다. 생의 주체로서 과거의 나를 돌아보고 회상하여 현재의 나를 이해하려는 자각의 의미라고 할 수 있다.

> 살아온 삶이 너무 요란했다. 때로는 견디기 어려운 만큼 가혹했다. 이별의 상처도 묻어두니 아프다. 해야 할 속말도 아직까지 가슴에 품은 채다. 얼마의 시간이 흘러야 이것들이 삭힐까. 얼마를 더 살아내면 무수천처럼 고요하고 담담해질까. 내가 원하던 삶이라기보다 주어진 것에 책임을 다하며 살아내었다는 표현이 맞을지도 모른다. 내 뜻대로, 내 마음대로 살 수 있는 곳은 어디에 있을까. 어디선가 위로의 소리가 들린다.
> "괜찮아. 괜찮을 거야."
>
> — 최영애, 〈무수천〉 중에서

담담하고 고요한 자연 앞에서 혼자 견뎌온 "가혹"하고 "요란"했던 삶이 평정을 찾는다. 무수천 바람결이 "먼저 떠난 그리운 이"의 다독임이 되어 "맑디맑은 모습으로 남은 생을 살라고" 응원하기에 아픔도 그리움도 내려놓고 흘려보내기로 작정한다. 그것은 최영애가 인간 존재의 유한성을 인정함으로써 내적 성숙을 이루어내는 계기가 된다. 그리하여 다시 생의 순례자가 되어 "남은 날들도 잘 걸어내고 싶다."는 결론에 다다르게 되는 것이다. 도보여행은 항상 낯선 풍광을 마주하고 새로운 체험이 이루어진다. 울창한 숲 속의 '녹담봉' 도예실에서 오롯이 창작에 집중하는 도예가를 만나고, '수월봉' 지질절벽의 "기막힌 풍경" 앞에서는 인간의 왜소함에 고개 숙이며, '당상봉' 정상에서는 푸른 하늘과 바다를 마주한다.

> 옥색빛, 청색을 꼭 꼬집어 표현할 수 없는 신비한 파란색이다. 예전에는 무심하게 여겼던 파란색이 저리도 고운 색이었나 싶다. 지나온 나의 생도 저 쪽빛처럼 맑고 청아한 그런 생이었으면 얼마나 좋았을까.
> 눈부시게 다가온 저 푸른 물감으로 덧칠해줄 그런 사람이 있었다. 나를 통째 걸어도 후회할 수 없었던 사람. 지금쯤은 내 삶에 맑고 밝은 옥색 빛으로 채워줄 사람, 단 한 사람 있었건만. 어쩌다 그만 슬픈 여자가 되고 말았다.
>
> — 최영애, 〈청록에 젖어들다〉 중에서

화자는 하늘과 바다 빛에 빠져서도 "단 한 사람"의 환영을 지울 수 없다. 오로지 그 사람만이 그녀를 위해 푸른 물감을 칠해 주었으니까. 흔히 우리는 인생을 길에 비유한다. 순간순간 스스로 선택하고 어떤 길을 선택했는가에 따라 결과가 크게 달라진다. 그러므로 내가 걷는 길이란 내가 선택한 길만이 있을 뿐이다. 또한 그 길에서 최선을 다하며 살아가는 것이 가장 후회 없는 삶을 사는 길이다. 비록 '그'는 떠났고, 무시로 "녹고의 눈물" 같은 울음이 쏟아지지만, 그가 덧칠하던 푸른 물감이 올레길 풍경으로 물들었기에 그 길을 걸을 수밖에 없다.

　최영애의 휴지기는 언제나 올레길에서 위로받는다. 그녀에게 걷는 행위는 "묵직하게 달고 왔던 일상의 근심까지도 말갛게 희석"시키고, 가슴에 담긴 슬픔을 털어내고 대자연의 풍요로움을 채우는 일이다. 무엇보다 올레길의 완주는 함덕 487번지 술집에서 시원한 제주 수제 맥주 한 잔으로 대미를 장식하는 일이다.

　　차게 얼린 잔에 따라 마시는 술은 입안을 얼얼하고 톡 쏘는 시원함에 먼 올레길을 걸었던 피로를 한 방에 날려 준다. 이런 맛이 있으니 함덕 수제 맥주는 거절하지 못한다. 주문한 안주가 더디게 나와도 실내의 아기자기한 장식들을 구경하다 보면 기다리는 시간의 지루함은 없다. 이 집의 분위기와 맥주 맛에 끌려 제주 여행 때마다 들르게 되는 '함덕 487' 수제 맥줏집이다.
　　　　　　　　　　　　　　　　－ 최영애, 〈함덕 487〉 중에서

　길이라는 공간은 떠남과 돌아옴을 가능하게 하는 상징으로 풀이된다. 화자의 올레길도 길 떠나기와 되돌아오기의 여정을 반복한다. 나그네가 되기도 하고 여행자가 되기도 하는 길은 안식의 공간이며 회복의 공간으로 자리잡는다. 귀환과 순환의 패턴 속에서 그녀는 제주에서의 마지막 의식을 행한다. 마치 산티아고 순례길의 방문객들이 배낭에 조개껍데기를 매달고 걷다가 최종 목적지에 도달하면 조개껍데기를 바다에 던지며 마무리 짓듯이, 함덕 487번지 술집에서 차가운 '맥주 한 잔'의 유리잔을 부딪치는 일이다.

올레길에서 재충전한 최영애는 일상으로 유턴하게 된다. 회귀할 수밖에 없는 운명이지만 그녀에게 집은 결코 정주의 공간이 될 수 없다. 왜냐하면 머잖아 다시 제주로 떠날 테니까, 집이란 올레길의 도정에 놓인 공간에 불과하다.

이제 그녀가 걸었던 올레길이 문학적 의장을 입었다. 한 사람의 개인적 삶이 수필이라는 서정과 서사로 교직된 인간 존재적 시각으로 확산되었다. 최영애가 올레길을 걷는 것은 과거와 현재, 그리고 미래를 지속하게 만드는 영속성을 획득한다. 뿐만 아니라 인생의 암담한 기로에서 끝까지 포기하지 않고, 절망하지도 않으며, 잃어버린 자아를 되찾아 각자의 길을 계속 가야 함을 일러준다. 그러므로 최영애는 진정한 올레꾼이 되었다. 그녀의 순례길이 계속되는 이유이다.

닫으며

'길 떠나기'는 인간의 삶을 압축한 말이다. '길'이라는 표상 뒤에는 존재의 이정표를 달고 삶의 방향을 찾는 행위가 함축되어 있다. 그러므로 인간의 삶은 길 위에서 진행되고 길 위에서 확장되는 숙명을 지닌다고 할 수 있다.

단순 여행자가 길을 따라 풍경을 음미하는 것으로 그친다면 작가에게 있어서 길이란 여행의 의미를 넘어 본질을 탐구하는 일이다. 작가의 기행은 외부에서 내부로 향하고 있기에 길은 감성의 밑바탕이 되는 의미적 장소로 인지된다. 물리적인 길 위에서 인생의 이치를 발견하여 정신적 길의 세계로 끊임없이 정진하고 있는 것이다. 인생이란 길 없는 곳에서 길 찾기임을 수행하는 일이니까 작가는 내적 성찰을 구하는 순례자가 될 수밖에 없다. "산이 있으므로 오른다."는 무상성無償性의 경구처럼 수필작가라면 "거기 길이 있으므로 갈 수밖에 없다."는 자아성찰의 편력을 이루어내는 것이다.

언급한 작품에서도, 스스로를 길 찾기에 내몰고, 길 걷기에 매달리며, 되돌아오는 길을 반복하고 있는 작가의 행보를 확인하게 된다. 〈길에서 길을 묻다〉에서 자연과의 공생을 강조하며 인간의 욕망에 일침을 가하고, 〈교차로에서〉는 속도와 방향을 조절하여 삶의 방향성을 세우며, 〈함덕 487〉 등에서는 올레 순례길을 걸음으로써 내면의 상처를 회복시킨다.

작가가 글을 쓰는 이유로 "보다 인간다운 삶, 보다 행복스런 우리들의 삶 또는 그 삶에 대한 깊은 사랑 때문"이라는 이청준의 말에 동의하면서 여전히 길 위에 서성이고 있을 작가들의 인식이 숙연한 경지까지 도달하게 되길 희원한다.

| 대표 작품 |

함덕 487

최영애

　제주 올레길을 걷고 또 걸었다. 인간이 도저히 창조할 수 없는 대자연의 풍광에 감동한다. 지치고 힘들 때면 자연이 만든 길에서 위로를 받는다. 묵직하게 달고 왔던 일상의 근심까지도 말갛게 희석시켜 준다. 올레길을 걷는 게 아니라 꿈을 꾸는 듯한 환상 속을 걷는다는 생각이 들기도 한다. 완주코스가 늘어갈수록 행복도 더해진다. 더구나 청춘인 아들이 함께 가자고 손 내밀어 주니 마음도 걸음도 느긋하다.

　제주 여행 때는 늘 찾아가는 단골식당도 있다. 특히 흑돼지구이, 고기국수, 한치물회는 다시 찾아갈 때까지 입맛을 다시게 만든다. 수제 맥줏집도 빠질 수 없다. 시원한 맥주 한 잔으로 올레길 코스를 마무리하는 셈이다. 큰 체구에 순한 인상을 가진 사장님은 오랫동안 여러 곳을 다녔다고 한다. 어느 순간 제주도가 세계 어느 곳보다 아름답고 멋진 곳이라 느껴져 함덕에 정착을 했다 한다.

　집 모양도 여행을 좋아한다는 주인의 취향을 그대로 보여준다. 간판에는 특이하게 서핑 보드가 부착되어 있다. 홀 천장에도 서핑

보드를 매달아 놓았다. 함덕 바다가 젊은 서퍼들이 서핑하기 좋은 매력적인 바다라는 그 이미지로 장식했나 보다. 실내조명은 따뜻함과 편안함으로 아늑하다. 오래전 귀에 익었던 음악도 잔잔하게 깔려 마음에 감성을 불러일으킨다. 입구와 마주 보이는 작은 바에는 네 개의 의자가 가지런하다. 그 위로 와인잔이 거꾸로 줄지어 매달려 있다. 구석진 곳에 통기타가 벽을 기대섰고 반대편으로는 두 개의 바이올린이 액자 속에 그림처럼 걸렸다. 내가 앉은 테이블에는 개조된 작은 남포등에 촛불이 타고 포개놓은 여행 책이 눈길을 잡는다. 벽 쪽에 설치된 외줄에는 사장님이 여행하고 남은 국가별 지폐들이 집게에 집혀 빨래처럼 걸어 놓았다. 많은 나라들을 여행한 운치를 짐작하게 한다.

반대쪽 벽에는 칠판이 걸려 있다. 레드락 수제 맥주는 진하고 부드러운 맛이 일품이라는 글귀다. 적색의 라거 맥주와 와인에 대한 설명과 안주 종류도 적어 놓았다. 읽어 보고 취향대로 주문하기 좋다. 홀 안을 둘러보니 대부분 데이트 커플들이지만 우리처럼 모자母子는 없어 보인다.

나는 아직 확실한 술맛은 잘 모른다. 간혹 와인을 마셔 보지만 매번 두통이 심하다. 그나마 마시는 술이 맥주다. 차게 얼린 잔에 따라 마시는 술은 입안을 얼얼하고 톡 쏘는 시원함에 먼 올레길을 걸었던 피로를 한 방에 날려 준다. 이런 맛이 있으니 함덕 수제 맥주를 거절하지 못한다. 주문한 안주가 더디게 나와도 실내의 아기자기한 장식들을 구경하다 보면 지루함은 없다. 실내 분위기와 맥주 맛에 끌려 제주 여행 때마다 들르게 되는 곳이 '함덕 487' 수제 맥줏집이다.

 술을 못 마시는 남편과 달리 아들은 술을 즐겨 한다. 늦게 작업을 마무리 짓고 귀가하는 아들 손에서 종종 캔 맥주가 들려 있다. 나는 습관성 두통으로 금주인이다. 하지만 늦은 밤 채워진 술잔을 앞에 두고 아들과 대화하는 즐거움은 차마 포기할 수 없다. 이런 행복이 있어 두통의 고통쯤은 기꺼이 감내한다. 그래서 내 주량도 조금씩 늘어간다.

 아들은 마시는 술에 따라 안주도 맛깔스럽게 만들어낸다. 소시지볶음, 소고기숙주조림, 골뱅이무침을 어울리는 그릇에 완성된 작품처럼 담아낸다. 어느 술집 주방장이 이렇게 정성스럽고 맛깔나는 안주를 만들까 싶다. 나는 밍밍한 술맛보다 아들이 만들어내는 맛깔스런 안주에 더 입맛이 끌린다. 내가 맛있게 먹으면 은근히 자부심을 느끼는 아들이다. 그렇다고 아들은 술을 즐길 뿐 과음이나 나쁜 술버릇 같은 것은 없다. 자신만의 주량에 스트레스가 해소되는 정도로만 즐긴다.

 잔에도 관심이 많다. 술 종류에 따라 어울리는 술잔을 구매하는 것이 아들의 취미다. 특이하고 예쁜 술잔이 보이면 절대 포기를 못한다. 물건을 고르는 눈매도 예사롭지 않아 선택해 오는 술잔들은 내가 보기에도 모양새가 멋스럽다. 그러니 술잔을 탐하는 별난 취향을 나무랄 수가 없다. 앙증맞은 소주잔, 멋스럽게 만들어진 맥주잔, 여인의 잘록한 몸매를 닮은 와인잔, 심지어 노란 양은 막걸릿잔까지다. 나 스스로도 아들이 구매한 술잔에 빠져들고 만다.

 이미 여러 종류의 술잔들이 진열장에 채워져 있다. 예쁜 술잔보다 요란스럽지 않고 수더분한 막걸리 양은 잔 같은 아가씨에게 관심을 두면 좋으련만 내색 못 하는 내 마음만 안타까울 뿐이다. 이러한 엄마의 속마음을 모를 리 없는 아들이다. 그럴 때면 아들은 음식도 잘 만들고, 그림을 그리다 보면 외로울 틈새가 없단다. 그러니 혼자서도 잘 살아낼 수 있다며 너스레를 떤다.

주문한 레드락 맥주와 갈릭새우구이 안주가 나왔다. 살얼음이 깔린 시원한 맥주를 마시기 전 술잔에 먼저 눈길이 간다. 전에 보지 못했던 특이한 잔이다. 대나무 마디를 잘라 놓은 듯 유난히 길고 매끈하고 묵직한 잔이다. 아들 역시 맥주가 채워진 술잔을 이리저리 살펴본다. 아들의 느낌은 내 틀을 벗어나지 않는다. 피는 못 속인다. 부전자전 모전자전이다. 아빠의 예술적 재질과 엄마의 미적인 감각을 함께 물려받은 게 틀림없다. 부산에 가면 또 새로운 모양의 술잔이 채워질 것이다.

되돌아보니 오늘 걸어 낸 길도 아름답다. 내가 걸어온 길이라 더 아름답게 느껴진다. 올레길에 올 때마다 가슴에 담겨 있던 슬픈 기억들을 하나씩 털어낸다. 비워낸 자리에 대자연의 풍요로움을 채운다. 이번 여행도 함덕 487번지 술집에서 시원한 제주 수제 맥주 한 잔으로 마무리되었다. 여행에서 돌아오면 대자연의 품 안에서 위로받았던 그 편안함과 가벼워진 마음으로 또 한동안을 잘살아내게 될 것이다.

02
가족서사와 그 대응방식

들어가며

문학이란 기본적으로 인간의 삶을 화두로 삼고 있다. 인간이 태어나 처음으로 만나는 타인이 가족이며 처음으로 속하게 되는 사회가 가족이다. 가족이란 인간의 근원이자 최초의 사회적 관계망 형성을 맺는 기초가 되므로 가족애는 부모와 자녀 모두에게 최고의 가치를 지닌 정서이다. 그러기에 문학 작품 속의 '가족서사family narrative'는 인간관계의 근간을 이루고 있는 매우 중요한 담론이 된다.

당연한 이야기가 되겠지만 가족서사란 가족을 테마로 한 가족 간의 일화나 가족계에 이르는 삶의 이야기이다. 수필 작가라면 대체로 '나'가 외연적으로 드러난 개인적 감정을 중심으로 시작해 주변 인식의 관계 탐색으로 글쓰기가 나아간다. 가족을 통해 자신을 이야기하고 또 삶과 세상을 이야기하며, 나아가 철학성과 예술성을 갖는 것은 서사방법의 당연한 수순이다. 특히 기억으로 재생된 자전성을 염두에 두었다면 가족 구성원 간의 화합과 갈등을 다루는 서사체를 간과할 수가 없다. 가족이라는 공간을 외면한 채 사회와 역사적 시각을 제대로 짚어내기란 불가능한 일이다. 그러므로 수필 작품을 해석하는데 의미 있는 중간항의 하나는 '가족서사'와 '가족애family affections'라고 볼 수 있다.

가족이라는 테제 속에는 인간의 원초적인 애정을 포함한 가장 기본적인 욕망을 근간으로 하고 있다. 말하고 싶지 않은 가족서사의 트라우마도 있겠지만 균열된 틈을 비집고 수필문학으로 표현되려면 반드시 기억의 복원이 필요하다. 그리움과 슬픔, 회한, 안타까움, 책임감, 죄책감 등의 내면의식이 드러나겠지만, 미움과 갈등까지도 가족이라는 이름으로 봉합되기도 한다. 기억과 마주하고 가족의 역사를 되돌아봄으로써, 사랑과 이해와 포용으로 나아가는 계기가 된다. 이러한 가족서사를 짚어내는 일은 개인의 문제임과 동시에 공동체로서의 문제이며 사회 전반의 문제이다. 신뢰를 바탕으로 하는 가족의 가치를 되찾는 일이야말로 붕괴되어 가는 인간성 회복의 지름길이라 여긴다.

1. 한경희의 〈못〉

가족은 필연적이고 숙명적인 관계로써 스스로 선택하지 못하므로 자신의 필요에 따라 교체 가능한 존재가 될 수 없다. 가족이라는 집단이 다른 사회집단과 차별성을 갖는 것은 혈연중심의 유대관계가 가장 큰 이유일 것이다. 따라서 개인의 목적과 이익보다는 희생이 우선시된다. 그러나 성장기에 가족의 부재를 겪는다면 성인으로의 입문 과정에서 분열감과 고립감으로 내면적 갈등을 동반하게 될 것이다.

한경희의 수필에는 '아버지의 부재'로써 상실의 가족서사가 나타난다. 담론을 펼치기에 앞서 화자는 승용차 타이어에 박힌 '못'이라는 소재를 차용한다. 한쪽으로 자동차가 기운 것을 점검하기 위해 들른 카센터에서 오른쪽 뒷바퀴에 못이 박혀 있음을 확인하게 된다. 그런데도 어떻게 여태껏 잘 굴러갈 수 있었는가.

> 못이 박힌 타이어가 차에서 풀려나왔다. 아무리 봐도 멀쩡해 보인다. 한참 들여다보고 나서야 한가운데에 박힌 못이 눈에 띄었다. 못은 더 이상 못이 아니었다. 어느새 질긴 고무의 일부가 되어 색감도 질감도 타이어와 비슷해 보였다. 터지지 않고 잘 달렸던 이유를 알 것 같다.
>
> — 한경희, 〈못〉 중에서

못이 박혀도 "제대로" 박혔다. 고생물이 늪지대나 진흙이 많은 갯벌, 그리고 화산재나 모래 등에 묻힌 채 세월을 견뎌 화석이 되는 원리처럼 고무에 박힌 못도 어느새 "고무의 일부"가 되는 듯 착시감이 인다. 나아가 작가는 자신의 마음에 박힌 "못"을 떠올리지 않을 수 없다.

한경희는 학력고사를 한 달 남겨 놓고 아버지를 잃었다. 그녀의 말대로 "슬퍼할 겨를도 없이" 책상 앞에 앉아야 했으니 그 자리가 오죽 힘들었을까. 정신적 허기와 결핍은 실존의 고통 등의 문제가 파생되지만 아무렇지도 않게 밥을 먹고 공부하고 졸업사진도 찍는다. 아울러 아버지의 죽음이라는 불가항력적인 현실은 '눈물'이라는 통과의례를 거쳐 내적성숙으로 나아가게 된다. 그러므로 가족을 잃는 것은 "나의 한쪽을 잃는 것"임을 깨닫고 무엇으로도 채울 수 없는 "빈구석으로 살아야 한다는 사실"을 인지한다.

여기에 수반되는 것이 '공감sympathy' 형식이다. 일곱 살 때 엄마가 돌아가셨다는 같은 처지를 가진 친구의 고백을 듣는다. 그녀의 말대로 "비밀을 나눈 사람들 사이에 흐르는 동지 의식"으로 더욱 친밀감을 느끼게 된다. 아버지의 죽음이 자신만의 특수한 문제라기보다는 어느 누구에게도 일어날 수 있는 문제이며 보편적일 수 있다는 확장된 시각을 갖는 것이다. 사람은 누구나 자기 서사가 있겠지만 화자는 가족의 부재라는 서사를 거쳐서 자기중심의 서사가 재구성되었다. 슬픔과 연민, 분노와 고통 등 가족들에 대한 개인적인 감정이 어느 정도 해갈되고 난 후에 비로소 감정의 승화 과정이 뒤따른다. 이 과정에 들어와서야 작가는 가족을 객관화하여 서술하는 것이 가능해진다.

> 마음은 가장 여린 살이다. 거기에 박힌 못이 내 살처럼 되기까진 오랜 시간이 필요했다. 강산이 몇 번 변한 다음에야 제대로 박

했는지, 나는 예전처럼 자주 슬프지도, 많이 아프지도 않다. 그저 어느 날 문득 녹슨 못의 비릿한 냄새가 올라오면 가슴이 시리고 서글플 뿐이다.

- 한경희, 〈못〉 중에서

작가의 내면의식은 '못'이라는 외적 사물에 의해 두드러졌다. 이윽고 타이어에 박힌 못과 마음의 여린 살에 박힌 상처의 못을 병치시켜 삶을 성찰해나간다. 박히려면 제대로 박혀 터지지 않길 바라지만 물상이라는 타이어는 언젠가는 갈아야 한다. 그러나 '못'이 박힌 마음은 바꿀 수 없으니 수필가 한경희는 상처를 안고 다독이며 글로써 풀어낼 수밖에 없다.

2. 홍윤선의 〈청개구리는 말을 듣지 않는다〉

한경희의 〈못〉이 '아비 부재'를 나타내었다면 홍윤선의 〈청개구리는 말을 듣지 않는다〉에는 '어미 부재'로써 상실의 가족서사가 나타난다. 이 세상의 어미들은 누구인가. 자식과 핏줄로 엮어지고 탯줄로 이어져 원초적이고 육체적인 고리로 연결된 존재이다. 하지만 튼실해야 할 시기에 그 사슬이 끊어졌다면 살붙이인 어린 자식은 가장 극한의 아픔을 경험할 것이다. 나아가 모성 상실이라는 상황은 인생의 모든 결핍에 있어 중요한 원인으로 작용한다.

홍윤선의 가족서사에서 어머니라는 세목은 '개구리' 혹은 '청개구리'로 치환된다. 개구리를 기억하는 것은 그녀가 상처의 기억과 대면하는 방법이다. 대학 시절 낙동강 하굿둑에서 해부학실험용으로 잡아 올린 개구리를 떠올리고, 시골 외가의 도랑에 꿈틀대던 올챙이와 여름날 해거름 무논에서 들려 오던 개구리 울음소리를 기억한다. 화자가 결혼 후 처음 살았던 곳도 개구리 소리가 들렸던 시골 마을이었지만 "복남씨의 청개구리"만은 애써 잊으려 했다.

> 복남씨는 늘 집에 없었다. 몸뻬바지를 입고 이른 아침에 나가 해가 져서야 들어왔다. 밥도 찬물에 말아 서서 급하게 먹기 일쑤였다. 그리해도 다섯 자식을 거두기 버거웠고 큰 자식들은 원하는 만큼 공부도 시키지 못했다. 복남씨가 음식을 제대로 먹지 못한 것은 내가 초등학교 5학년 때였다. 촌에서 변변한 치료도 받지 못하고 있었던 터라 병은 이미 진행이 많이 되었다. 일 년 뒤 대처인 부산에 가서 식도암 진단을 받았다.
>
> — 홍윤선, 〈청개구리는 말을 듣지 않는다〉 중에서

짐작했겠지만 "복남씨"는 작가의 어머니이다. 복남씨 역시 시대사의 질곡 속에 희생과 헌신의 어미로 등장한다. 세상을 떠나는 마지막까지 스스로 움직이려 했던 "꿋꿋한 여인"이었으므로 어린 홍윤선에게조차 "생명력 짙은 청개구리의 초록"을 닮은 삶으로 각인되었다. 휴식 없는 어미의 삶은 "죽을 만큼 아프고서야 휴식을 취할 수" 있게 된다. 민간요법이 시작되었고 화자의 외할머니가 서사 속에 등장하면서 그들은 복남씨에게 산 채로 먹일 청개구리를

잡으러 다닌다.

> 엄지손톱만 한 청개구리였다. 외할머니는 딸을 재촉했다. 복남씨는 머뭇머뭇거렸다. 그러나 이내 돌아서서 그것을 산 채로 삼켰다. 나는 눈을 질끈 감았다. 막둥이 울음소리는 저승까지 들린다는 그 말이 귀에 쟁쟁했을까. 딸을 살리겠다는 외할머니의 간절함을 보았기 때문일까. 아니면 짧디짧은 본인의 생이 가련했을까. 입이 밭다고 타박을 듣던 복남씨지만 그때는 헛구역질 한 번 하지 않았다. 그러나 그해 가을, "살으라 살으라." 등을 두드리는 외할머니의 말을 청개구리마냥 듣지 않고 복남씨는 긴 겨울잠에 들어갔다. 마흔여덟 살이었다.
>
> – 홍윤선, 〈청개구리는 말을 듣지 않는다〉 중에서

홍윤선에게 '어미 부재'는 작가의 외할머니에게 '딸의 부재'로써 공통분모를 지닌다. 어미를 잃은 자식은 의존 대상을 잃은 결핍에 젖고, 자식을 가슴에 묻은 어미의 충격 또한 시련과 고통이 수반된다. 이에 작가는 외할머니의 시선이 되어 "청개구리는 말을 듣지 않는다"는 제목을 동원할 수밖에 없다. "살으라 살으라."라는 외할머니의 호곡 소리를 뒤로한 채 긴 겨울잠에 든 복남씨는 영원히 청개구리 엄마가 되고 말았다.

결미에 이르러서야 구체적인 복남씨의 신분이 밝혀진다. 발급받은 가족관계증명서에 "전. 복. 남"이라는 이름 석 자가 선명하게 찍혔다. 화자가 그 이름을 부름으로써 은폐되고 망각되었던 기억을

되살리고 외면했던 트라우마를 전복시킬 수 있게 된 것이다. 아울러 모성 상실의 가족서사를 언어를 통해 재현해냄으로써 내적 치유를 이루고자 하는 작가의 마음을 읽을 수 있다.

3. 김희자의 〈저녁〉 外

김희자의 〈저녁〉에는 동물들의 가족서사가 등장한다. 작가는 요즈음 고향 남해의 시골집에서 노모와 함께 생활하고 있다. 단조로운 전원생활 속에 제비 가족과 고양이 가족이 작가의 눈길을 이끈다. 그들도 한결같이 모성애적 공동체의 모습을 보여준다. 어미 제비는 새끼들을 잠재우고 비를 맞으며 침입자가 들지 못하게 둥지를 지켜내고, 어미 고양이도 새끼들을 양육하느라 젖을 물리고 훈련을 시키며 목숨 걸고 먹을거리를 찾아 나선다. 모성은 위대하고도 선천적인 것이어서 자식에 대한 어미의 사랑은 사람이나 동물이 매한가지다.

> 어스름이 깔리니 저희 세상인 양 뛰놀던 새끼고양이들이 밥그릇 옆으로 다가오다가 나를 보고 쪼르르 도망쳤다. 방해꾼이 된 것 같아 안채로 들었다. 잠시 후 뒤뜰에서 "달그락, 달그락…" 밥그릇 핥는 소리가 났다. 처마 아래를 보니 언제 날아들었는지 새끼제비가 두 마리 더 앉아있다. 마루에 앉았던 어머니께서 "오늘은 두 마리를 더 데꼬 왔네." 하시며 빙그레 웃으셨다. "엄마, 똥 싼다고 쫓

지 마세요. 잘 커서 강남으로 가게요." 만면에 미소를 딘 어머니는 고개를 끄덕이며 안방으로 드셨다.

- 김희자의 〈저녁〉

세상의 모든 숨탄것들의 어미는 "어미의 보호본능"으로 새끼를 지켜낸다. 인간도 내재된 모성을 바탕으로 가족을 위해 헌신해왔기에 작가와 그녀의 어머니 역시 동물들의 모성에 동참하게 된다. 거처를 마련해주고 끼니때마다 고양이 밥을 챙겨주며 방해꾼이 되지 않으려 자리를 비켜주고 배설물로 지저분해도 쫓지 아니하였다. 뿐만 아니라 어미 고양이와 떨어진 새끼가 상봉하도록 나무다리를 걸쳐주기도 한다. 평소 고양이를 경계했던 작가였지만 어미 고양이가 헌신적으로 새끼들을 돌보는 "거룩한 본능"에 마음을 열게 된 것이다. 나아가 동물도 사람과 똑같은 삶을 사는 생명체로서 존중하고 상생해야 함을 보여준다.

짐승과의 공생은 한국 전통의 토속신앙에서도 엿볼 수 있다. 음식물의 일부를 들짐승이나 벌레와 함께 나누는 고수레나 과일나무의 열매 일부를 새의 먹이로 남겨두는 까치밥이며 까치나 제비를 죽이면 죄를 입는다는 구비전승과도 일맥상통한다. 풀 한 포기, 나무 한 그루에도 정령이 깃들어 있어서 함부로 하지 않고 존중해왔다. 비슷한 의미로 자연과학 분야에서는 모든 생물과 공생하는 인간인 호모 심비우스Homo symbious가 21세기 생존 전략이라고도 한다. 그런 의미에서 김희자가 시골살이를 하며 동물에게 정을 나누고 자연과 화친하는 것은 당연한 결과라고 하겠다.

붉은 놀이 졌다. 칠월이지만 저녁 공기가 부드럽다. 고양이 우는 소리가 나지막이 들려 마루로 나갔다. 현관 앞에 어미 고양이가 벌러덩 누워 꼬리를 살랑살랑 흔들고 그 옆에서 새끼들이 장난을 치고 있다. 이제 나를 믿는다는 표시인가. 나는 웃음을 치며 방으로 들었다. 오늘 밤에는 단잠에 빠질 수 있겠다. 사위는 점점 어둑해지고 마을 골목을 밝히는 가로등 불빛이 은은하고 곱다.

- 김희자의 〈저녁〉

이제 고양이 가족은 화평해졌다. 더 이상 화자를 경계하지도 않는다. 그녀의 언술대로 "믿는다는 표시"로써 "벌러덩 누워" 꼬리까지 흔들어댄다. 이로써 김희자가 서술한 짐승들의 가족서사를 통해 인간이 마음을 열자 짐승도 다가온다는 것을 재확인하게 된다. 〈적소에서〉는 '노도'를 들른 작가가 서포 선생의 유배생활을 떠올리고 자신의 현실과 병치시켜내었다. 유배라는 형벌 자체가 적소로 강제 이주해야 하는 추방형이었기 때문에 고향을 떠나 가족과 생이별을 감수해야 했다. 서포 선생은 당쟁에 휘말려 이곳 절해고도로 귀향을 왔으나 김희자는 병든 어머니를 모시며 글을 쓰기 위해 시골 고향 집으로 유배생활을 자처한 것이다.

긴 문장에 쉼표가 필요하듯, 이태 전 나는 모든 걸 내려놓고 고향인 남해 섬에 들어왔다. 내가 남으로 온 뜻은 병든 어머니를 모시며 글을 쓰기 위함이었다. 고향으로 돌아와 꿈을 꾸고 있지만 유배가 될지 몰랐다. 꿈은 꿈일 뿐 현실은 신기루가 아니었다. 꼭 죄를 지어야만 갇히는 게 아니라는 걸 깨달았다. 지친 몸 의지할 곳은 자연이라고 하지만 도시 생활에 중독된 나는 시나브로 외로움에 몸서리를 친다.

— 김희자의 〈적소에서〉 중에서

'부모를 공경하라'는 사회적 규범이 없더라도 김희자는 노모 봉양의 딸 노릇에 책임을 다한다. 그러나 노모를 선택함으로써 화자에게는 가족 이산이라는 모순이 발생한다. 또한 창궐한 코로나바이러스가 위리안치를 대신하여 뭍으로의 외출까지 차단시켰다. 그러니 "꼭 죄를 지어야만 갇히는 게 아니라는 걸" 깨닫는다. 이 난제를 그녀는 어떻게 헤쳐가게 되는가.

고독한 사람에겐 천혜의 자연도 별거 아니라 여겨진다. 과거의 사람들은 죄를 지어야 위리안치에 갇혔지만, 현대 사람들은 자유를 찾아 길을 나서도 또 다른 섬에 갇히고 마는 것 같다. 간사한 게 사람 마음이라더니 우울감에 사로잡혀 있다가도 어느 날엔 정신이 번쩍 든다. 주어진 이 시간을 헛되이 보내지 말고 글에 몰입하자며 책상 앞에 엉덩이를 붙인다.

— 김희자의 〈적소에서〉 중에서

작가가 적거기謫居期를 보내는 동안 오히려 "글에 몰입"하기로 마음먹는다. 노도에서 건너편 문필봉을 바라보며 붓을 들었을 서포 선생을 떠올린 이유이다. 선생이 유배지의 고통을 이겨내고 어머니를 위해 〈사모곡〉을 썼듯이 김희자는 수필을 쓰며 "문장가가 되겠다는 꿈"을 꾸는 것이다. 생의 집착에서 벗어나고 허영과 욕심을 떨쳐내어야만 적소의 외로움을 견뎌내게 된다. 그리할 때 진정한 문학이 탄생되어 "꽃으로 만개"하리라는 희망을 품는다.

반면, 〈시월에〉에서는 친구의 가족서사가 등장한다. 근간에 만난 친구는 뉴욕에서 간호사로 일하다 일시 귀국하였다. 간절히 원했던 친구의 소식을 접하고 재회를 하면서 학창시절을 회상한다. 함께 통학버스를 타고 다녔으며 비 오는 날 교통이 끊겨 친구네 집에서 잤던 기억과 친구 어머니가 싸주던 도시락을 들고 등교하던 일 등이 스쳐 지나간다. 그러나 무엇보다 면서기 아버지를 둔 친구네 가족의 단란함이 궁핍했던 화자와 비교된다.

> 차를 마시던 친구가 진중하게 입을 열었다. "나는 부모님을 잘 만난 게 행운이었다." 그러더니 부모님께 감사의 절을 올렸다. 그 시절의 시골 딸들은 중학교를 졸업하면 고등학교 진학보다 일선에 뛰어들기 바빴다. 공장에 나가 돈을 벌거나 식모살이하러 도회지로 나갔다. 친구의 부모님은 도시로 유학 보내 고등학교, 대학 과정을 마치게 했다. 그런 부모님이 존경스러웠고, 그녀는 부러움의 대상이었다.
>
> — 김희자의 〈시월에〉 중에서

여유로운 형편으로 항상 묵묵히 지지하고 희생하고 있는 친구의 부모가 부럽다. 그러나 김희자는 결코 자신의 부모를 원망하거나 비난하지 않는다. 각자의 길이 있고 누구나 자기 인생의 그림을 그리며 살아가는 저마다의 삶이 다르기 때문이다. 친구가 간호대학을 나오고 미국에 정착하여 간호사의 길을 걷듯이, 김희자 또한 늦깎이 공부를 마쳤고 중견의 수필작가가 되었다. 그러한 경험이 작가로 하여금 "가장 강한 자는 자기를 이기는 사람"이라는 정신적 성숙을 이루어내게 되었다.

나오며

흔히 사람을 키우는 것의 8할은 가족이라고 한다. 가족이란 사랑과 신뢰를 기본으로 본질적인 기능을 수행하는 대체불가능한 존재라고 할 수 있다. 가족을 이해하는 것은 곧 자신과 사회를 이해하는 길이다. 이상적인 가족은 가족 간의 이해와 배려로 휴머니즘과 손을 잡지만, 해체와 이별 등 필수불가결한 상황이 부과된다면 고통스러운 관계망이 이루어지기도 한다. 그러기에 가족서사는 인간의 정체성 확립에 큰 비중을 차지하게 된다.

아버지의 부재가 나타난 한경희의 〈못〉을 통해서는 주체가 겪는 가족 상실의 고통과 치유과정을 살폈으며, 홍윤선의 〈청개구리는 말을 듣지 않는다〉에서는 어머니 상실의 기억으로 트라우마를 전복시키는 방식을 복원하였다. 아울러 김희자의 〈시월에〉 등에서는 가족서사를 통해 각각의 삶을 잇는 대응방식을 들여다보았다.

가족서사 수필은 시대의 상황과 당대인들의 삶을 적극적으로 담아낸 숭고한 소산이다. 그러기에 수필작가는 가족서사라는 프리즘을 통해 각각의 개인적 신화를 완성해내므로, 내재적 가치로써 충분히 추구할 만한 의미를 지닌다고 하겠다.

| 대표 작품 |

청개구리는 말을 듣지 않는다

홍윤선

　개구리를 잡아야 했다. 낙동강 하굿둑을 지나다니면 그 일이 떠오른다. 대학 전공과목 중 해부학 실험이 있었다. 그런데 실험 재료인 개구리를 학생들에게 직접 잡아 오라는 것이다. 나는 그 시절을 상기할 때마다 군대 가는 사람에게 총을 사 들고 오라는 말이며 의대생에게 시신을 구해오라는 격이라며 흥분을 하곤 했다.
　아무튼, 부산 지리를 잘 모르던 내가 동기들 손에 이끌려온 곳이 을숙도 부근 하굿둑이다. 지금이야 현대미술관과 낙동강 에코센터, 문화회관까지 즐비하지만 당시는 내가 살던 촌 벌판과 별반 다르지 않았다. 내리쬐는 초여름 뙤약볕에 도시 맹꽁이들에게 잡힐 눈먼 개구리는 흔치 않았고 시골 출신인 나의 활약을 은근히 기대하는 눈치였다. 과를 대표해서 학생 수만큼 잡아가겠다고 큰소리를 치고 왔건만 나도 개구리라면 질색을 했다. 네댓 마리나 잡았을까. 가져간 점심에 막걸리만 거나하게 마시고 왔다.
　흰 가운을 입고 해부 도구를 준비해서 엄숙하게 실험실로 들어섰다. 단짝 친구는 학교 화단에서 청개구리를 한 마리 잡아 와 벌

벌 떨고 있었다. 그리고는 손에 든 통을 냅다 흔드는 것이다. 개구리가 자꾸 나오려고 해 기절시키는 거란다. 키득키득 웃음소리가 곳곳에서 새나왔다. 부족한 개구리를 어떻게 조달했는지, 어떤 식으로 마취를 했는지, 친구가 흔들던 청개구리는 너무 작아 구사일생으로 살아났는지 기억이 가물거린다. 그래도 해부를 무사히 마치고 오롯이 실험 일지에 결과를 남겼던 사실은 선명하다.

시골 외가는 놀거리가 지천이었다. 그중에서 나를 애태웠던 것은 미꾸라지다. 물에 빠지는 사고가 빈번했던 때라 어린 나는 안 된다고 했지만 언니 오빠를 앞세우고 줄행랑을 치면 잡을 재간이 없었다. 개천이나 도랑에 이가 빠진 낡은 소쿠리를 들이댔다. 물풀 주위를 발로 차서 소쿠리 쪽으로 몰면 실한 것에서부터 자잘한 것까지 미꾸라지가 걸렸다. 오빠가 새끼 뱀을 미꾸라지라며 잡아와 외할머니한테 혼났다는 일화는 우리들 사이에 신화 같은 이야기다.

내 소쿠리는 늘 허탕이었다. 아니 올챙이만 가득 올라왔다. 검은 쉼표 같은 것들이 쉬지 않고 꼬리를 흔들어대는 모양새에 약이 올랐다. 그것들이 자라 마당에 나타났을 때는 더 싫었다. 꼬물거리는 어린 생쥐가 차라리 나았다. 미끄덩거리고 축축한 개구리는 올챙이 시절부터 내 눈밖에 났다. 하지만 동네 오빠들이 개구리를 굽는 날에는 냄새의 유혹을 견디기 힘들었다. 건네는 다리 한쪽을 하마터면 덥석 받을 뻔했지만 침을 꿀꺽 삼키며 나는 도도하게 고개를 저었다. 그래도 어스름한 저녁 무논에서 들려 오는 개구리 울음소리만큼은 여름날의 서정을 풍성하게 했다.

결혼 후 이사 와서 처음 살았던 곳은 논밭이 멀지 않아 개구리 소리가 들렸다. 살기 좋은 곳이라며 나는 좋아했지만 사람들은 선호하지 않아 동네는 별로 인기가 없었다. 지금은 아파트에 둘러싸여 살고 있다. 집 가까이 터널이 개통되면서 하굿둑을 지날 일이 잦다. 실험실의 개구리는 매번 생각이 났지만 복남씨의 청개구리는 잊고 있었다. 어쩌면 복남씨와 함께 그날의 청개구리도 기억 속에서 잠들었는지 모르겠다.

복남씨는 늘 집에 없었다. 몸뻬바지를 입고 이른 아침에 나가 해가 져서야 들어왔다. 밥도 찬물에 말아 서서 급하게 먹기 일쑤였다. 그리해도 다섯 자식을 거두기 버거웠고 큰 자식들은 원하는 만큼 공부도 시키지 못했다. 복남씨가 음식을 제대로 먹지 못한 것은 내가 초등학교 5학년 때였다. 촌에서 변변한 치료도 받지 못하고 있었던 터라 병은 이미 진행이 많이 되었다. 일 년 뒤 대처인 부산에 가서 식도암 진단을 받았다. 이 병원 저 병원을 전전했고 마지막으로 방사선 치료를 받았다. 호전이 되는 듯하여 고향 집으로 돌아왔다. 가끔 동네 마실을 가고 학교에서 돌아오는 막내딸을 기다리는 일상을 누렸다. 죽을 만큼 아프고서야 복남씨는 휴식을 취할 수 있었다. 그러나 길지 않은 시간이었다. 민간요법이 시작되었다. 누구는 민들레가 좋다 하였고 어느 날에는 동네 사람이 굼벵이를 가져왔다.

그날은 청개구리를 잡으러 갔다. 개구리라면 소스라쳤던 나도 따라나섰다. 외할머니와 복남씨가 두런두런 이야기를 나누며 걸었다. 개구리만 아니면 소풍 가는 길이다. 엄지손톱만 한 청개구리였다. 외할머니는 딸을 재촉했다. 복남씨는 머뭇머뭇거렸다. 그러나 이내 돌아서서 그것을 산 채로 삼켰다. 나는 눈을 질끈 감았다. 막둥이 울음소리는 저승까지 들린다는 그 말이 귀에 쟁쟁했을까. 딸을 살리겠다는 외할머니의 간절함을 보았기 때문일까. 아니면 짧디짧은 본인의 생이 가련했었을까. 입이 밭다고 타박을 듣던 복남씨지만 그때는 헛구역질 한 번 하지 않았다. 그러나 그해 가을, "살으라 살으라." 등을 두드리는 외할머니의 말을 청개구리마냥 듣지 않고 복남씨는 긴 겨울잠에 들어갔다. 마흔여덟 살이었다.

세상을 떠나기 며칠 전 기력이 하나도 없는데 일어났다. 부축을 하려니 "아니다. 내가 할 수 있다."며 붙잡는 손을 마다하고 느린 걸음으로 재래식 화장실을 혼자 다녀왔다. 내가 기억하는 마지막 말이다. 살 때까지 살고자 했고 자신의 의지로 살아내려 했다. 그래서인지 아파서 메말랐던 모습보다 마지막까지 꿋꿋한 여인으로 각인되어 있다. 그것은 생명력 짙은 청개구리의 초록을 닮았다.

가족관계증명서를 뗄 일이 생겼다. 생각지도 못한 이름을 보고 나는 멈칫했다. 출생연월일, 주민등록번호가 다 삭제되고 이름 석 자만 덩그러니 남아 있다. 전. 복. 남. 엄마라고 불렀고 그 호칭마저 낯설어버린 세월에 더는 이름을 부를 일이 없었다. 복남씨, 얼굴을 만지듯 서류를 쓰다듬었다. 어디선가 겨울잠에서 깬 개구리 울음소리가 들리는 것 같다.

03
대중문화 시대, 트로트와 문학과의 교접

가히 트로트의 전성시대라 할 만하다. TV조선 예능 프로그램인 '내일은 미스 트롯'의 열풍에 이어 '내일은 미스터 트롯'의 광풍으로 한국 대중음악은 트로트의 절정에 도달하였다. 트로트라는 장르로 진행된 오디션에 참가자들이 보여준 가능성은 무궁무진했다. 숨겨진 명곡들이 터져 나오고 성악과 마술, 태권도와 에어로빅, 삼바춤과 폴댄스 등 다양한 장르와 접목하여 신선한 충격을 안겼다.

트롯맨들의 인기는 세대의 벽을 허물고 시공간의 한계를 뛰어넘었다. 아이돌 그룹에 열광하며 유튜브와 SNS 등 OTT를 선호하는 젊은 시청자들까지 텔레비전 앞에 앉게 하였다. 가슴을 후려치는 음색에 눈물을 흘리며 버라이어티한 무대를 선보이는 열정의 퍼포먼스에 아낌없는 박수를 보내었다. 그들의 공연 무대는 매회 새로운 신화를 탄생시켰고 무엇보다 세계적 팬데믹 현상인 코로나를 견디게 만들었다. 왕관의 주인공이 정해지고 나서야 경연은 종지부를 찍었다.

한국인의 신명의 역사는 고대로부터 이어져 내려왔다. 천신을 섬기는 제천행사를 하면서부터 신명의 유전질을 춤과 음악으로 풀어내었다. ≪삼국지 위지동이전≫에도 우리 민족은 한번 놀기 시작하면 술 먹고 고기 먹고 춤추고 노래하며 사흘 밤낮을 보낸다고 기록되어 있다. 그러한 흥취가 오늘날 대중음악과 접목되어 트로트라는 가장 한국적인 노래가 탄생된 것이다. 트로트 음악이 공동체 축제에는 풍류로 즐겼지만, 식민시대와 전쟁의 아픔을 겪으면서 눈물과 이별로 한恨을 달래주었다.

코로나팬데믹 시대인 지금은 어떤가. 마치 14세기 유럽을 휩쓴 흑사병의 대재앙이 떠오르는 불안한 날들이다. 당시 중세인들은 악을 버리고 선한 일을 하며 죄를 자백하는 종교적 믿음으로 전염병의 충격을 극복하고자 노력했다. 이 어려운 시기에 대한민국은 뜻밖에도 트로트 음악이 국민들에게 위안과 용기를 주고 있다. 바로 그 중심에 '내일은 미스터 트롯'이 배출한 트롯맨과 그들의 노래가 있다.

흑사병의 초토화를 목격한 이탈리아 작가 보카치오는 당시의 고통 받는 자들을 위로하기 위해 '10일간의 이야기'라는 의미의 ≪데카메론≫을 집필했다. 그의 작품에서 인간은 불행을 맞닥뜨리게 되어도 체념하거나 굴하지 않으며, 맞서 싸워 지혜로 살아남는 개척자로서의 인간상을 그려내었다. 작가란 시대를 반영하는 거울이 아닌가. 동시대의 흐름을 포착하여 언어의 지문을 찍어내는 일이 작가의 운명이라 할 수 있다. 그러한 작가정신이 많은 문인으로 하여금 책상 앞에 앉게 만들었다. 복잡한 일상을 잠시 접어두고 신명나는 글판 속으로 환승할 수밖에 없다.

대중문화는 대중의 기호가 우선이다. 대중의 지지는 곧 인기와 연결되므로 대중의 위상 또한 강화되어 사회적 세력의 중추적 존재로 부상했다. 영화와 음악과 연극, 미술 등 심지어 비상업 분야인 학술 연구에까지 다양하게 대중문화가 접맥되고 있으며 문학 역시 자연스레 수용하게 된다. 문학이란 사회적 분위기를 외면할 수 없으므로 작가들은 대중을 의식하면서 창작활동을 이어가게 마련이다.

그 결과 현시대의 대세인 트로트가 문학적 변용이 되는 것은 자연스러운 현상이다. 과묵하던 작가들도 스스로 '찐팬'이라 지칭하면서 여기저기 트로트를 소재로 한 글이 쏟아져 나온다. 작가들이 대중의 문화적 기호에 천착하게 되면서 트로트를 창작의 제재로 차용하게 된 것이다. 대표적인 예로 이향영 작가는 외아들을 잃은 아픔을 딛고 "아들에게 글을 쓰듯, 노래 가사와 시의 형식을 빌려 미스터트롯 7명에게 편지를 썼습니다."라는 모성애적 응원을 담아 ≪미스터트롯, 그대들을 위하여≫를 상재했다. 아울러 각종 신문과 잡지에서도 지금까지 꾸준히 트로트를 소재로 한 글들이 쏟아져 나오고 있다.

이러한 현상은 소녀팬이나 삼촌팬들이 아이돌 가수에게 보여준 맹목적인 이성적 우상론과는 구별된다. 스타를 추종하는 절대적인 환호와 열광의 수용자에서 벗어나 참여자로서의 변화를 시도한 것이다. 그동안 그림이나 웹툰, 블로그와 동영상 그리고 팬픽fanfic이라 부르는 소설 등으로써 팬덤문화가 생산되었지만, 작가의 참여는 문학과 트로트의 결합이라는 독창적인 팬덤 양식을 탄생시킨 것에 의의를 둘 수 있다.

　작가들뿐만 아니라 방송사와 가수들도 문학판에 환승하게 되었다. 트롯맨들이 출연하는 한 방송사에서는 시청자들이 시, 시조, 수필 등 문학작품으로 사연을 직접 편지로 쓰게 하는 '문학의 밤'을 마련하였고, 트로트 가수 주현미는 QR코드를 찍으면 책을 읽으면서 명곡들을 감상할 수 있게 한 음악 오디오와 글이 결합된 ≪추억으로 가는 당신≫을 발간하였다. 거슬러 오르면 신라 시대 사람들이 부른 향가 역시 대중가요와 다를 바 없고, 그 노랫말을 한자의 음과 뜻을 빌려 기록한 향찰 또한 기록 문학 작품이므로 문학과 대중가요와의 교접 역사는 음악의 기원부터 시작됨을 알 수 있다.

　'트롯맨'이라는 타이틀은 이제 명실공히 하나의 브랜드가 되었다. 전무후무한 경연 무대를 가진 참가자들 덕분이다. 같은 곡도 트롯맨이 부르면 인기곡이 되고, 묻혔던 곡도 그들이 노래하면 명곡으로 재탄생된다. 저마다의 개성과 매력을 가진 트롯맨들이 시청자들을 압도한다. 방송사마다 트로트 음악을 다채롭게 풀이해내며 다양한 콜라보레이션을 선보인다. 트롯맨들의 무대는 뉴스와 광고, 예능과 콘서트 등으로 확장되어 대중문화 콘텐츠를 확장시켜나가고 있다.

　전 국민을 상대로 신청곡을 불러주는 프로그램만 보더라도 수천 통의 전화가 걸려 오고, 전국 투어 콘서트 예매는 발매 시작과 함께 전석 매진을 기록하는 놀라운 티켓파워를 보여주었다. 출연 영상 조회수가 수직상승하며 관련 기사의 응원 댓글은 봇물을 터트렸다. 트롯맨들은 음악 장르와 함께 팬덤 문화까지도 긍정적으로 바꾸어 놓았다. 경쟁 가수를 비방하기보다는 박수를 보내고 자신의 가수에게 더 열광하는 것으로 응원 풍토도 변모했다. 스타를 위하여 전염병 기부금을 내고 팬 이름으로 다양한 봉사를 한다. 오직 노력으로 지금의 자리를 이루어낸 그들의 열정에 진정으로 감동하기 때문이다.

그동안 트로트의 예술적 품격은 편협하게 판단되어져 왔다. 신파적이고 촌스러운 중년 음악이라는 선입견을 가졌거나, 왜색적이며 천박하다고 여겨 일명 '뽕짝'으로 비하했다. 끊임없이 대중의 취향을 의식하며 변화와 발전을 거듭했지만 가요계의 지각 변동을 일으키기엔 역부족이었다. 그러한 트로트가 기성세대층이 즐기는 소수성에서 벗어나 전 국민이 몰입하는 다원성을 지니게 되었다. 이제 보통사람이 즐기는 '대중음악Popular Music'으로서 당당히 자리 잡은 것이다.

스타의 골수팬들이 포털사이트에 하트를 날리며 인기투표를 하고 온라인 동영상 스트리밍을 하듯이, 각 문예지마다 작가들이 트롯맨들을 위한 헌시로서의 글이 쏟아지는 이유가 여기에 있다. 고통의 삶을 견딘 작가들 스스로에게도 트로트라는 대중문화가 회복과 재생의 시간이 된 까닭이다.

문학이란 자아와 대상과의 교접을 통해 서사를 재구성해나가게 된다. 대중문화 시대에 대중의 활용과 기호에 맞게 트로트가 변천하듯이 문학 역시 위계적이고 권위적인 문화를 넘어 자율적인 융합으로 지평의 확장이 필요하다. 다만, 무조건적으로 저급한 대중문화에 편입되거나 진지한 모색 없이 추종한다면 문학의 본질이 훼손될 가능성이 크다. 그러므로 작가 스스로 탄탄한 문학성과 심층적인 작가의식을 갖고 대중문화를 선별 수용할 때 문학으로써 소통과 발전을 기대할 수 있을 것이다.

04
시간의 흔적, 삶의 그림자

시작하며

　인간은 한 번쯤 정체성에 대한 의문을 가지게 된다. 현대의 풍부함과 다양함이 소외와 불안을 양상시켜 혼란을 초래할수록 정체성의 위기는 더욱 고조된다. 이를 인지한 자라면 "삶이란 무엇인가?", "어떻게 살아야 하는가?"라는 근원적 질문을 갈구할 것이다. 삶의 가치와 인생의 목적이라는 명제를 풀기 위해서 지나온 삶을 뒤돌아보게 되는데 그 중심축에는 반드시 시간의 흐름이 존재한다.
　고대 그리스에서는 시간을 두 개로 나누었다. 측정 가능한 직선적 시간인 '크로노스Chronos'와 적절한 기회 혹은 초월적 순간을 의미하는 '카이로스Kairos'로 구분했다. 다시 말해 크로노스가 누구에게나 주어지는 일반적인 시간이라면, 카이로스는 자신의 선택에 의한 또는 마음먹기에 따른 주관적 의미의 심리적 시간이라고 할 수 있다.

철학자들 역시 인간 존재를 규명하는 방법으로 시간에 대해 끊임없는 이론을 주창했다. 아리스토텔레스는 "아무것도 변하지 않으면 시간은 흐르지 않는다."고 했으며, 아우구스티누스는 "오직 현재만이 있고 과거는 기억이며 미래는 기대일 뿐'이라는 시간관을 내세웠다. 라이프니츠는 "시간이란 실체가 아니라 생각의 산물이다."라며 "수학적이고 절대적인 시간이 존재한다."는 뉴턴과는 대립구도를 보였고, 앙리 베르그송에게 진짜 시간은 "자신이 직접 느끼고 경험한 것"만이 되었으며, 니체는 "끝에 와서는 다시 출발점으로 돌아간다."는 영원회귀적 세계로 표현했다.

순환과 직선의 시간이든 중첩과 흔적의 시간이든 삶이란 시간과 동행하는 일이다. 모든 인간은 시간 안에 존재하며, 어떠한 인간도 시간 밖에서는 존재할 수 없다. 더욱이 글을 쓰는 작가라면 시간 속에서 자아를 발견하고 내적 성찰이 이루어진다. 그러므로 문학을 해석함에 있어 "시간이란 무엇인가?"라는 개념적 질문보다 "작가는 시간을 어떻게 경험하였으며, 그 경험을 통하여 삶을 어떻게 성찰하고 있는가?"에 초점을 맞추는 것이 중요하다고 하겠다.

개인의 시간 의식이 발견된 작품으로써 '연륜의 시간'을 그려낸 〈묵은지〉와 '느림의 시간'을 구현한 〈나만의 보법〉과 '순간의 시간'을 포착한 〈기절〉을 통해 생의 성찰을 살펴보고자 한다.

1. 전화숙의 〈묵은지〉: 연륜의 시간

　인간이 존재한다는 것은 변화의 시간을 경험하는 일이다. 시간의 축적으로서 현재가 있고 현재의 연장으로서 미래가 있음이 자명하다. 현재는 과거와 동떨어져 펼쳐지지 않으며 현재 속에서 자연스럽게 미래를 엿보기도 한다. 그러므로 시간이 중첩될수록 인간의 의식도 새로운 의미를 생성한다. 전화숙은 〈묵은지〉를 통해 흐르는 시간 속에서 변모하는 인생관을 풀어내고 있다.

> 　배추가 김치가 되고 묵은지가 되는 과정이 우리 인생과도 닮았다. '지'는 음절이 하나지만 김치를 나타내는 온전한 말이다. 갓 담근 김치 생지는 갓 시집온 새댁을 보는 듯하다. 익은 김치는 익은지, 사십 대쯤일까. 한창 아이들 돌보며 살림에 푹 빠진 때이다. 신 김치는 신지, 쉰 살을 떠올린다. 해를 넘긴 오래된 김치가 묵은지이다. 오랫동안 발효되고 숙성되어서 곰삭을 대로 푹 익은 김장 김치이다. 인생의 쓴맛, 신맛을 다 맛본 일흔쯤의 나이가 아닐까.

　화자는 배추가 김치로 숙성되고 또 신지가 묵은지로 곰삭는 과정을 인생의 항로와 병치시킨다. "하늘을 향해 가슴을 편" 팔팔하던 배추가 절여짐으로써 "줄기를 반으로 접어도 꺾이지 않는" 생지가 되듯이, 갓 담근 김치는 청춘을 지나 결혼에 이르는 "새댁"을 비유하였다. 배춧잎에 소금으로 숨을 죽이고 양념을 입혀 맛을 더하는 것처럼 젊을 때의 "설익은 생각과 언행들"은 앎의 과정과 숙성의 시간을 견뎌낸다.

성숙의 시간을 지나야 깨달음을 얻듯이 익은지와 신지를 거쳐서 비로소 묵은지가 완성된다. 그러나 김치가 오래되었다고 모두 묵은지가 될 수 없다. 잘못 보관한 과숙김치는 줄기가 무르고 쉰내나 군내가 나기 마련이다. 배추의 깊은 향미와 아삭한 식감을 갖추어 제대로 곰삭은 맛이 있어야만 '묵은지'라는 거룩한 이름을 붙일 수 있을 것이다. 인생 또한 연륜과 함께 고난의 시간들을 견뎌내었을 때 존경과 찬사를 받게 된다. 화자는 이 시기가 일흔 즈음이라고 예측한다.

목소리는 낮추고 두 귀를 열어 두는 행보를 익혀야 된다. 짓무르지 않은 묵은지처럼 곰삭은 맛을 지니고 싶다. 보조개도 주름으로 보이는 나이, 어느덧 일흔이란 노년 인구에 들어선다. 인생에서 노년기가 있음은 축복일 수도 있다. 나이 일흔은 마음이 하고자 하는 바를 좇아도 법도를 넘지 않는다. 시간이 가져다주는 지혜랄까.

종심의 나이가 되면 지나온 시간을 바라보는 태도가 달라진다. 역경을 이겨낸 삶을 대견스럽게 생각하며, 부족함을 받아들이고 소박한 것에 만족할 줄도 알게 된다. 타인의 생각을 헤아리게 되는 포용력을 가지며 "다음 세대를 위한 안내자가 되어 줄 수도 있다." 칠순이 된 화자도 욕심에서 자유로워졌다. 그래서 묵은지의 소를 털어내듯 "내가 가진 모든 속기를 미련 없이 버려야 한다."고 실토하게 된다. 아울러 "생애의 황금기"인 노년 시절은 세상을 "관조"

하는 시기라고도 덧붙인다. 관조란 있는 그대로를 그냥 받아들이는 일이므로 세상의 격식과 세속의 기준들로부터 벗어날 때 가능하다. 화자는 〈묵은지〉라는 간접 화법으로 '연륜의 시간'이 축적되어야만 사고의 확장이 이루어질 수 있음을 제시한 것이다.

2. 이희태의 〈나만의 보법〉: 느림의 시간

인류의 직립은 걷기의 기원이 된다. 손이 땅으로부터 독립되면서 인간의 진화는 거듭되어 생존을 위한 기술발달을 가져왔다. 사냥을 하고 가축을 기르고 길을 만들고 바퀴를 발명하면서 탈것이 생겼다. 오늘날 자동차 등 이동수단 발달의 기술 진보는 인간을 더욱 빠르게 더 편리하게 만들어 주었다. 하지만 경쟁은 난무해지고 삶은 점점 치열해졌다. 그러기에 현대인은 변화하는 시간 속에서 스스로를 돌아보는 방법을 모색하게 되었다.

이희태는 걷기를 통해 마음의 여유를 찾고자 했다. 칠순을 넘긴 화자는 30여 년 전부터 "길의 마법"에 걸려들었다. 시작은 환상적인 정상을 체험할 수 있는 산행이었으나, 우연한 기회에 "걷기대회"에 합류한 이후 걷기에 매료되고 만다. 예순을 바라보던 어느 해 그는 '신라의 달밤 165리 걷기대회'에 참가하게 되었다.

> 3천 명의 동행이 있었지만 결국은 홀로 가야 하는 길이었다. 누구도 거들어 줄 수 없는 길, 오로지 자신과의 치열한 싸움 끝에 다

다를 수 있는 길. 약간의 설렘에서 출발했지만, 길은 이내 어렵사리 풀어야 하는 숙제로 낯을 바꾸었다. 오만 가지 잡념이 꼬리를 물었다. 살아온 시간이 주마등처럼 스쳤고, 부대껴 온 사람들의 면면이 무성영화처럼 눈앞을 오갔다.

걷는 행위는 내면의 사유를 자유롭게 하는 시간이 될 수 있다. 정신을 움직이게 하려면 육체가 움직여야 한다. 걷다 보면 저절로 몸의 움직임과 사유의 움직임이 조화를 이룬다. 화자는 지난 시간 속에 자아를 투시해보면서 삶을 진지하게 성찰하게 된다. 동행이 있지만 결국은 아무도 없고 혼자임을 인지하는 것이다. 소크라테스의 '너 자신을 알라'는 언명처럼 지금이라는 시간의 주인공이 된 '나'에게 온전하게 집중할 수밖에 없다.

화자는 "걷는다는 자각도 없이" 발을 옮기면서 타인과의 관계와 자신의 상처를 되돌아보고 치유를 갈망한다. 나아가 발소리만 "내 안을 텅텅" 울리는 내면의 소리를 듣게 되면서 종국적으로 "길은 그 모든 것의 근원이 바로 나라는 것"이라는 결론에 도달한다. 다음 날 그는 당당히 "완보증"을 수여받았다. "눈물겨운 승리"는 환희와 자신감을 얻게 하였고, 이후 대한민국에서 가장 긴 트레일 코스인 해파랑길 770km 행군도 이루어내었다.

걷는다는 고단한 노역 속에서도 더없이 행복했다. 살을 에는 혹한이나 정수리를 끓어오르게 하던 폭염도 나의 의지를 꺾지는 못했다. 결국 다시 돌아올 길을…, 혹자들은 발병이 나도록 떠나는 나를 향해 비아냥거리는 너스레를 떨기도 했다. 그러나 그들은 모른다. 나를 벅차오르게 만드는 길의 선물이 어떤 것인지를.

인생은 경주마처럼 달리는 것이 아니다. 얼마나 멀리 이동했느냐가 중요한 것이 아니며 천천히 간다고 해서 실패하는 것도 아니다. 삶을 살아갈 때는 우보행牛步行처럼 자신을 되돌아볼 수 있는 느린 발걸음이 필요하다. 이희태는 걷기를 통해 인생살이의 보법을 수정한다. 욕심을 버리고 즐거운 마음으로 "천천히"라는 "나만의 보법"을 완성하게 된다. 아울러 곧 개통이 되는 1,463km 남파랑길 도보길의 계획도 세웠다. 이러한 그의 꿈은 '느림의 시간' 속에서 여전히 "현재진행형"이다.

3. 김선애의 〈기절〉 : 순간의 시간

김선애의 서사는 "기절"이라는 '순간의 시간'에서 출발한다. '순간'의 개념은 철학자마다 해석하는 기준이 다르다. 바슐라르는 순간을 정지된 시간, 즉 강물이나 지나가는 바람처럼 사라져 버리는 일반적인 수평적 시간과 달리 '수직적' 시간이라 구별하였고, 깊고 높은 울림들을 간직하고 있는 시간이라고 하였다. 키르케고르는 익숙한 것으로부터의 이탈이라고 생각했으며, 하이데거의 경우는 어떤 찰나를 뜻하지 않고 현재에서 현존재가 자기의 처지적 상황에 눈을 크게 뜨고 본다는 것을 의미하였다. 그러한 점을 통합해볼 때 '순간'이란 삶에서 '가치 있음'을 지향하는 시간임이 자명하다.

　　남편이 흔들어 깨웠다. 그런데 자고 일어난 장소가 침대가 아닌 식탁 옆이다. 가스레인지 위에서는 고등어가 지글지글 구워졌다가 타는 냄새가 난다. 이게 어떻게 된 일이지? 순간 머릿속의 기억 저장 필름을 제대로 작동시켜야 했다. 그렇다. 오늘 아침 식사를 준비하다가 천장 위에서 왔다 갔다 하는 작은 나방을 보았다. ……
식탁 의자를 꺼내 놓고 수건을 집어 들었다. 나방을 향해 수건을 냅다 내리쳤다. 그 순간 팔에서 번개가 치더니 그대로 바닥으로 떨어지면서 무의식의 세계로 곤두박질친 것이다.

　화자는 주방에 침입한 나방을 잡으려다 바닥으로 곤두박질치고 만다. 그리고는 의식의 상태가 정지된다. 의식이 공백 상태를 맞음으로써 삶의 시간적 틈새가 생겨버렸다. 생선이 타는 냄새를 좇아 남편에게 발견된 그녀는 놓쳤던 시간의 끈을 다시 잡게 되지만 "먼 우주세계를 갔다 온 것" 같고, "꿈을 꾼 것" 같기도 하다. 정신의 혼미는 육체의 이상을 동반한다. 결국 구급차에 실려 응급실에 가게 되었고 다행히 일시적 뇌진탕 증세는 회복되었다.
　인생에서 "처음"으로 '정지'와 '깨어남'의 의식을 겪은 화자는 당연히 '순간'의 의미 발견과 자기반성을 하게 된다. 그녀는 기절이 갑자기 오지 않았으며, 산행에서 다친 어깨가 전조증세였음을 되살려낸다. 안이하게 생각했던 "안전 불감증"이 원인이라는 것도 인정한다. 아울러 "기절은 사람에게 정신이 번쩍 들게 하는 용어"라고 명명하게 되었다. 그래서 순간을 경험하는 것이 영원을 경험하는 일로 사유를 이행할 수 있게 되는 것이다.

> 삶이란 항로를 안전하게 지나가려면 늘 조심하면서 살아가야 한다. 하지만 사람이란 동물이 어찌 기계같이 움직일 수 있겠는가? 완벽하게 만들었다는 기계 종류도 고장이 나는데 사람이 고장이 나지 않는다면 신이라고 볼 수밖에 없다. 그렇지만 어쩔 수 없는 노릇이 아니겠는가? 올해에는 더욱 조심하며 살아야겠다는 각오를 다질 수밖에 없는 나약한 인간이다.

화자는 '기절'이라는 극적인 화소를 다소 길게 전개하고 말미에 사유를 개입하는 방법으로 서사를 풀어내었다. 서사수필은 작가의 서술방식에 따라 독자를 이끌 수도 있고 반대로 상상을 막는 경우도 있으며 열린 결말로 독자에게 사유를 맡기기도 한다. 그러므로 서사의 양으로 문학성을 평가할 수 없으나 문체의 개성과 의미의 확장이 있다면 긍정적 평가로, 지루한 문장으로 독자가 유추할 수 있는 일반적인 결론으로 마무리 짓는다면 호평에서는 제외될 것이다. 〈기절〉의 서사에서는 인간의 나약함을 인지하고 겸손하게 살아야 함을 의식한 개안의 시선을 획득함으로써 진부한 결말을 비껴갈 수 있었다. 그래서 기절이라는 충격의 순간은 망각의 시간이 아니라 영원한 '순간의 시간'으로 재생되는 것이다.

마치며

　미하엘 엔데가 쓴 ≪모모≫의 부제를 기억하는가. '시간을 훔치는 도둑과 그 도둑이 훔쳐 간 시간을 찾아 주는 한 소녀에 대한 이상한 이야기'이다. 이 소설은 각자의 삶에 주어진 시간의 중요성과 그 가치에 관한 주제를 담고 있다. 즉, 삶을 무의미한 시간으로 채우게 된다면 궁극적인 삶의 의미를 찾지 못하게 될 것을 은유한다.
　인간은 시간의 흐름을 거스를 수 없다. 시간을 소유할 수도 마음대로 멈출 수도 없다. 그러나 육체는 물리적 시간에 종속되어도 마음은 심리적 시간 속에 살 수 있다. 시간 의식은 심리적 상태와 마주하는 대상에 따라서 다르게 나타나고, 시간을 어떻게 인식하느냐 하는 문제는 자아의식과 결부되기 때문이다. 그러므로 시간의 질적인 차이는 스스로 만들어 갈 수 있다는 것을 간과해서는 안 될 일이다.
　그러한 점을 염두에 두고 수필작가가 시간을 통해 삶의 가치를 어떻게 구현하는가를 중점적으로 살펴보았다. 〈묵은지〉는 연륜이라는 시간 쌓기로서 노년기 삶의 바람직한 방향을 구축하였고, 〈나만의 보법〉에서는 느림의 시간을 강조한 "천천히"라는 언표로서 정체성 회복을 추구하며, 〈기절〉이라는 순간의 시간에서는 삶을 통찰하고 자기반성을 인식하는 계기가 되었다.
　에스파냐의 문호 세르반테스의 "시간이 모든 것을 완성한다."라고 한 말을 떠올리면서, 다음 호에서도 수필이라는 문학이 단순한 여행기록이나 비망록을 덧입힌 글에서 벗어나 다양한 문학적 층위를 엮어가며 진화하길 기대한다.

| 대표 작품 |

묵은지

전화숙

　작년에 담근 김치 한 포기를 꺼낸다. 전골냄비 가운데 놓인 몇 토막의 고등어 위에 묵은지를 이불처럼 덮어 준다. 멸치 육수를 넉넉히 붓고 뭉근하게 끓인다. '바글바글' 묵은지와 고등어가 서로 몸을 섞는 요란한 소리다.
　겨울이 다가와 김장을 하면 지난해 김치는 묵은지가 된다. 김치에 들어간 온갖 양념과 소를 다 털어내고 물에 헹군 뒤 쌈을 싸 먹으면 군둥내가 날 듯하지만 씻는 순간 봄눈처럼 사라진다. 생지에서는 감히 느끼지 못하는 깊고 그윽한 맛이 입속을 사로잡는다.
　홍어삼합이란 홍어, 묵은지, 돼지고기 수육을 말한다. 순서대로 얹어 먹으면 그 맛이 일품이다. 묵은지가 일등공신이다. 가운데서 시원하고 개운하게 마무리해 주기 때문이다.
　배추가 김치가 되고 묵은지가 되는 과정이 우리 인생과도 닮았다. '지'는 음절이 하나지만 김치를 나타내는 온전한 말이다. 갓 담근 김치 생지는 갓 시집온 새댁을 보는 듯하다. 익은 김치는 익은지, 사십 대쯤일까. 한창 아이들 돌보며 살림에 푹 빠진 때이다.

신 김치는 신지, 쉰 살을 떠올린다. 해를 넘긴 오래된 김치가 묵은지이다. 오랫동안 발효되고 숙성되어서 곰삭을 대로 푹 익은 김장 김치이다. 인생의 쓴맛, 신맛을 다 맛본 일흔쯤의 나이가 아닐까.

한 아름 되는 배추를 반으로 가르면, 노랗게 꽉 찬 속 알갱이가 수줍은 듯 모습을 드러낸다. 소금물에 풍덩 넣었다가 건져서 한 잎씩 들춰 가며 굵은 소금을 켜켜이 친다. 사람도 하늘을 향해 가슴을 편 배춧잎처럼 구김살 없이 팔팔한 기상으로 자라, 온갖 가능성을 가지고 '앎'을 키워 나간다. 머릿속에 '앎'이라는 알곡이 쌓이고 사물의 핵심을 꿰뚫어 보는 능력이 나름 생긴다. 자신만의 영역을 추구하여 독자적인 정신세계를 갖게 되며 자기주장도 확실해진다.

그러나 설익은 생각과 언행들은 굵은 소금으로 절이는 단계를 거쳐 배추 줄기를 반으로 접어도 꺾이지 않는 상태가 된다. 대학 졸업 후 직장이나 결혼 생활에서 적응 과정은 녹록지 않다. 온갖 양념을 다 갖춰서 온전한 김치가 되어야 하는 시기이다. 지식보다 지혜가 덕목으로 쌓여야 한다. 제 의지와는 상관없이 다른 이의 입맛에 맞추고 살아야 하는 삶이 눈물겹도록 고달프다.

모난 돌이 정 맞는다는 말과 모난 돌도 바닷가 파도에 씻기다 보면 동글동글한 몽돌이 된다는 말이 가슴에 와 닿는다. 오랜 세월, 인생의 굴곡을 지나오면서 얻은 경험은 사람과 인생, 세상을 바라보는 시각을 둥글게 만들어 준다.

갓 담근 김치처럼 빛깔 곱고 아삭한 느낌으로 다가오는 며느리를 맞아들이고, 새싹처럼 나날이 자라는 손자들도 본다. 이제 묵은지가 되어도 좋다. 내게 있는 '습'을 모두 털어내고 더 잘하려고 애쓸 것도 없고, 편하고 자연스럽게 즐길 수 있는 거리를 누리면 된다. 묵은지에 들어 있는 온갖 소를 털어내듯, 내가 가진 모든 속기를 미련 없이 버려야 한다. 목소리는 낮추고 두 귀를 열어 두는 행보를 익혀야 된다. 짓무르지 않은 묵은지처럼 곰삭은 맛을 지니고 싶다.

보조개도 주름으로 보이는 나이, 어느덧 일흔이란 노년 인구에 들어선다. 인생에서 노년기가 있음은 축복일 수도 있다. 나이 일흔은 마음이 하고자 하는 바를 좇아도 법도를 넘지 않는다. 시간이 가져다주는 지혜랄까. 머리로 이해하는 것이 아니라, 오랜 연륜을 통해 저절로 체화된다. 다음 세대를 위한 안내자가 되어줄 수도 있다.

칠순을 맞아 여고 동기들이 태국 여행을 다녀왔다. 카페에 여행을 알리는 문자가 뜨자 카톡카톡 속삭이더니 한 달 뒤, 공항에서 서른 명이 즐거운 얼굴로 만났다. 여행 중에 속이 거북하다는 말을 하자 서로 비상용 약을 꺼내주질 않나, 코끼리 타는 게 무섭다고 했더니 계단 위에만 가자고 이끌어서 코끼리 목에 올라탄 안내인과 2인 좌석을 보고 의자에 앉도록 만들질 않나, '누구를 도울까' 준비된 사람들 같았다. 서로 챙겨주려고 하는 모습이 냄비 속에서 어우러지는 고등어와 묵은지 맛이었다.

잘 늙어 가기를 누구나 소망한다. 노년 시절은 생애의 황금기이다. 마음자리는 저무는 노을처럼 해맑고 고즈넉하다. 드맑은 가을날, 서산마루에 저무는 한때의 풍경이다. 일몰의 아름다움을 알고 석양의 기운에 취할 줄 알며 세상을 관조하는 시기이다.

저녁 식탁을 차린다. 방금 끓인 전골냄비에 가족이 모여든다. 푹 익은 김치를 쭉쭉 찢어 밥 위에 얹어 먹으며 흐뭇해한다. 훈훈한 이야기가 이어진다.

05
자기반성적 서사와 길찾기

자기반성의 문

　인간은 동물과 달리 반성할 수 있는 존재이다. 동물은 본능적 삶에 안주하지만 인간은 자신의 과오를 돌이켜 보고 타인의 다름을 인정하며 반성을 통해 자신의 존재를 성찰하게 된다. '자기반성self-reflection'이라는 단어를 살펴보더라도 '반성한다'라는 뜻의 're-flecting'이 함축되었으므로 '다시 굴절시키다' 또는 '다시 구부리다'로 풀어볼 수 있다. 이는 인간이 외적 대상을 바라보던 눈길을 안으로 '구부려' 스스로의 존재를 성찰한다는 뜻이 될 것이다.
　그러면 자기반성적 사유는 어디서부터 출발하는가. 그것은 '나'가 객체가 아닌 사유하는 주체로서 가능하다. 주체는 오직 반성 속에만 주체가 되는 것이다. 이처럼 반성이란 의식이 자기 자신에게 되돌아가는 것임을 인지한다면 그동안 타당하다고 간주해왔던 사건을 전복시키고 주름을 펴고 경계를 허물어 그것을 새롭게 구축하려고 시도해야만 자기성찰에 도달한다. 반성한다는 것은 주체가 '나'가 되어가는 과정이면서 또한 상대를 인식하며 궁극적으로 '우리'가 되어가는 길항이기도 하기 때문이다.

자기반성은 당연히 자기인식에서 가능하다. 먼저 '나는 누구이며 왜 살아가는가'와 같은 문제에 의문을 제기할 수 있다. 자기다움을 발견하기 위해서는 시선을 내면화해서 객관적으로 다시 나를 바라보아야 한다. 그러고는 자신과의 내적 대화를 시도해야 할 것이다. 이때 내적 대화로써의 효과적인 방법이 글쓰기 과정이다. 그 행위는 시대를 초월하여 많은 작가가 구현해내고 있다.

무엇보다 자기의 내면 의식과 마주 서고 계속적인 내적 대화를 하기에 가장 적합한 장르가 수필문학이라고 하겠다. 수필은 대부분 '나'라는 일인칭 서술자가 과거의 경험을 토대로 서사를 보고하고 있다. 그러므로 수필가는 자기 자신의 가치와 신념뿐만 아니라 자신이 속해 있는 문화와 사회에 대한 숙고와 통찰력을 구현해낸다. 그러한 인식은 일관적인 '나'의 모습이며 자기의식이 성립된 결과라고 하겠다. 결국 수필쓰기는 주변 사람을 징계함으로써 당사자를 각성하게 하는 '타초경사打草驚蛇'가 아니라, 해석의 대상이 나에게 귀결되는 '자기관심'과 '자기발견'과 '자기복귀'라고 할 수 있다. 하지만 그것은 결단코 '에고이즘'이나 '자아중심주의'가 아니라 타인에 대한 관심과 소통을 통해 자신을 되돌아보게 되는 성찰적 행위인 것이다.

이에 자기반성적 텍스트라고 볼 수 있는 김상환의 〈나는 서투른 삶의 조각가〉와 김용숙의 〈꽃샘추위〉, 그리고 송창우의 〈궁합〉을 중심으로 외부로 향했던 거울의 방향과 위치를 바꾸어 어떻게 내면세계를 비추었는지 살펴보도록 하겠다.

1. 김상환의 〈나는 서투른 삶의 조각가〉

우리는 자신을 얼마만큼 알고 있을까. 나의 모습을 제대로 알기나 할까. 내면의 모습은 매 순간 변화한다고 치더라도 외적 얼굴이나마 정확하게 기억할 수 있을까. 혹자는 사진 속 이미지가 자신이라고 대답하거나 거울에 비친 형상을 나의 얼굴이라고 항변한다. 그러나 생각해보라. 결코 우리는 자신을 직접 볼 수 없다. 수면이나 거울에 되비치는 모습과 사진 속 반영은 언제나 원본의 모방일 뿐이다. 거울을 보더라도 유리의 굴절에 따라 반드시 원본의 이미지에서 오차가 생길 것이고, 사진 역시 찍는 방향과 촬영자에 따라서 얼굴의 반영은 모두 다를 수 있다.

따라서 '나'라고 인지하는 사진은 아마도 여러 장 속에서 잘 나왔다고 판단하는, 혹은 내가 가장 마음에 드는 이미지일 확률이 높다. 그러므로 플라톤의 개념에 따르면 우리가 시각적으로 경험하는 것은 결코 이데아에 닿을 수 없다는 결론에 도달한다. 외면의 이미지는 이데아의 반영에 불과하다는 플라톤의 주장에도 인간은 언제나 내가 생각하는 그리고 나만이 기억하는 '내 얼굴'을 선별하고 또 선택한다. 이처럼 자신의 외적 대상을 찾는 것도 본질적으로 불가능한데, 과연 인간은 자기라는 '진정한 자아'를 찾으려는 시도를 포기해야만 할까. 그럼에도 불구하고 조각상이라는 사물을 통하여 기억과 성찰의 흔적을 도출하여 내면의 자화상을 누구보다 명료하게 자각한다.

> 지난날을 돌아보면 나는 서투른 조각가와 같았다. 인생도 조각상도 완성도 높은 작품을 만들기 위해서는 필요 없는 부분을 떼어내는 작업이 선행되어야 하는데 이 부분이 가장 어렵고 힘들었다. 조각 작업을 하는 과정에서 한번 잘못 떼어내면 다시 붙일 수 없는 치명적인 상황이 되듯, 우리 삶도 한번 지나간 일은 되돌릴 수 없다. 그러니 우리 인생도 조각 작업도 실행에 옮기기 전에 결과를 정확하게 예측할 수 있는 뛰어난 통찰력과 안목이 필요하다. 그런데 나에게는 그런 능력이 부족한 탓으로 삶이 항상 고달팠다.

화자는 인생이란 "조각가 앞에 놓여 있는 하나의 돌덩이"와 다름없음을 인지한다. 미켈란젤로가 제작한 아름다운 다비드상과 황금비율이라고 불리는 밀로의 비너스상 역시 처음에는 커다란 대리석에 불과하였다. 그러므로 누가 조각하느냐에 따라서 또는 어떤 연장을 쓰느냐에 따라 작품의 완성도는 달라질 것이다. 아울러 인간은 누구나 자기 삶을 조각할 수 있는 능력이 있으며, 어떠한 안목으로 생의 작품을 조각할 것인가는 오직 자신만이 결정할 수 있다. 김상환은 황혼의 문턱에서 인생을 돌아보며 스스로 "서투른 조각가"였음을 회상하는 기억적 반성에 다다른다. 다시 말해 이것은 잘못된 행위를 탓하는 도덕적 반성과는 다르다. 상처를 입고 괴로워하는 사람은 자신이며 애정과 사랑의 대상이 되는 자신을 반성적으로 대상화하는 지각적 반성에 속한다. 그러기에 김상환은 자신이 빚어놓은 인생이란 작품이 조금은 모나고 거칠어도 다듬고 윤을 내는 일에 더 정성을 기울일 작정이다. 무엇보다 상처를 치유하려면 스스로 만들어놓은 사실과 행위를 인지하고 그 속으로 들어가야만 한다는 가능성을 획득하였기 때문이다. 이러한 직시의 과정이 내면의 실체에 다가서게 되고 타자에 대한 배려의 시선으로 이동 가능하게 되는 것이다.

2. 김용숙의 〈꽃샘추위〉

인간은 누구나 고뇌 속에 살아간다. 특히 가족은 감정의 집단이기에 누구보다도 심리적 정신적 갈등이 많이 노출된다. 때로는 그 심신의 대립으로 냉전과 마찰이 일기도 하고 상처와 고통을 받기도 하지만 궁극적으로 이해와 위로가 있다면 동반 성장해 나가며 인생을 함께 통찰하게 된다.

엄마란 누구이며 어떤 존재인가. 엄마가 되는 것은 존재에 대한 책임을 지는 것이다. 그러므로 어미가 자식을 사랑하는 것은 타산을 초월한 맹목적이자 동물과 같은 본능적인 모성 실천이다. 이러한 모성 실천의 과정은 자녀가 주체적인 삶을 살아가게 하는 필수

조력자의 존재를 넘어 어미로서 부단히 '나'를 성찰하고 '나'를 세우는 작업이라고 할 수 있다. 하지만 그 과정은 순탄치 않다. 김용숙은 남들과 다른 신체조건을 가졌다. "목발에 의지한" 화자는 중학생 아들의 학교에 도시락을 들고 나타난다. 엄마라면 당연히 체력검사를 하는 아들의 점심을 굶길 수가 없다.

> 불길한 예감이 머릿속을 스쳤다. 아들은 나를 못 본 게 아니라 고의로 외면했던 것이 아닐까. 내 마음만 내세워 도시락을 준비했던 것이 아들에게는 몹쓸 짓에 불과했다는 생각이 들자 온몸에 힘이 빠졌다. 오랫동안 기다려도 아들은 모습을 나타내지 않았다. 눈에 넣어도 아깝지 않은 아들의 배에서 꼬르륵거리며 빈 물 흐르는 소리가 들리는 것만 같았다. 무거운 마음으로 집으로 향했다. 행여 어디서 지켜보고 있다가 뒤따라와서 덥석 안을 것만 같아서 몇 번이나 뒤돌아보았지만 그건 나의 욕심일 뿐이었다.

부모의 양육방식과 자녀의 성장 리듬이 어긋날 때 관계의 접점은 삐걱거리며 예상한 기대치는 '미끄러지게' 된다. 하지만 그 '차이'는 부정적인 개념의 불일치와 무질서가 아니라, 기존의 관념에서 벗어나서 다른 관점으로 인간을 이해하는 초석을 제공해준다. 들뢰즈식으로 말하자면 서로 다름을 이해하고 새로운 사유를 생성하게 만드는 것이다. 그러니 김용숙도 사춘기 아들과의 대립과 갈등을 조장하는 것이 아니라 개인적 욕망을 내려놓고 관계회복을 위한 물러서기로서 양육의 궤도를 수정하게 된다.

나도 사춘기 때 어머니 마음을 아프게 한 적이 있다. 어머니 나이 불혹을 넘어 늦둥이로 태어났기에 내가 초등학교 다닐 때 어머니는 이미 할머니 측에 들었다. 그런 어머니가 친구들이 있는 자리에 나타날까 두려워 전전긍긍했고 어쩌다 학교에 찾아오면 창피해서 책상 아래에 숨기도 했다.

사춘기 아들의 행위를 통해 화자의 사춘기를 소환하게 되고, 자식이 어미에게 행하는 반항이 되풀이되고 있음을 인지하면서 자기반성과 함께 이해의 그물을 펼치게 되는 것이다. 이에 김용숙은 아들의 행동을 지나가는 꽃샘추위로 표상하기에 이르렀다. 꽃들이 계절의 변화에 순응하듯이 성장 과정에서 반드시 겪어야 하는 통과의례로 치환한다. 그러한 인식이 '상처받은 자아'와의 만남을 이룰 수 있으며 자신과 화해하는 길을 모색하기 때문이다. 화자의 표현대로 "제아무리 꽃샘추위가 맵다고 해도" 때가 되면 봄꽃이 피어나듯, 자녀에 대한 존중과 신뢰로써 이해와 수용적 방법을 택할 때 갈등은 소진되고 감정회복은 빨라질 것이다.

3. 송창우의 〈궁합〉

세상에 대한 옳고 그름, 즉 도덕적 판별력을 내포하고 있는 분별력이란 바로 자기반성을 통하여 획득된다. 그렇기에 단독적인 자기 관계 안에서는 결코 알기 어려우며 대상과 마주할 때 더욱 극명히 드러난다. 만약 타자와의 관계에서도 자기성찰이 없다면 인생을 과대평가 속에서 살게 될 것이며 그것은 비천하고도 고립된 삶이라고 간주할 수 있다. 그러므로 작가는 자신이 처한 외적상황에 대한 정확한 인식과 자기탐구가 선행되어야만 올바른 창작 결과를 기대할 수 있다. 즉, 진실한 글쓰기가 이루어질 때 더 깊은 내면을 들여다보게 되는 것이다. 자기 내면의 진실과 외부의 현실 사이에서 고뇌와 갈등을 거치면서 자신만의 신념 체계를 발현하기 때문이다.

물론 인간 개개인의 참모습을 찾기란 불가능하다. 자아는 결코 일관적이지 않으며 매우 다양한 정체성으로 존재하기에 진정한 나를 찾아야 한다는 반성적 사유는 공허하다. 그렇다고 내 속의 수많은 자아를 모두 수용하거나 복잡다단한 정체성을 하나로 통합할 수는 없다. 다만 '거짓 자아'의 속박을 떨쳐내고 '참나'를 찾는 훈련을 거듭 실행할 때 성숙된 '인간됨'으로 변모하게 된다. 이러한 점에서 송창우의 〈궁합〉은 대상과의 상호성을 통해 자기인식 과정에 이르는 길을 간구하고자 했다. 화자는 이사를 하는 지인에게 우연히 천리향 화분을 하나 얻게 된다. 그러나 묘목은 정성을 들였음에도 생명을 지켜내지 못했다.

때로는 필요 이상의 관심이 되레 해가 된다. 강둑에 핀 들꽃도 무심히 내버려 두면 잘 자란다. 섣부른 욕심이 천리향에 돌이킬 수 없는 해를 끼쳤다. 한 생명을 지켜주지 못한 아쉬움도 컸지만, 그분들에게 어떻게 알려야 할지 난감했다. 고민 끝에 변명의 여지가 없어 사실을 알렸다. "괜찮습니다. 선생님과 궁합이 맞지 않아 그럴 겁니다."라는 수화기 속의 음성은 왠지 실망감이 짙게 배 있었다.

궁합이 맞지 않다는 것은 서로 연이 되지 못함을 의미한다. 과연 세상의 모든 관계성에는 이미 궁합으로 정해진 연緣이 존재할까. 그러나 송창우는 상호 관계가 끊어지기 이전에 "제 역할을 소홀히 하면 연을 이어가기 어렵다"는 것을 이미 인지하고 있다. 그러니 식물뿐만 아니라 "한순간 찾아온 위기를 슬기롭게 대처하지 못해" 가정의 울타리까지 무너뜨린 자신의 과오를 자책하지 않을 수 없다. 무엇보다 상처의 원인 또한 자신이라는 성찰을 필연적으로 수행하고 있는 것이다.

우연히 맺은 만남이지만 나와는 기운이 맞지 않았나 보다. 이상하게도 다른 식물과는 다르게 유독 천리향만 내 곁을 떠났다. 꽃말처럼 갑자기 생긴 행운은 없었다. 새로운 행운은 고사하고 오랫동안 지켜온 가정의 울타리를 허무는 쓰라림도 천리향을 보내며 같이 맞았다. 어긋난 궁합으로 홀로 선다는 것이 낯설고 익숙하지 않았다. 순탄하지 않았지만 지울 수 없는 지난 궤적을 벗어나 당분간 질퍽한 진흙탕 길을 헤맬 것이다.

결국 화자는 천리향에 빗대어 자신의 마음을 비춰내고 있다. 사람과의 관계에서 일방적으로 한쪽만 옳을 수는 지극히 어렵다. 우리가 믿고 있는 정의도 다의적인 관념이며 상호성을 근간으로 다양하게 해석된다. 그러니 처음에 이어 다시 심은 천리향이 괴사한 것도, 사람과의 연이 끊어진 것도 한쪽의 실착만으로 규정지을 수 없다. 자기반성과 함께 "어긋난 궁합"이라는 자전적 위로가 다시금 일어설 수 있는 희망과 용기를 갖게 할 것이다.

자기복귀의 길

강제 수용소를 체험한 것으로도 유명한 ≪죽음의 수용소≫의 저자 빅터 프랭클 박사는 "호모 페이션스Homo patience의 가치는 호모 파베르Homo faber보다 더 높다."고 주장했다. 즉, 고민하는 인간의 가치는 도구를 사용하는 인간보다 더 높다고 하겠다. 고뇌하고 좌절하고 자기탐색과 자기반성이 따라야만 성숙한 인간됨으로의 길로 나아갈 수 있다.

그런 점에서 텍스트의 자기반성적 서사에서는 인생의 조각에 대한 심층적인 고민과, 사춘기 아들의 성장과정에 대한 이해와, 지켜내지 못한 인연에 대한 성찰의 언술을 통해 자기복귀의 길찾기를 보여주었다. 다만, 이러한 자기성찰이 개인적인 서사를 넘어 사회의 다양한 영역들에서 이를테면 인종과 문화와 자연 등으로 서술의 지평이 확산되길 기대한다.

| 대표 작품 |

궁합

송창우

　우연히 맺은 인연이다. 이웃 사무실 부부가 갑자기 이전하게 되어 인사차 와서 주고 간 화분이다. 나무도 사람처럼 환경이 바뀌면 향수병을 앓는다면서 원래 있던 곳에서 자라야 한다며 잘 키워 달라고 부탁했다. 남편은 아내가 유독 천리향을 좋아해서 애지중지한 것이라 꼭 봄에 꽃몽우리를 맺게 해달라는 당부도 잊지 않았다. 그렇게 뜻하지 않은 천리향과 동거가 시작되었다. 하지만 넙죽 받은 선물보다 느닷없이 시작된 한집살이가 잘 이어갈 수 있을지 걱정이 앞섰다.

　천리향은 염려와 달리 무럭무럭 자라 주었다. 행여 손길이 달라진 것을 눈치챌까 봐 매일 애틋한 눈빛으로 바라보며 정을 듬뿍 담아 보살폈다. 출근하면 제일 먼저 서두른 일이 신선한 공기와 볕을 마음껏 쬐도록 하는 것이었다. 칠흑 같은 어둠 속에서 마음 졸이며 기다렸을 대견함에 대한 보상이랄까. 움츠러든 굳은 몸이 기지개를 켜고 하루를 시작하기에는 계단 난간은 안성맞춤의 장소였다. 그런 간절함이 닿았는지 애타게 기다리던 천리향이 꽃을 물었다. 송이마다 뿜어내는 꽃 향은 천 리를 갈 기세만큼 강했다. 갓 나온 보들보들한 이파리를 날개 삼아 분홍치마에 살짝 가린 하얀 눈망울이 특히 눈길을 사로잡았다.

어렵게 얻은 행운은 길지 않았다. 어느 날 아침, 사무실에 들어서는 순간 밤사이 무슨 일이 일어났는지 나무는 누렇게 말라 있었다. 늦가을이라 매섭게 추운 날도 아니어서 얼어 죽을 리는 만무했다. 화분을 아무리 살펴봐도 어제 퇴근 전 모습 그대로였다. 겉흙이 마른 듯하여 물을 조금 주고 영양제를 꽂아 두고 간 것이 전부였다. 꽃을 피우느라 소진된 양분을 보충해 주고 싶은 의도였다. 흙 속에 묻고 간 노란 병을 뽑았다. 아뿔싸! 남아 있어야 할 영양제가 모두 빠져나가고 빈 통뿐이었다. 밤사이 손쓸 사이 없이 과식으로 숨구멍이 막혀 타버린 것이었다.

식물도 꼭 사람 같아 숨을 쉬고 원활한 영양 공급이 되어야 수명을 유지한다. 잎은 따사로운 햇살을 모아 산소와 양분을 만들어 내려보내고, 뿌리는 물과 각종 미네랄을 흡수하여 잎까지 올려보낸다. 이처럼 올려 주고 내려보내는 순환이 조화롭게 이루어져야 살 수가 있다. 사람 또한 혈관이 막히면 사경을 헤매거나 심하면 목숨을 잃기도 한다. 세상에 무엇이든 제 역할을 소홀히 하면 연을 이어가기 어렵다. 이렇듯 한순간 찾아온 위기를 슬기롭게 대처하지 못해 서로 남으로 남는 경우도 허다하다.

때로는 필요 이상의 관심이 되레 해가 된다. 강둑에 핀 들꽃도 무심히 내버려 두면 잘 자란다. 섣부른 욕심이 천리향에 돌이킬 수 없는 해를 끼쳤다. 한 생명을 지켜주지 못한 아쉬움도 컸지만, 그분들에게 어떻게 알려야 할지 난감했다. 고민 끝에 변명의 여지가 없어 사실을 알렸다. "괜찮습니다. 선생님과 궁합이 맞지 않아 그럴 겁니다."라는 수화기 속의 음성은 왠지 실망감이 짙게 배 있었다. 꼭 다시 좋은 소식을 전하겠다는 내 목소리도 잔뜩 가라앉았다.

한동안 연락이 끊겼다. 징검다리 역할을 하던 화목을 떠나보냈으니 어쩌면 당연하다는 생각도 들었다. 묘목을 구해다 심어야지 하면서도 바쁘다는 핑계로 차일피일 미루다 보니 시간만 흘러갔다. 까맣게 잊고 있던 지난봄, 광양 매화마을을 찾았었다. 매년 하동을 오면서도 다리 하나 건널 생각을 하지 못하고 돌아서곤 했던 길이다. 그날따라 섬진강을 사이에 두고 봄의 색깔은 너무도 달랐다. 아직 한기가 서려서인지 햇살에 일렁이는 섬진강의 찬 물빛이 깔린 하동과 달리 맞은편 광양은 산허리마다 고매한 매화가 절정을 이루고 있었다.

매화가 뿜어내는 매혹적인 내음은 감미롭다 못해 은은함 그 자체였다. 매향에 푹 빠져 돌아오다 농원 앞에서 눈에 번쩍 들어오는 글귀가 시선을 잡았다. "천리향 묘목 팝니다." 순간 나를 사로잡았던 봄날 흥취가 사라지면서 가물가물 잊혀 가던 천리향에 대한 원죄가 떠올랐다. 이것저것 따지지 않고 대뜸 어린 묘목 두 그루를 샀다. 이번에는 안타깝게 말려 죽인 그 불명예를 벗고 싶었다. 무엇보다 제대로 키워 그분들의 상실감을 회복시키고 싶었다. 집으로 오는 길에 전문가의 손을 빌려 고운 화분에 담았더니 그제야 안심이 되었다.

두 그루 중에서 한 그루는 입양을 보내고 풍만하면서도 단아한 자태를 가진 탐스러운 한 그루를 남겼다. 또 상처로 남을까 봐 키우는 방법도 배웠다. 결코 관리하기 수월한 나무가 아니었다. 온도에 민감하여 직사광선은 피해 주고, 건조하면 잎이 우수수 떨어지고 습하면 뿌리가 썩고, 거름을 많이 필요로 하며 통풍도 잘 돼야 하는 등 꽤 까다로운 생육 조건이 필요했다. 잘 적응하여 빨리 잔뿌리가 내리기를 기다렸다. 하지만 한 달이 지나도 처음보다 잎은 점점 더 윤기를 잃어 갔다. 점차 바닥을 향하는 잎사귀를 닦아도 주었으나 결국 뿌리가 썩은 나목이 되었다.

고사한 원인이 궁금했다. 마른 줄기를 잡고 천천히 뽑아 흙을 걷어냈다. 놀랍게도 어른 주먹 크기의 진흙이 뿌리를 감싸고 있었다. 화원을 운영하는 분이 손수 식재해주었기에 전혀 예상하지 못했다. 성의 없이 화분에 옮겨 심은 결과가 빚은 참사였다. 이러니 뿌리가 썩지 않고 생명을 유지한다는 것은 사실상 불가능했을 것이다. 그런 줄도 모르고 흙이 마르면 줄기차게 물만 주었으니 무지함에 탄식이 절로 나왔다. 이 기막힌 악연의 끝은 어디일지 가슴이 먹먹해졌다.

우연히 맺은 만남이지만 나와는 기운이 맞지 않았나 보다. 이상하게도 다른 식물과는 다르게 유독 천리향만 내 곁을 떠났다. 꽃말처럼 갑자기 생긴 행운은 없었다. 새로운 행운은 고사하고 오랫동안 지켜온 가정의 울타리를 허무는 쓰라림도 천리향을 보내며 같이 맞았다. 어긋난 궁합으로 홀로 선다는 것이 낯설고 익숙하지 않았다. 순탄하지 않았지만 지울 수 없는 지난 궤적을 벗어나 당분간 질퍽한 진흙탕 길을 헤맬 것이다.

밤사이 부풀어 오른 상념이 거미줄을 친다. 허기진 마음에 또 다른 연을 이으려 발걸음이 화원으로 향한다. 먼저 천리향에 눈길이 머문다. 걱정 가득한 눈으로 위로하듯 말을 건네 본다.
"다시 시작하는 거야."

06
서사적 우회, 우회적 소통

1. 문학의 소통 방법

문학은 인간의 삶을 이야기한다. 일상의 경험은 무수한 사건들과 의미를 전하는 이야기들로 가득하다. '인간은 본질적으로 이야기하는 동물이다.'라는 매킨타이어의 언술에서도 알 수 있듯이, 서사를 통해서 개인의 삶과 사회를 이해할 수 있고 현실과 얼마나 밀접한 관계가 있는가를 예측할 수 있다.

현실에서의 소통이 주로 대화나 몸짓으로 이루어졌다면 문학에서 화자와 청자, 혹은 작가와 독자와의 의사소통은 내용과 형식, 서사와 서정, 대화와 설명 등으로 투영된다. 이때 간과할 수 없는 것이 텍스트의 서사구조와 소통의 방법이라고 할 수 있다. 같은 내용일지라도 전달하는 자의 목소리, 톤, 억양, 어투, 어조, 성량, 화법, 말씨, 눈빛, 안색, 표현력, 구성력 등에 의해 새로운 의미를 만들어내듯이, 작가의 창조적 서사구조와 우회적 완곡화법이 극적 반전과 다층적 해석을 이루어낼 수 있게 된다.

이러한 서사란 일련의 사건들을 단순하게 전달하고 열거하는 것 이상의 의미가 있다. 실제로 개인이 일어났던 것을 단순히 기록하거나 전달하는 것은 이야기story라 지칭하고, 행위와 사건들을 시간적인 순서로 혹은 의미 있게 열거하는 방식을 서사narrative라 일컫는다. 그러므로 이야기를 서사화한다는 것은 태펀M.B.Tappan이 지적하였듯이, 이미 이야기된 사건에 대해 반성하는 것이라고 할 수 있다. 왜냐하면 서사는 사건을 있는 그대로 기술하는 것이 아니라, 행위의 경험을 특정한 형식으로 구조 짓는 일이다. 즉, 인간의 경험을 재현하고 변형하고 함축하여 재해석에 이르기 때문이다. 그런 까닭으로 '서사적 접근narrative approach'으로 펼쳐 낸 이행희의 〈미혹迷惑 속에서〉와 박시원의 〈숨결〉과 황선유의 〈나의 대상포진 일지〉를 통하여 수필의 우회적 소통이 어떻게 이루어졌는지 살펴보려 한다.

2. 의식서사의 전개

생명이 있는 인간의 의식은 쉼 없이 흘러간다. 이러한 방식을 문학에 도입한 기법이 '의식의 흐름'이다. 이때의 의식이란 무엇인가. 외부의 간섭없이 논리와도 무관한 그리고 시간과 장소에 통제되지 않는 내적독백에 해당된다. 그 모든 주체는 자기 자신 혹은 화자인 '나'에게서 출발하는데, 수필의 경우에는 대부분 서술자가 내적화자가 된다.

이행희의 수필 〈미혹迷惑 속에서〉는 서사의 질서를 숨기고 파편화시켜 의미의 중첩을 드러낸다. 뿐만 아니라 선형적 서사의 틈 속에 독백과 자작시와 물상의 개입으로 균열을 드러내어 일상과 의식을 혼재한 비선형적 구성을 전개하였다.

봄날 무진 속에 이행희는 해발 1,000m 비슬산 정상에서 대견사 삼층석탑을 만난다. 석탑은 고려시대에 자연 암반 위에 세워져 창연히 천년을 지키고 있다. 당시에도 탑은 단출하게 축조되었지만 설한풍을 견뎌낸 세월에 온전할 수가 없다.

> 끝이 닳고 깨어져 나가 어설프기만 하다. 긴 세월 살아온 내 모습이다. 먼지 뒤집어쓰며 하염없이 걸어와 이제 좀 쉬어볼까 했더니, 발 앞이 천 길 낭떠러지다. 저 보잘것없는 몸으로 허위허위 올라오느라 얼마나 힘들었을까. 저 자리에 서버릴 수밖에 없었던 사연은 무엇일까.
>
> — 이행희의 〈미혹迷惑 속에서〉 일부

탑신은 마치 저절로 솟아오른 돌덩어리 같다. 그 깎이고 모난 형상을 화자 자신에 대입시키는 순간 서사의 매개는 순식간에 시공간으로 함몰되면서 의식이 발현된다. "저 자리에 서버릴 수밖에 없었던" 돌탑과 이 자리에 머물 수밖에 없는 화자가 동일시되는 것이다. 나아가 안개 속에서 발아래 펼쳐진 전경이 보이지 않듯이 '나'의 흐린 마음으로는 타인과 물상과 세상을 제대로 인식하지 못한다는 것을 확인한다. 이때 이행희는 무진의 산길을 단숨에 말하지 않고 에둘러 "오리무중의 인생길"을 풀어감으로써 서술의 효과를 극대화시켜낸다.

산정의 석탑 앞에서 화자의 의식은 계속 흐른다. 사방이 안개로 막힌 공간이 곧 무명의 세계이니 자신이 벽을 쌓은 공간은 무지의 세상으로 자각된다. 그동안 미혹된 분별심으로 세상을 갈랐던 어리석음과 탐욕과 집착의 그릇됨을 깨친다는 것은 부동한 돌탑처럼 마음을 세우는 일이라는 것도 인지한다. 그러니 무진산행 속에서 사찰이라는 형상이 전하는 설법을 마음 귀로 들을 수 있게 되는 것이다.

> 안개 자욱한 대견사가 설說한다. 너희는 오리무중 깊은 미혹迷惑 속에서, 미혹을 통하여 대견大見하리라.
> — 이행희의 〈미혹迷惑 속에서〉 일부

결미의 서술이 돋보인다. 의도적으로 화자가 서술의 주도권을 물상에게 양도하고 자신의 존재를 감추었다. '대견사'라는 대상을 빌어와 간접화법으로 작가의 해석을 전달함으로써 이해가 더욱 명쾌해진다. 형상을 형상으로 보지 않으면 여래가 보이는 법이다.

3. 시간서사의 층위

　인간의 경험은 곧 시간 경험이라고 할 수 있다. 생의 스토리는 선조적인 시간의 층위로 구성되지만 수필에서의 서사적 접근은 시간을 다층적으로 재구할 수도 있다. 시간서사는 시간묘사가 가지고 있는 특징뿐만 아니라 작품의 해석에도 직접적이고 구체적으로 관여한다.
　시간은 언제나 체험과 궤를 같이한다. 정신적인 시간은 과거에서 미래로 흐르다가 현재에서 다시 과거로 이동하는 등 기억과 상상을 통해 나선형으로 변형시키기도 한다. 그러므로 작가는 서사를 결합하고 시간을 교차시키는 조작자로서의 기능을 수행하는 것이다. 그 예를 황선유의 〈나의 대상포진 일지〉에서 발견할 수 있다. 작품은 옴니버스식 구조로 나열되었다. 작가는 대상포진을 앓았던 경험을 전조증상부터 발병과 통증과 치료를 거치는 과정을 순차적으로 연결했으나, 과거의 내포 서사를 재배치함으로써 서사적 흐름에 의도적 스크래치를 낸다.

　　살갗…. 그건 절대로 잊을 수 없는, 잊히지 않는 통증이었다. 대학입시를 몇 달 앞두고 그때도 여름이었다. 엄마가 낯설었다. 그리고 나는 지독한 대상포진을 앓았다. 환부도 지금과 똑같았다. 등과 옆구리, 가슴 밑까지 번진 수포에서 짠한 눈길을 떼지 못하던 장터 약방 주인의 선한 낯꽃을 기억한다. 한 달 넘게 결석하고 하숙집에만 있었다.

　　　　　　　　　　　　　　－ 황선유의 〈나의 대상포진 일지〉 일부

통증이 살갗을 할퀸다. 대상포진이야 병명을 알았으니 치료를 하고 시간을 견디면 호전될 것이다. 그러나 마음을 할퀴는 통증은 무시로 발병하며 고통을 수반하니 회복이 어렵다. 그 여름날의 낙담과 불안과 두려움과 절망으로 점철된 "잊히지 않는 통증"의 서사는 시간이 틀어지듯 여러 기호와 상징들을 배치시켜 해석의 우회를 유발한다. 작가의 의도대로 선명한 해석의 돌출보다 침묵과 암시로써 시간서사의 공백 속에 의미를 봉합할 수 있게 된다. 그럼으로써 현재의 발병 또한 "심인성心因性"에 기인한다는 복선의 문장이 힘을 얻는 것이다.

> 다음날은 붉은 반점이 더 자라 있다. 군데군데 낯익은 물집까지. 아뿔싸! 대상포진이구나.
> 오래된 모임 하나를 앞두고 몹시 갈등했다. 아니지만, 아니겠지만, 그럼에도 그러하다면 아, 심인성心因性의 무서움이라니.
> – 황선유의 〈나의 대상포진 일지〉 일부

독자는 작품을 읽을 때 시간적 연속성에 의해 발생한 사건 그 자체에 먼저 주목한다. 그러나 〈나의 대상포진 일지〉에서 인과적으로 연결된 '선배의 묵언, 심인성心因性의 무서움, 우산의 중의성, 영화 〈아무르Amour〉의 결말, 낯선 엄마, 불안의 자리' 등의 언표를 해독한다면 작가와 독자 간의 심층적 거리가 좁혀질 것이다. 하지만 복잡다단한 함의가 많을수록 해석의 벽은 높게 되니, 작가는 늘 예술성과 대중성의 경계에서 고민할 수밖에 없다.

4. 행위서사의 접근

문학은 서사의 행위적 참여를 통하여 스토리를 구축하는 본질을 가지고 있다. 그러한 행위서사는 기본적으로 어떠한 사건에 대해 설명한다든지 이해시키려 하는 것이 아니라 체험의 서술로써 보여주기를 구현한다. 서사의 상이한 행위 속에 작가적 의식을 투영하는 것이 과거를 이해하고 현재의 자기인식을 검토하는 일이기 때문이다.

박시원의 〈숨결〉 서사는 일종의 행위전달 방식으로 진행된다. 화자는 체험을 재현하고 행위의 의미를 제공함으로써 독자와의 소통을 꾀한다. 새벽에 베란다 화분과의 눈 맞춤으로 시작된 일과에서 엄마의 계절을 소환하고 '나'의 유년을 재현하며 식물에 애착을 키우게 된 일화를 결합하여 글의 방향성을 설정한다.

> 꺾꽂이에 마침내 성공했다. 주홍색 꽃봉오리를 탐스럽게 피우는 제라늄이다. 꽃을 채 달지 않은 가지를 비스듬히 잘라서 하루 저녁 물속에 재운 뒤 화분에 심는다. 아침저녁으로 들여다보는 나의 숨결은 떨린다. 잘린 가지에서 뿌리가 내리기 전, 마디에 한 방울의 초록 점이 찍혔다. 나도 모르게 탄성을 지르다가 손으로 입을 막는다.
>
> — 박시원의 〈숨결〉 일부

화자가 이야기를 들려주는 방식은 서사대상이나 서사구조보다도 서사행위에 집중한다. 시골 모친이 보내준 채소에서도 "엄마의 숨결"을 느낀다. 택배 상자에서 "모정"을 확인하듯 숨탄것들의 색은 경이롭고 흙은 향기롭다. 그녀가 식물에 애착을 가지고 화분을 가꾸게 됨으로써 "솟아나는 걸 깨우치는 순간"을 맞고 사는 힘을 덤으로 얻게 되는 것이다.

이렇듯 작품은 인과의 연속으로 이루어진 플롯이지만, 행위의 주체자는 대개 자발적으로 전개된다. 물론 박시원도 이야기 연쇄의 순서에서 시간적 불일치anachrony가 개입되는 비연대기적 서사 시간을 사용한다. 이 또한 서사행위의 의미를 전략적으로 통합하여 의미의 지평을 넓히려는 하나의 방법이라 하겠다.

> 장난기 많은 엄마가 가끔 그 보따리 속에 손가락만 한 깨벌레를 넣어 와 건넬 때도 있었다. 온몸에 연두색을 띠고 살이 통통하게 오른 깨벌레의 두 눈은 징그러웠다. 우리가 기겁을 하면 발치에서 활짝 웃던 엄마가 팔을 벌려 안아줄 때 마당의 닭들이 놀란 눈을 굴리며 깨벌레를 차지했다.
>
> — 박시원의 〈숨결〉 일부

유년 시절을 소환한다는 것은 젊은 엄마와 대면하는 일이다. 주체의 경험은 현 순간마다 포착되지 않지만 기억과 시간의식을 통해 재구성되는 특징이 있다. 나아가 수필문학에서 다양한 행위의 서사들을 결합하는 방식은 작가와 독자 모두에게 총체적 안목을 가질 수 있게 도와준다.

5. 소통의 서사적 효과

　서사물은 표현을 중심으로 한 예술이라고 할 수 있다. 작가가 구성한 플롯에 따라 말하기와 보여주기 등과 같은 방법으로써 나타난 결과물이다. 그러나 작가는 창작과정에서 끊임없이 삶의 이야기를 재해석한다. 그 과정에서 자신과 타인의 삶을 되짚어보는 재현의 과정을 거치면서 정체성을 구현하며 인격적 성장에 이를 수 있는 것이다. 다만, 서사의 형식과 소통의 방법을 얼마나 단단하게 구성하는가의 몫은 작가의 역량에 달려 있다.

　인간은 본질적으로 타인과의 소통을 지향하는 존재이다. 그 점을 염두로 두고 의식서사로서 삶의 방향성을 찾으려 한 이행희의 〈미혹迷惑 속에서〉와 시간서사에 함축된 언술을 담은 황선유의 〈나의 대상포진 일지〉와 행위서사로 감정의 회로를 밝힌 박시원의 〈숨결〉을 통해 소통의 방법을 살펴보았다. 아울러 독자는 수필 텍스트의 전체 구조와 흐름이 어떻게 전개되었는가를 먼저 파악하는 것이 소통의 효율성을 극대화시킬 수 있다고 여겨진다.

| 대표 작품 |

나의 대상포진 일지

황선유

– 전조

야릇한 통증으로 밤잠을 설친 지가 며칠째다. 말 그대로 야릇하니 몰똑잖다. 허리인지 등인지 옆구리인지 가슴인지. 모로 누웠다가 엎드렸다가 웅크렸다가 앉았다가. 내일은 한의원에 가서 침이라도 맞을까 했으나 낮이 되면 멀쩡해져서 그냥 보냈다.

전조에 둔감하지 말아야 할 것이 비단 질병뿐이겠는가.

– 붉은 반점

문우의 초대로 고급 일식집에 머물다 달맞이언덕의 미술관으로, 처음 보는 프랑스 식당을 지나 카페로. 문학회 일로 분수없이 굴던 나는 잔뜩 겁먹어 나갔는데 뜻밖으로 분에 넘치는 럭셔리 데이트. 선배의 묵언은 죽비였다. 집에 돌아와 옷을 벗으며 보니 속옷 선을 따라 붉은 반점이다. 차려입은 새 브래지어 때문인가? 다음 날은 붉은 반점이 더 자라 있다. 군데군데 낯익은 물집까지. 아뿔싸! 대상포진이구나.

오래된 모임 하나를 앞두고 몹시 갈등했다. 아니지만, 아니겠지만, 그럼에도 그러하다면 아, 심인성心因性의 무서움이라니.

― 젊은 의사

환부는 내 몸통을 딱 반으로 빙 둘러 왼쪽에만 있다. 젊은 의사는 등만 보여주는 나를 어이없어했다. "그러면 병원에는 뭐 하러 왔어요?" "약만 좀 세게 처방해 주세요." 나는 멋쩍게 웃었다.

보여주기 민망한 데는 안 아프다가 죽으면 좋으련만.

― 동네 약사

건물 일 층의 약국에서 처방 약을 기다리는데 별안간에 소나기다. "혹시 우산을 파세요?" 스스로도 바보 같은 물음이라 여기는데. "지하철 타고 집에 가세요?" "가까운 곳이라 걸어서 가면 돼요." "우산 빌려줄까요?" "그래 주실래요?" 나는 젊은 약사가 건네는 우산을 받았다. 내게는 집 근처 동네 약국이랄 수도 있으나 이곳은 도심인지라 약사 입장은 나와 같지 않을 텐데. 그보다는 요새도 우산을 빌려주는 사람이 있다는 사실에 혼자 감격하다가 문득 우산의 중의적 의미를 생각한다.

돌이켜보면 무수한 우산 덕분에 오늘 여기까지 왔다. 그저 우산인 줄도 모른 채 살았을 뿐.

― 간병

"나 대상포진이라네." "그래?" 밖으로 나간 그가 한참 만에 돌아왔다. 유명 식품회사의 강장약 박스와 인스턴트 죽 세트와 샤인머스켓… 새우깡도 있다. 죽은 별로이고 흑포도를 좋아한다만 명색이 와병 중인데 딱 그뿐.

무릇 대개의 간병은 다 무겁고 어둡고 우울하다. 더욱이 기한 없는 간병은. 여북하면 간병 살인이 날까. 프랑스 영화 '아무르 Amour'를 떠올려 본다. 그냥.

"약속해요. 나를 요양병원에 안 보내겠다고."
"아빠, 이제 엄마를 요양병원에 보내야 해요."
"네 엄마와 끝까지 함께 있어 주기로 약속했다."
하얀 베개로 아내의 얼굴을 덮어 누르는 늙은 남편의 주름진 손.

- 통증

책에 쓰였기를 바람만 스쳐도 아프단다. 나는 숨 쉴 때마다 가슴통이 움직이는 파문조차 살갗으로 전달되어 아팠다.

살갗…. 그건 절대로 잊을 수 없는, 잊히지 않는 통증이었다. 대학입시를 몇 달 앞두고 그때도 여름이었다. 엄마가 낯설었다. 그리고 나는 지독한 대상포진을 앓았다. 환부도 지금과 똑같았다. 등과 옆구리, 가슴 밑까지 번진 수포에서 짠한 눈길을 떼지 못하던 장터 약방 주인의 선한 낯꽃을 기억한다. 한 달 넘게 결석하고 하숙집에만 있었다. 언니가 휴가를 내어 며칠 함께 있었고 큰오빠가 왔다. 책상 위의 화학 문제집을 보고 대학입시를 염려해 주고 갔다. 화학 선생님은 나에게 화학을 전공해 보라 권했는데. 그날 이후 나는 화학 말고도 많은 것들이 틀어졌다. 살갗을 할퀴는 독한 통증 때문이었다. 통증은 대상포진만이 아니었다. 공부에 손 놓은 낙담도 아니었다. 세상에 나 혼자 버려진 듯, 갈 곳마저 없어진 듯, 곡절 있는 쓸쓸함이 두려움으로 다시 통증으로 변환되어 살갗을 후벼 팠다. 그 후로도 오랫동안 불현듯이 또 뜬금없이.

오늘은 그때 열아홉 살의 통증이 가여워서 운다.

― 부디

문예지 가을호 편집 마무리는 내가 해야 할 일이다. 통증도 그러하려니와 브래지어를 할 수 없어 삼 주째 교회 출석도 못 했건만. 환부에 거즈를 두르고 한여름에 올인원 속옷을 입고는 정량 두 배의 진통제를 삼키고 출판사에 다녀왔다.

앞으로도 내가 해야 할 일은 무엇일까. 봉양할 부모도 없고 양육이 필요한 자녀도 없고 교회나 성가대나 문학회와 여타 모임, 다 내가 없어도 무방하다. 문예지 편집일도 임기 끝나면 그만이다. 애오라지 일사불란 죽음으로 갈 날만 남았다. 반반하게 잘 늙지 못해 마음만 편찮다. 별로 게을러 본 적은 없건만 부지런한 흔적 또한 없어서 공허하다. 부디 내 남은 날에 자족할 거리가 있기를. 여전히 곁에는 불안이 자리할지라도.